조나단 에드워즈의 생애와 사상

스테펜 J. 니콜라스 지음
채천석 옮김

개혁주의신학사

Presbyterian and Reformed Publishing

P&R(Presbyterian and Reformed Publishing Company)은
미국 뉴저지 주에 소재한 기독교 출판사로서
웨스트민스터 신앙고백서와 요리문답에 기초하여
성경적인 이해와 경건한 삶을 증진시키는
탁월한 도서들을 출판하고 있습니다.
P&R Korea(개혁주의신학사)는
P&R과 CLC가 공동으로 운영하는 출판사로서
P&R의 도서를 우선적으로 번역출판하고 있습니다.

JONATHAN EDWARDS
A Guided Tour of His Life and Thought

Written by

Stephen J. Nichols

Translated by

Cheon Seok Chae

Copyright © 2001 by Stephen J. Nichols
Originally published in English under the title as
Jonathan Edwards
by Stephen J. Nichols.

Translated and used by the permission of
P&R Publishing Company, P. O. Box 817,
Phillipsburg, New Jersey 08865-0817, U.S.A.

All rights reserved.

Korean Edition
Copyright © 2013 by Presbyterian and Reformed Publishing Company
Seoul, Korea

목 차

머리말 · 7
서문 · 11

서론: 오래도록 기억되는 에드워즈 · 13

제1부 에드워즈의 개인사
제1장 확고한 토대: 초기 시절 · 27
제2장 남다른 헌신: 후대의 삶 · 45

제2부 부흥과 교회생활에 관한 문서
제3장 하나님의 절대주권: "구속의 역사 속에서 영화롭게 되신 하나님" · 71
제4장 하나님의 놀라운 역사: 『신실한 이야기』 · 87
제5장 유성과 별 가운데: '종교적인 정서와 관련한 논문' · 109
제6장 보이는 성도: '겸허한 탐구' · 129

제3부 신학과 철학에 관한 문서

제7장 하나님의 장엄한 계획: 『구속의 역사』 · *147*

제8장 거미와 무지개: '보이는 세계에 보이지 않으시는 하나님' · *165*

제9장 의지 이해하기: 『의지의 자유』 · *179*

제4부 설교

제10장 자비의 문: "진노하신 하나님의 손 안에 있는 죄인들" · *199*

제11장 높은 특권: "기도를 들으시는 지극히 높으신 하나님" · *215*

제12장 영광스러운 축복: "천국은 사랑의 세계이다" · *231*

여행을 계속하기 위해서:

조나단 에드워즈가 집필하였거나 그에 관하여 쓰여진 책에 대한 짧은 지침 · *247*

참고문헌 · *253*

그림목록

1.1 예일대학의 헌장(1701) · *31*

1.2 "개인독백"(1734?) · *36*

1.3 에드워즈 기념물 · *40*

1.4 석사(M. A.) 논문의 초고 · *42*

2.1 "사라 피에르폰드에 대하여"(1723) · *46*

2.2 조셉 벨라미에게 보낸 편지의 사본(1748) · *54*

2.3 조셉 벨라미에게 보낸 서신(1748) · *55*

2.4 에드워즈의 약력 · *57*

2.5 뉴저지주의 프린스턴 나소 홀(1764) · *63*

3.1 우리의 하나님 · *79*

4.1 『신실한 이야기』의 타이틀 페이지 · *89*

4.2 부흥에 관한 주요 저서들 · *98*

5.1 『신앙과 정서』의 타이틀 페이지 · *111*

5.2 참된 신앙적 정서에 관한 표지들 · *120*

6.1 성찬논쟁에 관한 작품들 · *135*

7.1 『구속의 역사』의 초고 · *150*

7.2 『구속의 역사』의 타이틀 페이지(1793) · *151*

7.3 구속의 역사: 모든 하나님의 사역의 핵심 · *155*

8.1 거미의 움직임을 설명한 편지 · *169*

10.1 에드워즈의 설교 초고 · *206*

11.1 노드햄톤 교회(1874) · *222*

머리말

마틴 로이드 존스 목사는 조나단 에드워즈의 중요성과 관련해서 다음과 같은 주장을 했다. "아마도 어리석은 일이겠지만, 나는 청교도를 알프스산에, 루터와 칼빈을 히말라야산에, 조나단 에드워즈를 에베레스트산에 비유하고 싶은 유혹이 든다! 내게 에드워즈는 사도 바울과 같은 사람으로 항상 보였다."

과장처럼 보이는가? 그럴지도 모르겠다. 하지만 그렇지 않을 것이다.

로이드 존스 목사는 에드워즈와 기독교 신앙의 근본적인 진리, 더 구체적으로 말하면, 개혁교회 신앙의 독특한 발견과 강조에 관한 에드워즈의 기여와 우리의 이해에 매우 특별한 사실을 본 것이다.

로이드 존스 목사는 다음과 같은 조언으로 에드워즈에 관한 평가를 계속했다. "이 사람에 대해 읽어라. 그렇게 할 것을 결심하라. 그의 설교를 읽어라. 그의 실용적인 소논문을 읽어라. 그 다음에 신학적인 주제에 대한 방대한 해설로 나아가라." 이것은 서로 주고받을 수 있는 매우 훌륭한 조언에 해당한다.

하지만 말하는 것보다 행하는 것이 더욱 어렵다!

18세기의 교회 문화는 21세기의 새로운 문화 속에서 알고 있는 것과는 다르다. 구체적인 이슈가 다르고, 그 이슈들을 논의하는 데 사용하는 용어들도 다르다. 그 때문에 오늘날 에드워즈를 읽고 이해하는 것은 특별한 노력과 도움을 필요로 한다.

『조나단 에드워즈의 생애와 사상』에서 스테펜 니콜라스는 우리가 필요로 하는 그런 종류의 도움을 정확히 제공한다. 에드워즈의 삶의 배경 그리고 사역자로 부름을 받은 교회에서 직면한 문제들에 관한 주요 주제를 분명히 요약해주고 있다. 쉽게 읽혀질 수 있고, 상대적으로 다른 어떤 것보다 간단한 이 지침서에서, 니콜라스는 에드워즈 작품 그 자체를 읽는 것에서 가장 많은 것을 얻을 수 있도록 독자들을 준비시키는 훌륭한 일을 해내고 있다.

웨스트민스터 신학교(많은 다른 신학교도 마찬가지일 것이라고 확신한다)에서 학생들은 주해를 하기에 앞서 히브리어와 헬라어를 훈련하는 필수과정에 자주 인내심을 갖지 못한다. 그들은 성경 본문으로 곧바로 나아가기를 원한다. 그것은 좋은 욕구라고 할 수 있다. 하지만 성경이 쓰여진 언어를 먼저 배운다면, 분명히 학생 자신과 그 학생들이 궁극적으로 섬길 교회에 더욱더 풍성하고 깊고 은혜로울 수 있다.

에드워즈의 경우도 마찬가지다. 로이드 존스 목사가 옳았다. 우리 모두가 읽어야 하는 것은 궁극적으로 에드워즈가 직접 쓴 작품이다. 그렇지만 니콜라스의 책은 독자들과 독자들이 봉사하는 사람들에게 에드워즈의 작품을 읽는 것을 더 풍성하고 깊고 은혜롭게 만들어줄 것이다.

하지만 수단이 결과와 혼동되지 않도록 에드워즈를 위해서 에드워즈를 읽어서는 안 된다는 것을 상기하자. 하나님을 더 잘 볼 수 있도록 에드워즈가 성경을 강력하게 해석했기 때문에 우리는 에드워즈를 읽는다. 에드워즈를 읽는 목적은—니콜라스와 우리들을 위해서—항상 동일하다. 한 번 더 로이드 존스에게로 돌아가 보자. 에드워즈를 읽을 것을 촉구한 후에 로이드 존스 목사는 그 이유를 이렇게 설명한다.

하지만 무엇보다도, 설교자요 청중인 우리 모두는 이 사람을 읽고, 이 사람이 가장 강조하는 것-하나님의 영광-을 붙잡도록 합시다. 우리가 가질 수 있는 어떤 이득에만 머물지 맙시다. 우리가 누릴 수 있는 가장 높은 경험에만 머물지 맙시다. 하나님의 영광을 더욱더 알도록 노력합시다. 우리는 하나님의 위대하심, 하나님의 주권을 알아야 하고, 경외와 두려움을 느껴야 합니다. 이 사실을 알고 계십니까? 우리 교회에 경이와 찬탄의 감정이 있습니까? 그것이 조나단 에드워즈가 항상 전달하려 했고, 창출하려 했던 특징입니다.

니콜라스의 책을 읽는다면, 위대하시고 주권적인 하나님의 영광과 아름다움의 장대한 비전을 주는 에드워즈를 더 잘 읽을 수 있도록 준비시켜 줄 것이다.

그러므로 이 책과 에드워즈가 직접 쓴 작품을 읽을 것을 강력히 추천하는 바이다.

사무엘 T. 로간 Jr.
웨스트민스터 신학교(PA)

참고: 마틴 로이드 존스 목사로부터의 인용은 "Jonathan Edwards and the Critical Importance of Revival," in *The Puritan Experiment in the New World*, p. 103-121에서 가져왔다. 그 책에 실려 있는 그의 글들은 1976년에 영국 런던의 웨스트민스터 집회에서 행해진 설교에 해당한다.

서 문

이 책을 쓰게 된 것은 3년 전에 P&R 출판사의 사장인 브리스 크레이그와 저녁식사를 먹으면서 나눈 대화 속에서 떠오른 아이디어에서 시작되었다. 그때 이래로(심지어 그 전에도) 많은 사람들이 이 책 속에서 그런 개념을 발전시키도록 도와주었다. 나는 진정한 기쁨으로 그들에게 감사를 드린다.

특히 많은 선생님들에게 감사를 드린다. 웨스트체스터 대학의 조지 클라그혼 교수는 조나단 에드워즈에 관한 석사학위 논문을 쓸 것을 종종 제안했고, 나로 하여금 철저히 탐닉했던 여행을 출발하게 했다. 웨스트민스터 신학교의 교수는 에드워즈를 익숙하게 느낄 수 있는 방식으로 경건과 학문을 조화시켰다. 사무엘 로간 교수는 에드워즈에 관해 풍부하게 가르쳐 주었을 뿐 아니라 이 책의 추천사를 써 주었다. 그것에 대해 참으로 감사한다.

여러 친구와 동료들에게도 역시 감사함을 느낀다. 신 루카스는 좋은 친구이자 훌륭한 조언자 역할을 해주었다. 더글라스 스위니, 글렌 크라이더, 도날드 웨스트 블레이드와 조나단 에드워즈 연구그룹의 사람들은 학생이자 친구였다. 내 교회의 담임목사이신 마이클 로저스의 끊임없는 격려에 참으로 감사한다. 주일날에는 마치 내가 랭카스터를 떠나 노드햄톤에 온 것처럼 느낀다. 랭카스터 성경대학의 래이 너글은 이 책을 출판하는 일을 열정적으로 지원해주었다. 짐 맥게히에게도 감사하다. 그는 대화와 격려로 자극을 주었다. P&R의 알 피셔는 이 책을 기쁨으로 출판해 주었다.

나의 부모님(조지와 다이애나)께도 역시 감사하다. 그들은 경건하고 사랑스런 가정을 일구어 주셨다. 나로 하여금 책을 사고 읽는, 보상이 있는 훌륭한 습관을 주입시켜 주셨다. 그들은 내가 공부하고 가르치고 글쓰는 일을 끊임없이 격려해 주셨다. 나의 친척인 케이트와 비버리 하실호스트의 친절과 격려와 사랑에도 역시 감사하다.

마지막으로, 아내인 하이디에 대한 감사와 사랑을 표현하고 싶다. 아내는 이 책을 출판하는 일에 인내하며 나를 끝까지 지원해 주었다. 그녀의 철저한 교정과 격려는 이 책이 참으로 협력하여 이루어진 작품이 되게 했다. 에드워즈와 나의 아내의 생일이 같기 때문에 우리 집안과 에드워즈와의 관계를 만든 것은 적절하다. 그녀도 역시 그리스도에 대한 에드워즈의 열정을 공유하고 있다. 나는 그녀가 보여준 모범과 사랑과 애정에 대해 감사한다. 나는 이 책을 그녀에게 헌정한다.

서론 : 오래도록 기억되는 에드워즈

에드워즈를 선택하여 읽는 새로운 세대의 긴급한 필요가 있다.
- 이완 머레이(Iain H. Murray)

에드워즈의 뛰어난 특징은 시대를 넘어서 말하는 지속의 능력이다.
- 해리 스타우트(Harry S. Stout)

조나단 에드워즈의 책을 읽으려 했던 첫 번째 시절을 기억한다. 나는 한 대학을 방문해서 교회사 수업을 듣고 있었다. 그 날 에드워즈에 관한 특별 강사가 나오게 되어 있었다. 그 강사는 강의를 마치면서 『신앙과 정서』(Religious Affections)를 꼭 읽어볼 것을 도전하였다. 그는 『신앙과 정서』가 성경 다음으로 씨름할 만한 중요한 책이라고 주장했다. 나는 설득을 당했다. 나는 그 책을 사서 읽기 시작했다. 나는 그 책을 끝마치지 못했고, 그것으로부터 무엇을 얻어냈다고 확신할 수도 없었다. 그러나 문제는 에드워즈에게 있지 않았다. 물론 그의 글은 현대의 청중들에게는 어려울 수 있다. 하지만 불가능한 것은 아니다. 또한 문제는 에드워즈가 언급할 만한 의미 있는 것을 갖지 못했다는 것이 아니다. 스코틀랜드와 제네바 무리들 속에서 그가 우리에게 언급할 만한 것을 갖고 있지 않은 것처럼 보일지 모르지만, 나는 여전히 지금도 그가 오늘날의 사람들에게 말할 것이 많다는 것을 믿는다.

문제는 나에게 있었다. 나는 에드워즈를 알고 있었다. 그가 식민지 당시의 뉴잉글랜드의 목사로서 대각성운동을 주도한 인물이라는 것을 말이다. 그리고 그가 애석하게도 자신의 생을 급작스럽게 마감하기 전에 프린스턴의 총장으로 짧게 봉사했다는 것도 알고 있었다. 하지만 이것이 내가 아는 모든 것이었다. 나는 그가 어떤 개념을 고집했고, 어떤 문제와 씨름했는지를 알지 못했다. 나는 그의 사상을 형성시킨 상세한 사건들을 알지 못했다. 또한 그가 다른 사건과 사상을 형성시킨 방식도 알지 못했다. 나는 『신앙과 정서』에서 그가 무엇을 시도했는지도 확실히 알지 못했다.

내가 이 책을 쓰게 된 이유가 바로 그것이다. 이 책은 그때의 특별초청강사로부터 배운 확신 위에 세워졌다. 즉 에드워즈가 아주 소중한 말을 많이 언급했기 때문에 그의 책을 반드시 읽어야만 한다는 것 말이다. 또한 본서는 특히 적은 도움을 갖고서도 에드워즈를 읽을 수 있다는 확신 위에 세워져 있다. 나는 복음적인 교회의 대부분의 사람들이 에드워즈에 관해 어떤 것을 알고 있다고 생각한다. 나아가서 많은 사람들이 더 많은 것을 알기를 원한다고 생각한다. 하지만 그 일을 어디에서 시작해야 할지를 확신하지 못하고 있다. 그러므로 나는 이 책을 입문서로 내놓는다. 조나단 에드워즈의 가치 있는 삶과 사상과 문서의 출입구로 제공하고자 한다. 본서는 그 자체가 목적이 될 수 없다. 에드워즈의 작품 자체를 읽는 것을 대신할 수는 없다. 본서는 나와 같이 에드워즈를 읽기 원하고 심지어 그의 책을 읽었으나 좀더 도움이 필요한 사람들을 돕기 위해 의도된 것이다.

이것은 조나단 에드워즈의 중요성과 타당성에 관한 문제를 파생시킨다. 최근에 한 학자는 미국의 신학과 사상에 에드워즈가 지속적인 영향을 미치고 있다는 사실을 지적하면서, 에드워즈의 영구성을 언급한 바 있다. 에드워즈에 관한 풍부한 자료를 볼 때, 나는 그 학자의 말이 옳다는 생각을 해본다. 사실상 1950년대 이래로 에드워즈에 관한 3천 권의 책과 논문과 기사가 쏟아지고 있다. 왜 그토록 많은 사람들이 에드워즈에 관해 흥미를 갖고 있는가? 다섯 가지 이유를 들고 싶다.

첫째로 그의 개인적인 삶이 관심을 불러 일으킨다. 그는 열 명의 자매들 가운데서 유일한 형제로 태어났다. 아버지, 장인, 할아버지, 아들, 사위, 몇몇 손자들, 삼촌, 조카들이 목사였다. 그는 미국의 삼대 부통령-경쟁에서 알렉산더 해밀톤에게 치명적인 상처를 입힌 것으로 역사에 위치를 차지하고 있는 사람-의 할아버지이기도 했다. 에드워즈는 젊은 학자로서 유별났고, 26살의 나이에 뉴잉글랜드의 가장 저명한 설교자 중 한 사람이 되었다. 또 아이러니하게도 22년의 목회를 한 후에 그 교회의 담임목사직에서 밀려나기도 했다. 그 후에 그는 아메리카 원주민들에 대한 선교사로서 봉직했고, 프린스턴의 총장으로 생을 마감했다.

그가 아내와 가졌던 사랑스러운 관계는 전설이 되었다. 아내가 될 여자를 처음 만났을 때, 그는 그녀에게 빠져 책의 여백에 그녀의 덕성을 찬양하는 시구를 적어 넣기도 했다. 아내가 죽었을 시에는, 자주 인용되는 것처럼, 아내 사라와 가졌던 경험을 "흔치 않는 연합"으로 언급했다. 또한 그는 사랑스러운 아버지였다. 11명의 자녀들에게 보냈던 사랑스럽고 따스한 서신이 이를 증거한다. 대각성의 시기가 한참이던 때에, 이미 꽉 채워진 스케줄 위에 더 많은 요구사항들이 에드워즈에게 생겨났다. 하지만 그는 자녀들에게 변함없는 관심을 주는 데 시간을 아끼지 않았다.

게다가 그는 자신에게 사사를 받고자 경쟁했던 젊은 사역후보자들에 해당하는 뉴잉글랜드의 절반을 지도했다. 그들은 그의 나무를 쪼개고, 양의 털을 깎았으며, 심지어 어떤 이는 그의 딸과 결혼했다. 그들은 모두 에드워즈의 모범으로부터 목회적인 책임을 배웠다. 그들은 식민지 뉴잉글랜드와 갓 태어난 젊은 공화국 세대에 에드워즈의 영향력을 확장시키면서, 대학의 총장과 목회자가 되었다. 그러한 삶은 참으로 매력적인 이야기들이 있는 많은 관계성을 발생시켰다. 한 작가는 에드워즈의 가정을 크리스천 가정의 모델로 사용한다. 전기 작가들은 지난 3세기 동안, 청중들을 도전하는 그의 삶을 되풀이해서 조명했다.

그는 흥미로운 삶을 살았을 뿐 아니라, 최고의 목회자였다. 목회자가 된다는 것은 두 가지 주요한 사역 곧 설교와 목양에 참여하는 것을 의미한다. 에드워즈는 이 두 가지 점에서 뛰어났다. 그의 설교는 본문에 대한 세심한 주의를 기울였고, 신학적인 분석과 정확하고 은혜로운 적용으로 탁월했다. 청교도들은 설교하는 일을 예언의 기술이라고 언급했는데, 에드워즈는 이런 기술을 가장 훌륭하게 감당해낸 예술가였다.

또한 그는 목회하는 방법을 알았다. 확실히 말수가 적었다. 그는 사람들과 함께 있는 것보다 책과 함께 집에 머무는 일이 더 많았다. 그는 대체로 아내 사라에게 손님 접대를 맡겼다. 하지만 그는 자신의 교구를 심방하는 일을 빠뜨리지 않았다. 청교도들이 표현하는 말로, 특히 "영적인 고민을 가진 자"들을 심방하는 일을 게을리 하지 않았다. 그는 자신의 책임 하에 있는 사람들에 대한 깊은 관심을 가졌다. 노드햄톤을 떠난 후에도 이전 교회의 교인들로부터 온 많은 질문들에 응답하는 꽤 많은 서신을 보냈다.

에드워즈는 다른 영역에서도 많은 주목을 받았다. 숭고한 정신의 삶을 보여주었기 때문이다. 그는 대학시절부터 생을 마감할 때까지 일련의 노트를 기록하여 간직했다. 이 노트에, 그는 다양한 생각, 또는 아이디어를 기록했고, 그 가운데 어떤 것은 몇 줄에 지나지 않고, 서로 다른 것들이 페이지를 채우고 있다. 사실상 그는 수십 년 뒤에 어떤 항목으로 되돌아가 이전의 내용에 새로운 묵상을 추가시켰다. 그는 군사비밀문서 해독자의 해독을 필요로 할 만큼 정교하고 비밀스런 시스템 곧 창조적인 속기형태의 체제를 발전시켰다. 그는 다양한 서랍과 캐비닛으로 구성된 특수한 책상을 갖고 있었는데, 특별한 책을 구분하여 어떤 서랍에 보관하기 위해서였다. 그는 위치에 따라 책을 구분해 놓았다.

이런 노트들은 설교와 에세이와 논문을 위한 자료가 되었다. 우리는 연구실에 앉아 있는 에드워즈의 모습을 쉽게 그릴 수 있고, 노트에 표현된 아이디어를 숙고하면서 코네티컷 강 골짜기를 말을 타고 가는 에드워즈를 연상할 수 있다. 이 노트는 『잡록』(Miscellanies)이라고 불리는데, 에드워즈가 아이디어에 사로잡혀 산 사람임을 드러내주고, 그가 묵상의 기술을 가치있게 만드는 삶을 살았던 사람임을 밝혀준다.

게다가 에드워즈는 폭넓은 다양한 주제와 이슈에 관해 사고했고 글을 썼다. 그는 날아다니는 거미의 속성과 활동에 관해서도 연구했고, 성경의 깊이를 측량했으며, 윤리의 개략을 탐구했고, 신학의 의문들과 씨름했다. 그리하여 오늘날 신학자, 목회자, 평신도뿐만 아니라 문학, 역사, 철학 분야에 종사하는 학자들도 조나단 에드워즈를 연구하고 읽는다. 그의 주요한 논문들은 책으로 출판된 지 200년이 지난 뒤에도 여전히 현존하고 있다.

마지막으로 에드워즈는 오래도록 기념되는 인물로 우뚝 서서, 많은 사람들의 관심을 모으는데, 하나님에 대한 전적인 헌신 때문에 더욱 그렇다. 에드워즈에게서 우리는 전인(全人)의 모습을 본다. 마음, 영, 정신, 능력의 모든 영역에서 말이다. 오늘날 머리가 가슴에 푹 빠져 있는 경우가 흔하다. 그리하여 머리는 온데간데없다. 그러한 극단성은 에드워즈에게는 낯선 것이었다. 그는 둘 다를 소중히 여겼다. 그는 머리와 가슴의 상호 필연적인 존재를 논증했다. 이런 전인적인 헌신은 단기간에만 나타난 것이 아니라, 전 삶을 통해서 입증되었다.

나는 언젠가 패널 토의로 끝을 맺는 에드워즈에 관한 집회에 참석한 적이 있다. 패널 토의를 주도한 분들은 모두 에드워즈의 작품에 관해 오랫동안 연구한 분들이었다. 그런데 청중 가운데 한 분이 에드워즈로부터 패널리스트들이 무엇을 배웠는지 물었다. 나는 패널리스트 가운데 한 분인 조지 클라그혼의 말을 잊지 못한다. 클라그혼은 50년 동안 에드워즈의 편지와 개인문서들을 수집하고 편집했다. 그는 아마도 어느 사람보다도 에드워즈에 관해 더 많은 것을 알고 있을 것이다. 기념할 만하고 반복할 만한 가치가 있는 말이기는 하지만 그의 대답은 아주 간단했다. 그는 이렇게 말했다. "에드워즈는 집중력이 있었고, 두려움이 없었으며, 신실했다."

하나님에 관한 아름다움과 탁월함에 관한 깊은 감정이 모든 에드워즈의 삶과 문서에 스며 있다. 그것이 그의 정신을 뜨겁게 달궜고, 마음을 불타게 했다. 그는 죽은 지 수세기가 지난 뒤에도 교회에 대해 할 말을 갖고 있고, 사람들은 지금도 계속해서 그의 말을 들으려고 하고 있다. 이것은 전혀 놀라운 사실이 아니다.

이어지는 장에서 에드워즈의 사상과 문서를 살필 때, 우리는 이런 삶을 탐구할 것이다. 첫째로 간단한 전기 속에서 그의 삶의 상세한 부분들을 살피면서 여기서 언급된 것들을 확장시켜 볼 것이다. 노드햄톤에서의 그의 초창기 삶을 살펴볼 것이고, 스톡브리지, 프린스턴에서의 말년의 삶을 살펴볼 것이다. 대각성과 같은 주요 사건은 그의 삶의 사건들에 관한 영향을 분석할 때 우리의 초점이 될 것이다. 다음 열 개의 장은 에드워즈의 문서 중에 하나를 탐구할 것이다. 주로 잘 아는 것들이겠지만 어떤 문서는 낯선 것들을 소개하고, 요약하고, 설명할 것이다. 나는 여러분들이 에드워즈의 글을 맛볼 수 있도록 이들 본문들로부터 가져온 발췌문들을 포함시킬 것이다. 이 발췌문들은 다양한 에드워즈의 작품들을 탐구하는 세 항목으로 나뉜다.

세 항목의 첫 번째인 제2부에서는 목회자와 부흥운동가로서의 에드워즈를 살필 것이다. 우리는 대각성운동에 에드워즈가 참여한 일과 교회 생활에 영향을 주는 이슈들에 관한 그의 사상을 살펴볼 것이다. "구속의 역사 속에서 영화롭게 되신 하나님"(*God Glorified in the Work of Redemption*)이라는 제목의 아주 잘 알려진 설교들 중 하나인 첫 번째 본문이, 이 항목의 주목 대상이 될 것이다. 이와 같은 설교는 구속에 있어서 하나님에 대한 인간의 절대적인 의존을 강조하는 것으로써 거룩한 하나님의 주권에 관한 위대한 청교도들의 교리를 강조한다. 이런 종류의 설교가 노드햄톤에서의 부흥과 대각성운동을 이끌었다.

그 다음에는 『신실한 이야기』(*A Faithful Narrative*)가 이어지는데, 이것은 대각성 이전의 에드워즈 자신의 교회에서 있었던 부흥 사건을 설명하고 있다. 대각성 이후에 쓰여진 『신앙과 정서』(*Religious Affection*)는 부흥이 일어났던 시기에 발생했던 의문들에 관한 원숙한 사상을 담고 있다. 이 문제에 있어서 종교적인 회심 또는 종교적인 경험이 참인지를 어떻게 알 수 있는가? 이 항목은 '겸허한 탐구'(*An Humble Inquiry*)로 끝을 맺는다. 이 본문은 주의 만찬에 관한 내용을 담고 있는데, 노드햄톤에서 에드워즈가 담임목사직을 사임하게 될 때에 있었던 이슈들이다.

제3부는 다양한 신학적 철학적 연구들을 망라하고 있다. 여기서 본문은 이 세상에서 하나님의 사역과 계획, 덕 또는 윤리의 본질, 일반계시 그리고 인간의 본성과 의지에 관한 것을 살피고 있다. 이들 본문 가운데 둘은 에드워즈의 일생 동안에 또는 그가 죽은 지 얼마 되지 않아서 출판이 되었으며, 서로 다른 이슈들에 관한 사려 깊은 세심한 취급을 하고 있다. 『구속의 역사』(*History of the Work of Redemption*)는 30개의 설교로 형성되어 있는데, 전형적인 청교도 형태로 이사야 51장 8절 한 본문에 관한 것이다. 물론 에드워즈는 이 본문보다도 더 많은 것을 설교 속에 가져온다. 사실상 그는 이 본문을 성경 전체와 세상에 대한 하나님의 계획을 논증하기 위한 사례로서 사용하고 있다. 우리는 이 설교시리즈의 첫 번째와 마지막 번째에 초점을 맞출 것이다. 다음에 이어지는 것은 '이 세상을 고안하신 하나님의 지혜'(*The Wisdom of God in the Contrivance of the World*)인데, 그것은 위에 언급한 노트에서 나온 것이다. 나는 그의 유명한 "거미에 관한 편지"(*Spider*

Letter)와 이 문서를 서로 짝지었다. 여기서 우리는 성경책을 연구하는 것과 같은 예리함으로 자연에 관한 책을 탐구하고 있음을 알 수 있다.

이 항목에서의 마지막 본문은 『의지의 자유』(Freedom of the Will)이다. 그것은 에드워즈로 하여금 칼빈주의에 대한 강력하고 뛰어난 옹호자로서의 평판을 얻게 했다. 인간의 책임과 하나님의 주권과 같은, 이 본문에서 제기된 이슈들은 신학자와 평신도들을 마찬가지로 혼란케 했다. 이 본문이 도전적일수록 그것은 더욱더 보상을 가져다주었다.

제4부의 마지막 항목은 다시금 설교 속에서 에드워즈를 발견한다. 세 가지 설교는 그의 교회의 교인이 되기를 원했을 것 같은 모범설교이다. 첫 번째 설교는 "진노하신 하나님의 손 안에 있는 죄인들"을 살필 것이다. 이것은 에드워즈의 설교 가운데 가장 유명하다. 어떤 이에게서는 이 설교가 에드워즈에 관해서 읽었던 것의 전부일 수 있고, 일반적으로 그 이상을 진척시키지 못했을 것이다. 거의 모든 미국의 문학참고서 선집에 수록된 이 설교는 모든 시대에 가장 많이 읽혀진 설교이다. 그러면서도 가장 잘못 읽혀진 설교일 것이고 가장 오해된 에드워즈의 글이다. 결과적으로 그 설교가 잘 알려졌을지라도 – 또는 아마도 아주 많이 알려졌기 때문에 – 에드워즈의 설교를 생각해 볼 수 있는 좋은 자리를 제공해준다. 다음 설교는 "가장 높으신 하나님이 들으시는 기도"인데, 그것은 "진노하신 하나님의 손 안에 든 죄인들"만큼은 잘 알려져 있지 않지만, 그리스도인의 삶에 성경과 신학을 적용함에 있어서 에드워즈의 정확한 인식을 뚜렷이 보여준다. 기도는 많은 그리스도인들에게 신비에 속한다. 에드워즈를 통해서 우리는 신비하지만 본질적인 학문 속에서 가치 있는 통찰을 얻을 수 있다.

마지막으로 고린도전서 13장의 『사랑과 열매』(Charity and Its Fruits)에 관한 에드워즈의 시리즈에 포함된 설교를 연구할 것이다. 대부분의 사람들이 에드워즈에 대해 불의 사자로서의 이미지를 갖고 있지만, "천국은 사랑의 세계이다"라는 이 설교에서 당신은 에드워즈에 관한 또 다른 차원의 모습을 보게 될 것이다. 이 세상에 대한 하나님의 계획의 완성 속에서 하나님의 선택에 관한 영광스러운 구속을 기대하며 찬양하는 에드워즈를 보게 될 것이다. 에드워즈는 이 놀라운 개념을 순전한 기쁨과 강력한 소망의 근원으로 삼아 독자들에게 전달한다.

이 책은 에드워즈에 관한 주요 문서들에 관한 다양한 판형들을 간단한 가이드와 함께 제공하고, 몇 가지 부차적인 작품들을 소개하며 결론을 맺고 있다. 에드워즈에 대한 이상적인 소개는 한 장에 여러 원문들을 할애하는 것이지만, 그런 방식은 필자나 독자들에게 마찬가지로 애로사항을 발생시킬 것이다. "거룩하고 초자연적인 빛"뿐만 아니라, "원죄", "하나님이 세상을 창조하신 목적에 관하여", "표적구분하기" 그리고 "현 부흥과 관련한 몇 가지 사상"도 모두 여기에 포함시킬 만한 가치가 있다. 하지만 독자들의 인내심을 구하기를 원치 않는 나는 이 장들에서 오직 10개 정도의 본문과 설교만을 다룰 것을 결심했다. 다시 한번, 이 작품은 그 자체가 목적이 아니요 풍부하고 큰 보답을 가져다주는 조나단 에드워즈의 삶과 사상 그리고 문서에 관한 입문서임을 밝혀둔다. 본서의 결론은 계속될 당신의 여행에 대한 방향을 제공해 줄 것이다.

2003년은 에드워즈 탄생 300주년이다. 지나온 수많은 시간과 세기에 걸쳐 에드워즈는 미국의 가장 뛰어난 신학자로 자리를 굳건히 지키고 있다. 그는 새로운 세대의 교인들에게도 여전히 사랑을 받고 있다. 바라기는 이 책이 에드워즈의 사상의 중요성과 관계성을 알 수 있게 해주었으면 한다. 또한 에드워즈가 아주 많은 사람들에게 도움을 준 것처럼 본서를 통해서 에드워즈가 당신으로 하여금 하나님과 하나님의 말씀, 이 세상에서의 하나님의 역사 그리고 그 속에서의 당신의 위치를 더 잘 이해할 수 있도록 도움을 주었으면 한다.

제1부
에드워즈의 개인사

에드워즈에 관해 우리가 알고 상당한 부분은 그가 직접 쓴 '결의' (*Resolutions*), 일기, "개인독백"(*Personal Narrative*) 그리고 편지들을 통해서이다. 제1부에서 우리는 에드워즈의 삶에 있었던 다양한 에피소드들을 탐구하기 위해서 이런 문서들을 활용할 것이다. 이 부분은 역시 나중에 살피게 될 문서들의 폭넓은 배경을 제공해준다. 우리는 코네티컷, 동원서(East Windsor)에서의 그의 삶의 초기 여행을 시작한다. 동원서 사택에서의 삶은 젊은 학자이자 목회자 후보생을 위한 훈련의 토대를 제공해 주었고, 대학공부를 잘 준비시켜 주었다. 에드워즈는 예일대학에서 학사학위를 받았고, 석사학위를 받기 위해 그곳에 더 머물렀고, 강사로서 2년간 있었다.

예일대학에 있을 동안에 그는 짧은 시기이지만 뉴욕시에서 목회를 하기 위해서 학교를 잠시 떠났다. 1727년에 그는 매사추세츠, 노드햄톤 교회에 부목사가 되었고, 평생의 동반자였던 사라 피에르폰트와 결혼하였다. 노드햄톤은 1750년까지 에드워즈의 가정의 고향이 되어주었다. 그곳에 살고 있는 동안에 교회는 수많은 부흥을 경험했고, 식민지는 대각성(Great Awakening)을 향유했다. 그러고 나서 에드워즈는 매사추세츠, 스톡브리지로 이동하여, 모히칸과 모하크족을 섬겼다. 그는 이곳에 있었던 7년 동안에 수많은 논문들을 작성했다. 1757년 말에 프린스턴대학의 이사들이 그를 총장으로 초청하였다. 그는 그 직을 수락하고 다음해 1월에 부임했으나, 1758년 3월 22일에 예기치 않은 죽음을 맞았다.

제1장 확고한 토대: 초기 시절

조나단 에드워즈의 삶을 두 개의 짧은 장으로 포착한다는 것은 몇 개의 사진을 가지고 웅대한 산을 표현하는 것과 같다. 그리할 경우에 오직 샘플만을 얻을 수 있고, 많은 상세한 부분들은 필연적으로 배제되게 된다. 그럼에도 불구하고 우리가 그런 방식 속에서 어느 정도 좋은 아이디어를 얻을 수 있다고 나는 믿는다. 다음의 몇몇 장면들은 에드워즈의 사상을 형성시킨 에드워즈의 삶에 있었던 주요 사건들로 구성되어 있다.

많은 면에서 그의 삶은 미국의 식민지 역사의 축소된 모습을 나타내준다. 7년 전쟁과 대각성운동을 포함한 18세기의 주요 사건이 그의 삶과 연관이 있다. 그의 조상들은 첫 개척자들이었고, 후손들은 미합중국의 초기 지도자들이었다. 사실상 에드워즈의 유산은 그의 삶 이전과 이후로 광범위하게 영향을 미치고 있다. 그의 조부는 토마스 후커와 1636년에 코네티컷 하트포트의 개척자들을 따라 18살의 나이에 식민지에 들어왔다. 아버지 티모디 에드워즈 목사는 하버드에서 훈련을 받고, 젊은 신부인 에스더 스토다드와 함께 코네티컷의 동윈서에 자리를 잡았다.

1. 동원서에서의 교육

　티모디는 평범한 가정에서 태어났지만, 에스더는, 뉴잉글랜드 전역에서는 아닐지라도, 코네티컷에서 가장 뛰어난 가정에서 태어났다. 그녀의 아버지는 "코네티컷 리버 벨리의 교황"으로 칭송 받는 솔로몬 스토다드 목사였는데, 그는 조나단의 삶에 상당한 영향을 끼쳤다. 당시에 스토다드 목사의 영향력은 대단해서, 어떤 보고서에 따르면, 중앙 코네티컷 리버 벨리에서 보스턴으로 연결되는 협소한 도로를 넓히고, 닦고, 고속도로가 들어서는 기초를 놓게 된 데는 연로한 스토다드가 보스턴의 중요한 행사-특히 하버드에서의 행사-에 참여하는 데 보다 더 용이하게 하기 위한 것이라고도 하기도 한다.

　티모디와 에스더는 열 명의 딸과 한 명의 아들을 두었다. 그 가정은 당시로 볼 때는 남달리 키가 커서 상당한 인상을 주었다. 이웃 사람들과 친구들은 티모디와 에스더의 "60피트의 딸들"을 자주 언급하곤 했다. 식민지 시대의 목회자들에게 흔히 있었던 것처럼 티모디는 그 마을의 어린아이들을 위한 문법학교와 부수적 교육에 해당하는 것들을 제공했다. 이 일은 티모디의 수입을 보충해주었을 뿐만 아니라 조나단과 그의 누나들이 책과 교육과 언어를 배우면서 자라날 수 있는 기회를 제공해 주었다.

　조나단 에드워즈에 관한 회고록을 쓴 세레노 드와이트는 자신의 딸들에 대한 티모디의 교육이 그 시대로 볼 때는 보다 더 깨어있었다고 말한다. 티모디는 모든 자신의 딸들을 보스턴으로 보내 학교를 마칠 수 있게 했고, 나이가 든 딸들은 어린 남동생 에드워즈의 공부를 돌보았다. 1711년에 인디안 전쟁시에 군목으로 있었을 시에 티모디가 에스더에게 쓴 편지를 드와이트는 기록하고 있는데, 거기서 티모디는 자녀들이 라틴어 공부를 하는데 열심을 낼 것과 조나단이 "누나들에게서 라틴어를 계속해서 암기할 것"

을 바라는 소망을 피력하고 있다.

게다가 조나단은 성경과 교리를 배웠고, 아버지와 어머니로부터 청교도와 개혁교회 신앙의 풍부한 유산을 물려받았다. 드와이트는 "에드워즈 여사(에스더)가 항상 책을 좋아했고 그녀의 대화 속에서 매우 책을 잘 알고 있음이 보여졌는데, 특히 유명한 신학자들의 책을 많이 알고 있었다"고 했다.

조나단은 아버지의 목회사역에서도 많은 교육을 받았다. 동원서 교회 목사로서 61년간을 사역한 티모디는 많은 언덕과 골짜기를 만났는데, 에드워즈는 그것을 통해서 양떼를 먹이는 일의 여러 가지 상황을 간접적으로 경험할 수 있었다. 티모디가 일생 동안 단 한편의 설교집만을 출간했을지라도, 그는 영향력 있는 설교자로 평판을 얻었다. 한 학자는 티모디 에드워즈와 솔로몬 스토다드 목사가 조나단에게 "설교에 관한 코네티컷 리버 벨리의 학교"를 제공했다고 말했다. 이 학교의 학생으로서 에드워즈는 강대상에서 설교를 실제적으로 목격했고, 설교 기술을 연마할 수 있었다.

조나단은 아버지의 교회에서 부흥의 기간을 목격했다. 13살의 나이에 조나단은 누나인 마리아에게 이렇게 썼다. "하나님의 놀라운 자비와 선하심으로 말미암아 이곳에 매우 놀라운 진동과 성령의 부으심이 있었고, 지금도 역시 그러하다. 하지만 나는 어느 정도 그 기운이 감소되고 있다고 생각할 만한 이유가 있음을 생각한다. 하지만 많이는 아니기를 소망한다. 나는 13살의 나이에 교회의 완전한 성찬의 자리에 참여했다."

이 편지는 노드햄톤에서 에드워즈가 장래에 경험하게 될 사역 즉 부흥과 성찬의 자격에서 뚜렷하게 나타날 가장 의미 있는 특징을 예견해주고 있다. 젊은 조나단은 실망과 분쟁과 갈등을 역시 목격했다. 1694년에 동원서 교회는 예배당건물을 확장하기로 하였으나, 새로운 예배장소의 정확한 위치선정과 관련해서 첨예한 분쟁이 일어났다. 그들은 20년 뒤에나 가서야 서로 합일하는 장소에서 새 예배당 건축을 마칠 수 있었다.

게다가 모든 뉴잉글랜드 회중교회 사역자들처럼 티모디는 목회자의 자리가 불안했다. 그는 사람들의 영적인 상태에 책임이 있었는데, 그것은 때때로 교회의 치리를 포함하는 것이었다. 한편으로 사례비와 교회에서의 자리는 교인들의 투표에 의존하고 있었다. 그러한 역동성은 유명한 보스턴의 사역자인 인크리스 마더가 "회중교회의 규율은 세속적인 관심을 가진 사람들이나 통상적인 고백자의 세대들에게는 적합하지 않다"라고 말할 정도였다. 동원서에서 조나단 에드워즈는 자신의 아버지가 회중주의와 연관된 다양한 도전들, 곧 조나단이 노드햄톤에서 직면하게 될 도전들과 협상하는 것을 목격했다.

2. 학식 있는 정통한 사람들

조나단이 1716년에 대학을 준비하고 있을 즈음에 청교도와 개혁교회 전통에 대한 하버드의 충성이 의심스러워졌다. 그러므로 티모디는 자신의 아들을 하버드에 입학시키지 않고 코네티컷의 신생 대학교에 등록시켰다. 그 학교가 나중에 예일대학이 된다. 그 학교는 1719년까지 코네티컷 주변을 맴돌다가 지금의 뉴 헤이븐에 영구적인 자리를 잡았다. 에드워즈가 동원서에서 세웠던 토대는 예일대학에서 더욱더 강력해지고 깊어졌다. 학사학위과정에서 그는 형이상학, 윤리학, 자연과학뿐만 아니라, 순문학, 문법, 수사학, 논리학, 고대역사학, 수학, 지리학, 천문학을 공부했다.

우리는 조나단이 대학졸업생이었을 때에 아버지에게 쓴 편지 속에서 그의 학문연구에 관한 것을 언뜻 엿볼 수 있다. "나는 커틀러 교수님께 다음 해에 어떤 책이 필요한지를 물었습니다. 그는 말씀하시기를, 알스테드의

그림 1.1
예일대학의 헌장(1701)

By the Governor, Council & Representatives of his Majesty's Colony of Connecticut in General Court assembled,

New Haven, Oct. 9, 1701:

An act for liberty to erect a collegiate school.

Whereas several well disposed, and publick spiritual persons of their sincere regard to & zeal for upholding & propagating of the Christian Protestant religion by a succession of learned & orthodox men have expressed by petition their earnest desires that full liberty and privilege be granted unto certain undertakers for the founding, suitably endowing & ordering of a collegiate school within his Majesty's Colony of Connecticut wherein youth may be instructed in the arts and sciences who through the blessing of Almighty God may be fitted for publick employment both in church and civil state.

지리학과 가센디의 천문학에 대항할 수 있는 책들을 구하라고 하셨습니다. 게다가 분해와 산술에 필요한 것들과 수학을 배우는데 절대적으로 필요한 것들을 준비하라고 하셨습니다."

이 편지는 식민지 시대 이래로 거의 변하지 않은 것을 반영하고 있는데, 조나단이 아버지에게 기숙사 비용을 알리는 즉 돈을 보내달라는 암시와 함께 끝난다.

조나단은 문학과 철학의 고전헬라어 문장만이 아니라 원어로 성경본문을 읽기 위해서 헬라어와 히브리어를 부차적으로 공부했다. 그리고 그는 역시 신학의 혹독한 과정을 시작했다. 학생들이 안식일을 소홀히 하거나 영적인 형성을 상실하는 것을 원치 않는 대학당국과 학장은 학생들에게 주일에 들었던 설교 내용을 기록한 작은 노트의 복사본을 요구했다. 또한 학생들의 주의를 집중시키기 위해서 그 주간의 설교에 관한 퀴즈를 보기도 했다.

학교를 일구어내는 데 있어서 뉴잉글랜드의 청교도들은 구잉글랜드의 옥스퍼드나 캠브리지의 학사일정을 완벽하게 모방했고, 진정한 교양과목 교육을 제공했다. 직업훈련과는 거리가 먼 학사학위(B. A.)는 교육받은 신사들만을 오직 생산해 내었다. 목회자, 변호사, 의사 또는 사업가가 되는 데 필요한 직업훈련은 졸업 후에 훈련을 통해 이루어졌다.

또한 예일대학은 젊은 에드워즈에게 아이작 뉴톤과 존 로크에 관한 새로운 지식과 작품세계로 이끌어주었다. 나아가서 그는 창조에 관한 하나님의 관여하심이 불필요하다는 것을 뉴톤이 보여주고 있다고 주장했던 자연신교에 관한 작품들도 매우 비판적으로 잘 알고 있었다. 하나님이 "형성시켰던" 기계적인 우주는 그 자체로 꽤 잘 돌아간다. 심지어 그들은 우주에 대한 하나님의 간섭을 차단시킨다. 이는 기적의 가능성을 불식시키고, 성경에 대한 일반계시를 고양하는 것에 해당한다. 전적으로 성경을 파기하려고 하는 것은 아닐지라도 말이다.

에드워즈는 이와는 다르게 사물을 보았다. 그는 뉴톤의 작품에서 이 세상에서의 하나님의 놀라운 임재와 적극적인 관여를 보았다. 하나님의 부재를 가리키는 것과는 거리가 먼 뉴톤의 작품이 에드워즈로 하여금 창조를 적극적으로 지탱하시는 하나님의 절대적인 필연성을 보게 했다. 에드워즈에 대한 뉴톤의 영향이 "이 세상을 고안하심에 있어서의 하나님의 지혜"와 같은 에드워즈의 다양한 과학적 에세이에서 잘 보여진다. 에드워즈는 이신론의 잘못을 드러내는 문서에서 간접적으로 뉴톤을 역시 활용했다. 그는 이신론이 교회를 접수할 것을 두려워했다. 뉴잉글랜드에서 이전의 많은 정통 회중교회들이 19세기에 유니테리안으로 바뀐 것처럼 역사는 이러한 두려움이 사실로 판명되었음을 입증해준다.

존 로크의 작품과 에드워즈의 관계는 약간 더 복잡하다. 페리 밀러는 존 로크의 『인간 오성에 관한 에세이』(Essay Concerning Human Understanding)를 에드워즈가 읽은 것이 그의 전체 삶에서 중요하고 결정적 순간이 되었다고 말할 만큼 중요하게 취급한다. 하지만 이완 머레이와 같은 학자들은 이런 주장이 과장되었다고 말한다. 그럼에도 불구하고 에드워즈는 사실상 『인간 오성에 관한 에세이』에서 존 로크의 사상을 철저히 읽고 살폈다. 에드워즈가 관심을 기울였던 많은 부분이 경험주의 곧 로크가 감각론이라 부르기를 좋아했던 지식에 관한 로크의 이론에 중심을 두었다. 이 이론은 모든 사람의 지식이 감각이나 경험을 통해서 온다는 것을 주장하고 있다.

로크의 경험론은 지식이 관념을 형성한다는 것을 역시 강조한다. 특별히 에드워즈의 글에서 뚜렷하게 나타났던 "새로운 감각"에 관한 이해는 여기에 특별한 관심을 두고 있다. 로크의 책을 읽은 것이 "정서"에 관한 에드워즈의 논증을 촉발시켰을 것이다. 에드워즈는 "종교적인 감정과 관련한 논문"(Treatise Concerning Religious Affections)에서 새로운 감각과 정서를 충분히 다루고 있다.

에드워즈는 뉴톤과 로크를 읽었을 뿐만 아니라, 청교도와 개혁교회의 유산을 탐구하기를 계속했다. 존 칼빈, 존 오웬, 윌리엄 아메스 그리고 몇몇 사람들이 에드워즈가 예일대학에서 교육을 받고 있을 시에 반복적으로 나타났다. 사실상 다른 동료들처럼 에드워즈는 아메스의 『신학의 정수』

(*Marrow of Theology*)를 암기하는 일을 했다. 언제라도 상급생은 "정수" (Marrow)로부터 어떤 항목을 암송하도록 보다 젊은 무리들에게 요청했을 것이다. 만약 학생이 이런 중요한 순간을 그냥 지나쳐 버리게 되면 그는 그 주간에 식당 일을 보아야했을 것이다. 확실히 강력한 자극이 학생들을 따라다녔을 것이다.

칼빈주의에 대한 에드워즈의 연구와 헌신은 그에게 알미니안주의의 오류와 뉴잉글랜드 신학자와 교회들 사이에서 발생하고 있는 알미니안주의의 잠식에 경각심을 불러일으켜 주었다. 그의 작품과 설교의 많은 부분이 알미니안주의의 영향에 관한 흐름을 차단해보려는 시도에서 이런 잘못들에 집중했다. 우리는 "구속의 역사 속에서 영화롭게 되신 하나님"(*God Glorified in the Work of Redemption*)이라는 설교와 『의지의 자유』(*Freedom of the Will*)에 관한 논문에서 이 문제를 다루고 있는 것을 따로 살피게 될 것이다.

에드워즈는 예일대학의 커리큘럼을 성공적으로 마치고 최우수학생으로 1720년에 학사학위(B. A.)를 받았다. 그리고 1720-1722년까지 석사학위 과정의 학생으로 예일대학에 머물렀다. 그런데 예일대학에서 생명을 드러내는 한 사건은 책과 배움에 관한 것이 아니라 식당에서 나오는 음식에 대한 학생들의 반발과 관련되었다. 다시금 조나단은 아버지에게 보내는 편지 속에서 이 사건을 기록하고 있다. 학생들은 일단의 무리를 지어 항의하고 식사를 거부했다. 에드워즈는 급우들을 어느 정도 동정하고 있었지만, 그들이 너무 나갔다고 생각했다. "나는 내편에서 이 문제를 말할 필요가 있었다. 때때로 식단이 질적으로 충분치 않았을지라도, 이런 데모를 일으킬 만한 여지가 있다고는 생각하지 않는다."

3. 표면적인 변화

1721년이라는 해는 조나단 에드워즈가 회심을 이룬 것으로 특징짓는다. 상대적으로 늦은 시기 그리고 복음에 상당히 노출된 다음에 그의 회심이 있었다는 것은 오늘날의 독자들에게 놀라움을 금치 못하게 할 것이다. 하지만 그것은 당시의 경향을 반영해 준다. 아마도 청교도가 가장 두려워하는 적은 신앙 문제에 있어서 자기기만과 위선이었을 것이다. 결과적으로 회심을 주장하는 것이나 회심 그 자체는 당시에는 너무 가볍게 취급할 수 있는 것이 아니었다.

사실상 에드워즈의 어머니도 성인으로서 상당한 시간이 지나기까지 남편이 시무하는 교회에서 성찬을 받지 않았다. 에드워즈의 경우에 그는 예일대학의 대학원 2학년 재학시까지 하나님의 회심의 역사를 경험하지 못했다. 가장 사람의 마음을 끌어들이는 작품(그림 1.2를 보라) 곧 "개인독백"(Personal Narrative)이라고 말하는 작품은 아마도 1734년에 쓰여진 것인데, 그는 거기서 자신의 회심에 관하여 회상하며, 삼위일체 하나님이 영광스러운 복음에 눈을 열게 하시고, 거룩한 것의 새로운 의미를 부여해 주셨을 때, 그를 압도한 변화를 묘사하고 있다.

석사학위 프로그램에서 연구하던 시기와 논문을 완성했던 시기 사이에 그는 뉴욕의 젊은 도시에 있는 장로교회에서 짧게 목회했다. 브로드웨이와 월스트리트 근방에서 그는 10달 동안 목회했다. 그가 맡은 교회는 교회가 분열되어 형성된 것이다. 에드워즈는 1722년 8월에 부임해서 1723년 4월까지 봉사했는데, 에드워즈의 설득으로 인해 이 작은 교회는 자신들이 떠났던 교회와 다시 결합할 것을 결정했다. 작은 회중을 섬기는 동안에 그는 세밀하게 준비된 설교에서 나중에 그의 설교와 문서에서 주를 이루었던 많은 주제에 관해 탐구하기를 시작했다.

그림 1.2
"개인독백"(1734?)

After [my conversion] my sense of divine things gradually increased, and became more and more lively, and had more of that inward sweetness. The appearance of every thing was altered: there seemed to be as it were a calm, sweet cast, or appearance of divine glory, in almost every thing. God's excellency, his wisdom, his purity and love, seemed to appear in every thing; in the sun, moon and stars; in the clouds and blue sky; in the grass, flowers, trees; in the water, and all nature; which used greatly to fix my mind. I often used to sit and view the moon, for a long time; and so in the day time, spent much time in viewing the clouds and sky, to behold the sweet glory of God in these things: in the meantime, singing forth with a low voice, my contemplations of the Creator and Redeemer. . . .

I have loved the doctrines of the Gospel: they have been to my soul like green pastures. The gospel has seemed to me to be the richest treasure; the treasure that I have most desired, and longed that it might dwell richly in me. The way of salvation by Christ, has appeared in a general way, glorious and excellent, and most pleasant and beautiful. It has often seemed to me, that it would in great measure spoil heaven, to receive it in any other way.

4. 경건한 사상가의 훈련

에드워즈는 설교만 아니라, 다른 종류의 많은 작품들을 썼다. 그 가운데 "결의"(Resolution)가 들어 있다. 모두 합해서 70편의 내용이 들어 있는 이 결의는 그의 일생의 지침으로 작용하였다. 그 결심문들은 하나님에 관한 겸손한 의존을 드러내고 있다. "하나님의 도움이 없이는 어느 것도 할 수 없다는 것을 인식한 나는 이 결의문이 그리스도를 위해서, 주의 뜻에 부합하는 한 이 결의를 지킬 수 있도록 하나님의 은혜를 겸손히 간구한다." 이 헌신에 관한 샘플은 다음과 같다.

1. 어떤 것이 최우선으로 하나님께 영광이 되고, 또 나 자신의 유익과 기쁨이 된다면, 그것이 아무리 시간이 걸리는 일일지라도, 지체 없이 행할 것을 결심한다. 나 자신의 의무나 최대의 선을 위한 것이나, 일반적으로 인류의 선을 위한 것이라면 무엇이든 행할 것을 결심한다.
6. 사는 동안에 항상 전력을 다할 것을 결심한다.
20. 먹는 것과 마시는 일에 절제를 유지할 것을 결심한다.
52. 노인들이 다시 한번 생을 살 수 있다면, 이렇게 살겠다고 말하는 것을 자주 듣는다. 나는, 내가 노인이 되었을 때, 이렇게 했으면 하고 생각할 수 있는 것들을 하며 살 것을 결심한다.
56. 내가 아무리 성공적이지 못할지라도, 나는 나 자신의 부패와의 싸움을 느슨하게 하거나, 포기하지 않을 것을 결심한다.
67. 나는 고통스러울지라도, 내가 사람들에게 선이 되고 있는지, 또 내가 그들에게 선이 되는 것이 무엇인지를 물으며 살 것을 결심한다.
70. 말하는 모든 것에서 덕이 있게 할 것이다.

그는 결의문의 서문에 이런 각주를 달았다. "일주일에 한 번씩 이 결의문을 읽어야한다는 것을 기억하라."

"결의"와 더불어 에드워즈는 1722-1725년까지 간헐적으로 간직했던 일기를 시작했고, 1734년과 1735년에 네 편을 더 추가시켰다. 일기를 간직한 것은 영혼의 엑스레이(X-RAY)와 같은 역할을 하는 청교도의 전형적인 습관이었다. 자기기만의 적을 두려워했던 것이 그러한 일기를 쓰는 것을 가능하게 했다. 에드워즈의 일기는 승리와 패배의 순간을 반영해준다. 1723년 1월 2일에 그는 일기의 초두에 '어리석은'이라는 말로 시작했고, 그 다음에 아홉 번째는 '부패한'이라는 말로 시작했고, 열 번째는 "부흥"이라는 말을 쓰고 있다. 이 일기에 앞부분의 기재사항들은 결의문의 내용을 암시해주고, 그 결심들을 지키고자 하는 그의 시도를 기록하고 있다. 그의 일기에서 발췌한 다음의 인용문들은 전형적인 것이다.

(1723년) 10월 12일 금요일 밤. 나는 모든 선한 사람들이 추구하는 그리스도인의 온전과 완전과는 반대되는 것이 있음을 본다. 부패한 본성이 절제되지 않는 은밀한 욕구를 드러내고, 사람들은 그 잘못을 의식하지 못하거나, 해가 되지 않는다고 생각하며, 덕의 이름으로 은폐한다. 이런 일들은 광명을 심히 어둡게 하고, 기독교의 매력을 가리운다. 누가 이 잘못을 알 수 있는가? 오 주님, 나를 이런 은밀한 잘못에서 보호하소서!

(1724년) 1월 20일 월요일. 나는 매우 비난받을 만하다. 나는 기회가 왔을 때, 신앙의 일을 좋게 여기지 않는 사람들 앞에서, 덕과 신앙의 이름으로 맞서서 충만하고 솔직해야 했는데, 그렇지 못했다. 주고받는 대화가 그들에게 인정을 받지 못하면 나는 신앙의 문제를 다루는 일에 있어서 상당히 움츠러들어 정작 중요한 것을 말하지 못했다. 신앙에 대해 직접적으로 말하는 것에 동의했던 다른 사람들과 가졌던 사랑을 그들과 나누지 못했다. 나는 신앙에 관심을 갖지 못하는 사람들에게 더욱더 담대해야겠다. 내가 믿는 신앙의 진리와 탁월함을 확신하며 두려움 없이 담대하게 증거해야겠다.

에드워즈는 이 시기 동안에 다른 문서, 즉 가장 흥미롭고 호기심 있는 책인 『잡록』(Miscellanies)을 쓸 계획을 시작했다. 한 문장으로 되어 있는 사상에서부터 긴 페이지로 되어 있는 묵상에 이르기까지 다양하게 쓰여 있는 이 작품은 에드워즈에 의해 8권의 책으로 편집되었는데, 나중에 조심스럽게 색인이 포함되어 9권으로 나왔다. 이따금씩 그는 『잡록』으로부터 단일한 표제어를 끌어내어 그 사상을 확장시키는, 새로운 책을 만들어내었다. 『잡록』은 철학적이고 과학적인 탐구에서 성경구절에 관한 주석적인 해석, 즉 창세기 저작권에서부터 계시의 본질에 이르는 모든 것을 포함한다.

그는 1722년에 『잡록』의 첫 작업을 시작해서, 일생에 걸쳐 이 작품에 글을 추가하는 일을 계속했다. 이 개념이 많은 설교의 자료가 되어주었고, 어떤 아이디어는 마침내 논문으로 출판되기도 했다. 에드워즈는 자신의 생애 말미에 프린스턴대학의 총장이 되어달라는 이사들의 초청에 응답해서 그 대학 이사들에게 보내는 편지를 썼는데, 그는 거기서 『잡록』에 관한 자신의 방법론을 설명했다.

> 사역을 처음 시작한 때부터 나의 연구 방법은 매우 많이 글로 쓰고, 모든 중요한 힌트를 향상시키기 위해서 이런 방법으로 나 자신을 적용하고, 최대의 단서를 좇는 것이었다. 읽고, 묵상하고 대화하는 것 속에서 내 마음에 어떤 것을 암시 받을 때, 그것은 무게 있는 요지 속에서 빛을 던져주는 것 같았다. 그러므로 자신의 이득을 위한 수많은 주제에 관해 가장 멋진 사상으로 보이는 것을 글로 썼다. 내가 이런 방식으로 내 연구를 오래 수행할수록 그것은 더욱 습관이 되었고, 더욱더 기쁨과 유익을 발견하게 되었다.

『잡록』은 에드워즈의 끊임없는 동료였다. 말을 타고 가는 일상적인 활동 속에서도 그는 마음 속에 생각들을 떠올렸다. 보다 유쾌한 날씨에는 잉크와 종이를 들고 초원이나 개울에 멈춰 서서 몇 줄의 스케치를 했다.

추운 계절로 인해 바깥에서 글을 쓸 수 없을 때에는 핀으로 코트에 쪼가리 옷을 꽂아두는 습관을 발전시켰는데, 그 옷 쪼가리는 특별한 아이디어와 연관이 있었다. 연구실로 돌아와서 그 옷 쪼가리를 떼어냈을 때, 그는 아이디어를 기억했고, 그것을 기록했다. 이런 습관은 긴 여행에서 도움이

그림 1.3 에드워즈 기념물
노드햄톤 제일교회에 설치되어 있는 실물크기의 동판(매사추세츠 노드햄톤 제일교회의 허락에 의한 것임).

되었다. 이 특별한 습관은 마을 주변 사람들에게 얘깃거리가 되었다. 이웃 사람들은 그가 옷 쪼가리를 많이 붙이고 다닐 때에는 장거리 여행을 했다는 것을 항상 알았다. 『잡록』을 쓰는 것은 오래 지속된 일과 열정이었다. 그것은 에드워즈의 마음이 끊임없이 작품에 있었다는 것을 드러내준다.

5. 기초를 완성하는 것

1723년 4월에 조나단은 코네티컷으로 돌아왔다. 그는 뉴잉글랜드의 다양한 교회에서 설교했고, 석사논문도 썼다. 그는 1723년 9월에 예일대학에서 석사(M. A.) 학위를 받았다. 오늘날의 졸업은 다소 형식적인 이벤트이다. 학생들이 모든 과정을 완수한 후에 단지 형식상 예식을 갖는 것이다. 하지만 식민지 시대의 졸업식은 보다 극적이었다. 졸업후보생들은 청중과 교수들 앞에서-라틴어로-석사논문을 제출하고, 학위를 받기 위해서-라틴어로-그 논문을 변증하도록 요구되었다.

결과적으로 졸업은 상당히 재미가 있었고, 일반적으로 많은 사람들이 모였다. 그것은 뉴잉글랜드판 슈퍼볼과 같았다. 에드워즈는 자신의 논문에서 죄인이 하나님 앞에서 의롭게 될 수 있는 유일한 수단은 그리스도의 의라는 것을 논증했다. 그의 논문은 대단히 요약적이었지만 전가, 즉 아담의 죄와 그리스도의 의의 종교개혁적인 교리에 대한 명확한 논증을 보여주었다. 그 논문은 교수진과 청중에 의해 상당히 좋게 받아들여졌다. 사람들은 이 논문이 젊지만 예리하고 강력한 신학자의 시작에 불과하다는 것을 알았다.

졸업에 뒤이어 에드워즈는 날아다니는 거미에 관한 에세이를 초고함으로써 또 다른 장르에 대해 글을 쓰려고 시도했다. 아버지의 재촉으로 그는

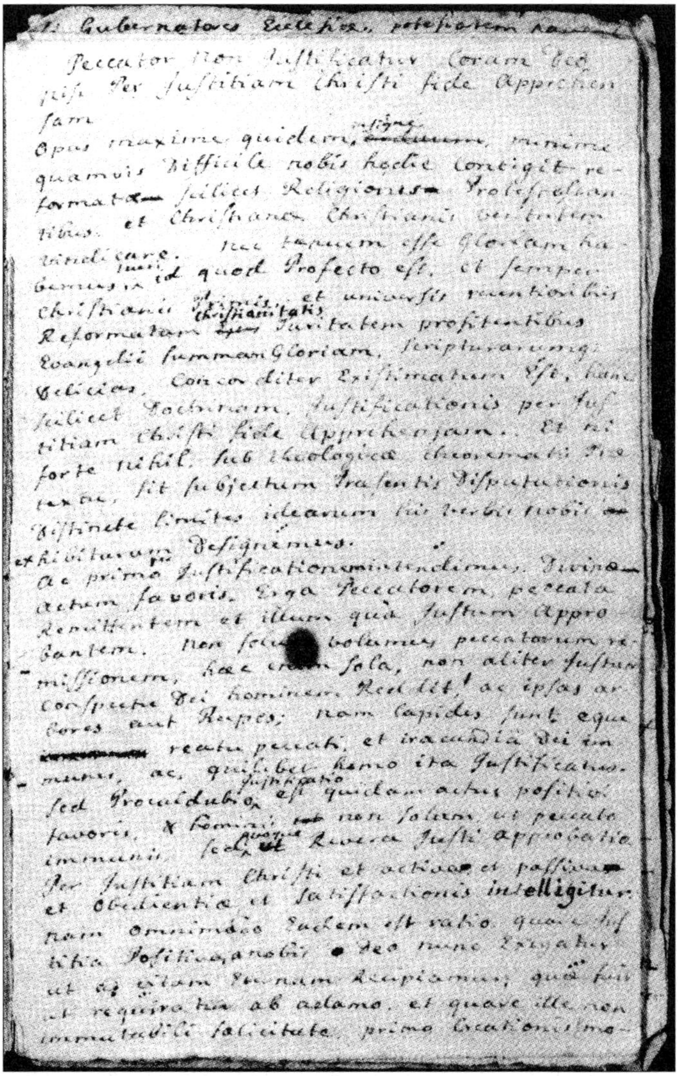
Peccator non Justificatur Coram Deo nisi Per Justitiam Christi fide Apprehensam

Opus maxime quidem, insigne, minime quamvis difficile nobis hodie contigit reformatae scilicet Religionis Professoribus et Christianae Christianis veritatem vindicare. nec tamen esse Gloriam habemus id quod Profecto est.

그림 1.4 석사(M. A.) 논문의 초고

에드워즈의 석사 논문의 초고는 4.5×6인치 크기의 아홉 페이지로 구성되어 있다. 이 논문은 본래 라틴어로 되어 있고, '전가'에 관한 교리에 관심을 두고 있다(예일대학의 베인에크 희귀본소장 도서관의 허락에 의한 것임).

아버지의 친구이자 런던 로얄 소사이어티(Royal Society)의 회원인 폴 두드리 판사에게 편지를 보냈다. 전통에 따르면, 단지 12살의 나이에 에드워즈가 그 유명한 "거미에 관한 편지"(Spider Letter)를 썼다고 한다. 하지만 우리는 이제 그가 사실상 1723년 10월에 그것을 썼다는 것을 알고 있다. 에드워즈는 이 에세이가 로얄 소사이어티의 회보에 실리게 되기를 희망했다.

그는 역시 강단으로 돌아와서 1723년 말에 잠시 담임목사로서 코네티컷 볼톤에 있는 회중교회에서 봉사했다. 그러나 1724년 봄에 에드워즈는 교수(또는 강사)로 예일대학으로 돌아와 2년 동안 가르쳤다.

에드워즈의 초기 문서들은 - 논문, "거미에 관한 편지" 그리고 설교들 - 그의 다재다능함을 증거해 준다. 그는 자연과학에의 능력, 신학자로서의 필연적인 훈련과 기술 그리고 강단에서의 경험과 재주를 갖고 있었다. 에드워즈는 재능이나 기회가 부족하지 않았다. 하지만 그는 오직 한 삶을 가졌다. 아마도 그는 2년 동안 자신이 무엇을 선택할 것인지를 곰곰이 생각했을 것이고, 자신이 가야할 방향을 분별했을 것이다. 동시에 인격적으로나 지적으로나 영적으로 성장을 이루었을 것이다.

이 초기 문서들은 에드워즈의 다양한 관심을 보여준다. 그를 자주 연구했던 사람들은 철학자와 신학자로서의 그를 묘사하거나, 학문적인 소질을 가진 사람 대 목회적인 성향을 가진 사람으로 바라보곤 한다. 이것은 예일대학의 교수로서의 시기와 날아다니는 거미에 관한 에세이를 쓴 것, 그리고 철학적인 탐구들을 에드워즈가 방향을 잘못 잡은 것으로 결론짓게 만든다. 다른 이들은 에드워즈가 설교강단에 올랐을 때 아메리카의 지적인 역사에서 에드워즈를 잃게 된 것이라고 한탄한다.

그러나 그러한 양극단은 에드워즈를 웃기게 만드는 것이다. 분리적인 것과는 거리가 멀었던 그는 이 모든 노력 속에서 중요한 가치를 보았다. 그는 철학적이고 과학적인 훈련과 활동 그리고 주석적인 기술과 신학적인 유산

이 서로를 도울 수 있게 했다. 일기의 한 기사는 아무런 갈등 없이 신학과 철학의 주제를 왕래했던 그의 성향을 보여준다.

> 1724년 2월 6일 목요일에 일찍이 어느 때보다도 자유로운 종교적 대화의 유용성에 관해 설득을 당해본 적이 없다. 나는 자연 철학과 담화하는 동안에 개인적인 연구에서보다 풍성한 지식을 얻었고, 보다 분명하게 사물의 이치를 알게 되었다. 그런고로 모든 때에 종교적인 대화를 추구해야 한다. 유익과 기쁨과 자유를 가지고 대화할 수 있는 사람들을 찾아가야 한다.

그럼에도 불구하고, 에드워즈는 자신의 '일생의 일'과 관련한 것을 선택했다. 학문적인 능력이 매우 뛰어났을지라도, 그는 자신의 일생의 대부분을 교회에서 보냈다. 그가 닦은 인격적 훈련뿐만 아니라 동원서 목회지, 예일대학, 그리고 뉴욕에서의 초기 삶은 에드워즈가 일생의 사역 동안에 형성시켰던 확고한 기초를 이루는 데 기여했다. 그리고 그는 노드햄톤에서 새로운 삶의 시기를 시작했다.

제2장 남다른 헌신: 후대의 삶

초기 시절의 삶에 기초를 놓는 데 있어서 시간을 낭비하지 않은 조나단 에드워즈는 매사추세츠 노드햄톤에서 부교역자로 봉사하는 소명에 응답했다. 그 마을은 꽤 익숙했다. 조나단의 어머니의 고향이었다. 어머니의 아버지인 솔로몬 스토다드는 매사추세츠의 중앙에 자리한 이 교회의 담임목사로서 1669년부터 시무해 오고 있었다. 교회는 스토다드가 부교역자를 필요로 함을 결정했는데, 담임목사를 승계할 수 있는 사람을 훈련시킬 필요가 있었기 때문이다. 에드워즈는 코네티컷 리버 벨리의 중심에 자리잡고 있는 이 활동적인 도시에서 성인생활의 대부분을 보냈다.

1. 뉴 헤이븐 출신의 여인

에드워즈는 1727년에 그 교회에서 공식적으로 부교역자가 되었다. 이 해는 에드워즈에게서 매우 두드러진 한 해였다. 그 해의 7월 28일에 사라 피에르폰트와 결혼했기 때문이다. 사라는 먼저 학창 시절에 조나단의 관심을 끌었다. 그때에 그녀는 13살의 나이에 불과했고, 그는 뉴욕의 도시로부터 막 돌아왔다. 그는 그녀에게 사로잡혀, 읽고 있던 책의 여백에 그녀의 영적인 특징을 기념할 수 있는 글을 적어놓기도 했다(그림 2.1을 보라).

아마도 그들은 4년간의 긴 교제기간을 가진 것으로 보인다. 그들은 8명의 딸과 3명의 아들을 두었다. 조나단과 사라는 모든 자녀들과 아주 가까운 관계를 가졌다—그들의 유명한 아버지가 느끼는 압박과 자녀의 규모에서 주어지는 적지 않은 의무. 연구실에서 매일 시간을 보내는 것을 좋아했을지라도, 그는 역시 아침 경건의 시간과 식사시간, 그리고 저녁 시간 동안에 자녀들과 같이 지내는 시간을 충실히 가졌다. 자녀들에게 보내는 그의 편지는 자녀들에 대한 사랑과 관심을 반영해 줄 뿐만 아니라, 식민지 시대의 삶도 어렴풋이 보여준다.

그림 2.1
"사라 피에르폰드에 대하여"(1723)

They say there is a young lady in New Haven who is beloved of the Great Being who made and rules the world, and that there are certain seasons in which this Almighty Being, in some way or other invisible, comes to her and fills her mind with exceeding sweet delight, and that she hardly cares for anything, except to meditate on him. . . .

She is of wonderful sweetness, calmness, and universal benevolence of mind; especially after this Great God has manifested himself to her mind. She will sometimes go about from place to place, singing sweetly; and seems to be always full of joy and pleasure; and no one knows for what. She loves to be alone, walking in the fields and groves, and seems to have someone invisible always conversing with her.

그의 딸인 에스더에게 보내는 두 편지는 특별히 관심을 끈다. 첫 번째 편지는 1746년 11월 3일에 노드햄톤에서 쓰여진 것인데, 프랑스와 인디안 전투 동안에 가족의 안전과 관련한 정보를 담고 있다. 그 편지는 에스더와 언니 사라가 롱아일랜드에 있는 친구의 가정을 방문하고 있는 동안에 에스더에게 보내어졌다.

사랑하는 딸아

우리는 모두 건강한 상태에서 은혜로 살고 있다. 우리의 집은 요새 안에 있고, 밤에 보초들이 지키고 있는 상태지만, 매사추세츠 요새를 점령한 이후로 이 지방에서 적국에 의해 취해진 공격은 없었다. 나는 프랑스와 인디안이 최근에 자신들의 경로를 다른 길, 곧 아나폴리스(노바 스코티아)로 돌려 프랑스 함대와 연합을 시도하고 있다고 생각한다.
우리는 모두 너와 사라에게 사랑을 전한다… 나는 네가 용기를 잃거나 우울해지지 않기를 바란다. 네가 아무리 고향에서 멀리 떨어져 있을지라도 말이다. 하나님은 모든 곳에 계시는 분이야. 나는 네가 하나님과 가까이 동행했으면 한다. 항상 하나님의 임재를 누리기를 바래. 동 햄프톤의 환경은 어떤 면에서는 집에 있는 너의 언니들보다 더 편할 수 있다고 생각한다. 너는 눕기도 하고 서기도 하고, 두려워할 것이 아무것도 없지 않니. 여기는 밤에 마을을 파괴하러 갑자기 몰려드는 군인들을 무척 두려워하고 있단다. 우리는 매일 너를 하나님께 드리는 기도 속에서 기억하며, 주님이 너와 항상 함께 하시기를 간구한다. 모든 면에서 주께서 은혜 주시기를 참으로 소망한다. 내가 있단다. 나의 사랑하는 딸아.

너를 사랑하는 아빠
조나단 에드워즈

1753년 3월 28일에 스톡브리지에서 쓰여진 또 다른 편지는 에스더가 프린스턴으로 이주해서 아론 버르와 결혼한 직후에 그녀의 병약함에 대하여 다소 흥미 있는 처방을 준 이야기가 나온다. 조나단은 먼저 그녀의 삶에 있는 고통에 대해 하나님의 뜻을 돌아보고, 그녀의 궁극적인 목표를 상기시킨다. 그 다음에 자신의 처방을 제시한다.

사랑하는 딸아

우리는 네가 여러 모로 좋아지고 있다는 것을 듣게 되어 기쁘지만, 너의 연약한 상태에 대해 염려한다. 나는 네가 어머니에게 보낸 편지를 보게 되어 기쁘다. 특별히 네가 하나님을 섬기는 일에 열심히 봉사하고 있으므로 기쁘다. 나는 네가 고난, 곧 네가 당하고 있는 연약함과 낙심되는 고통 가운데서도 하나님의 내적인 위로를 경험한 것을 기뻐한단다. 너는 그것에 대해 감사해야 한다. 너의 동역자인 아론 버르의 사랑과 돌봄에도 감사해야 한단다. 나는 어떤 이상한 일도 너에게 지극한 고통을 안겨다 줄 것으로 생각하지 않는다. '이 세상일의 경로를 보면, 세상의 기쁨 후에는 큰 고통이 오고…' 네가 남은 평생을 네 엄마 아빠와 멀리 떨어져 보낼지라도, 그것에 대해 너무 염려하지 말아라. 네가 우리 곁에서 산다할지라도, 우리의 숨과 너의 숨은 빨리 지나가서, 속히 먼지로 돌아갈 것이다. 하늘 아버지의 임재하심과 하늘의 고향을 향하는 일이 무한히 더 중요한 일이다. 우리 모두 거기서 마침내 만날 것을 생각하자. 너의 건강을 위한 방도로 우리는 방울뱀을 한 마리 얻었단다. 그것이 우리가 얻을 수 있는 모든 것이다. 그것은 너에게 매우 유용한 약재란다. 나는 네가 그 약재를 잘 먹기를 바란다. 너의 위장이 매우 약하여, 그것을 참아내기가 어렵다면, 더 적은 양으로 들어라. 약간의 인삼도 보낸다. 다양한 방법을 시도해 보는 것이 좋을 듯 하구나. 인삼을 물에 끓여서, 너의 위장에 부담이 안 되는 한도 내에서 들어라. 마데이라 백포도주나 프랑스산 적포도주에 그것을 담가라. 만약 이 술이 백포도주 상태에서 너무 진하다면… 다른 무엇보다도 유쾌한 날씨에는 승마를 활용하라. 가능할 때, 말에 올라타서 산보를 즐겨라. 그렇다고 너무 피곤하게 해서는 안 된다. 감기 들지 않도록 조심해라. 의사로부터 자주 진찰을 받아보는 것이 좋을 것이다. 의사의 말을 귀담아 들으렴.
나는 네 남편 버르와 네가 동생 티미(티모디의 애칭)에게 관심을 갖고 자주 조언을 해주었으면 한다.

나는 하나님 앞에서 매일 너를 위해서 기도하고 있단다.

너를 사랑하는 아빠
조나단 에드워즈

추신. 네 엄마는 건포도 절인 것을 사용하기를 바라고 있단다. 건포도를 설탕에 절인 것 말이다… 또한 네 엄마는 로빈 나무 질경이 잎으로 만든 차를 네가 사용해보기를 원하고 있단다. 그런 이름으로 뉴어크(미국 뉴저지 주의 도시-역자주)에서도 알려져 있다면 말이다. 네 엄마는 그것으로 인해 많은 효과를 보았던 것 같아. 우리 가족은 모두 너와 사랑으로 연합하고 있단다.

방울뱀을 받은 뒤에 에스더가 얼마나 놀랐을까를 상상해 볼 수 있다. 이 편지에서 에드워즈는 에스더와 그 남편이 어린 동생인 티모디를 잘 돌보아 줄 것을 역시 요청하고 있다. 티모디는 프린스턴의 학생이었고, 에드워즈가 그에게 보내는 한 편지는 사랑하는 부모의 심정을 잘 드러내준다. 그 편지 속에는 돈과 새 양말 한 짝이 동봉되어 있었다. 에드워즈는 그 편지에서 아들에게 편지를 쓴 이래로 얼마 동안 시간이 지났음을 상기시키고, 아들의 학업에 대한 계획과 프린스턴에서의 행사들을 묻고 있다.

1748년 6월 22일에 노드햄톤에서 쓰여진 마지막 편지는 사라가 보스턴을 여행하고 있는 동안에 보내진 것이다. 사라가 없는 동안에 조나단의 삼촌인 존 스토다드가 세상을 떠났고, 그녀가 노드햄톤으로 정확히 언제 돌아올지가 불분명했다. 따라서 조나단은 심히 그녀를 그리워하고 있음을 언급하고 있는데, 특히 아이들이 모두 몸이 안 좋은 상태에 있었기 때문이다. 또한 그는 사라가 보스턴으로 돌아올 때 좋은 치즈를 가져올 것을 부탁하고 있다.

나의 사랑하는 동반자에게

지난 안식일에 몇 줄 적어 엔사인(티모디) 드와이트를 통해 보냈는데, 당신이 그 편지를 받아보았기를 바라오. 당신의 딸 베티의 손에 생겼던 문제가 점차적으로 나아져 가고 있음을 알리오. 그녀가 펠프스 아줌마와 함께 있은 이후로 아픈 부위나 여러 건강에서 무척 좋아지고 있소. 그 딸이 그곳에서 익숙해지기 이전에 2-3일은 매우 불안정했으나, 이제는 집에 있을 때보다 더 안정감을 갖는 것 같소. 오늘은 강의가 있는 날이고, 지난밤에 두 딸은 매우 아팠다오. 두통까지 겹쳤던 것 같소… 사라(와) 에스더는 오늘 어떻게 하고 있는지 잘 모르겠소. 아직 보지 못했기 때문이오. 우리는 당신 없이 지금까지 잘 지내고 있소. 하지만 스토다드 삼촌이 하나님의 부르심을 받은 것을 순종하기를 바라오.

만약 당신이 돈에 여유가 있고, 너무 늦지 않다면, 보스턴에서 약간의 치즈를 사서, 안전하다면, 그것을 다른 것들과 함께 (보내기를) 바라오….

당신의 사랑하는 동반자
조나단 에드워즈

개인생활에서 에드워즈의 모습은 목사, 신학자 그리고 철학자로서의 모범을 보여준다. 그는 아내와 자녀들을 사랑했다. 그의 후손들의 유산은 그가 바친 헌신의 간증을 증거해 준다. 조나단과 사라는 열한 명의 자녀들이 하나님과 가까이 하게 했고, 조금 전에 에스더에게 보낸 편지에서도 나타난 것처럼 마침내 천국에서 만나게 된다는 단순한 마음으로 연합했다.

그의 딸들은 변호사, 정치가, 대학총장이 된 목사와 결혼했다. 한 아들은 변호사였고, 다른 아들은 정치가, 또 다른 아들은 목사 겸 대학총장이었다. 에드워즈는 72명의 손주들을 두었는데, 물론 손주들을 모두 볼 만큼 오래 살지는 못했다. 그의 후손들은 이 나라의 역사를 뒤바꿀 만큼 매우 중요한 역할들을 감당했다.

2. 노드햄톤에서의 놀라운 시간

　1729년에 솔로몬 스토다드가 예기치 않게 죽었기 때문에 에드워즈는 27세의 나이에 갑자기 뉴잉글랜드에서 가장 영향력 있고 위엄 있는 설교자 중 한 사람이 되었다. 그는 노드햄톤에서 초기 사역을 하는 동안에 설교 원고를 세심하게 준비하는 습관을 발전시켰다. 종종 그는 전체 항목과 단락들을 재구성하면서 본인이 원하는 정확한 원고를 얻을 때까지 한 설교에 수많은 시간을 들였다. 그는 그 원고들을 제본하여 소책자로 내기도 했다.
　또한 그는 공책에 원고 쓰는 일을 시작하여, '여백성경'(*Blank Bible*)에 성경에 관한 주석을 쓰는 일을 시작했다. 이 여백성경은 처남한테서 받은 선물인데, 900페이지에 달하는 여백이 들어 있었다. 에드워즈는 상당히 많은 성경구절의 주석을 썼는데 이 여백을 이용하였다. 그는 『잡록』과 함께 이 '여백성경'을 설교의 아이디어를 얻기 위한 자료로 사용하였다. 그는 항상 설교를 쓰는 습관을 발전시켰지만, 특별히 바쁜 시기에는 개요와 단락으로만 설교원고를 작성하기도 했다. 오늘날의 목사들은 그가 이전에 행했던 설교를 재설교하고, 자주 이전의 설교로부터 일부를 가져와, 새로운 설교에 삽입시켰던 것을 알 수 있을 것이다.
　1731년에 에드워즈는 상당히 주목을 받게 되었는데, 그는 보스턴의 목사 그룹들에게 목요일 강의를 해달라는 초청을 받았다. 이런 관습은 매사추세츠에 거주했던 당시로 거슬러 올라간다. 그 관습이 동료 목회자들에게 봉사할 수 있는 하나의 방도가 되었는데, 목회자들은 그런 기회를 통해 서로에게 배울 수 있었다. 그러나 목요설교에 초청을 받은 에드워즈에게는 이런 상황은 마음을 소심하게 만들 수 있었다.
　사실 에드워즈는 긴장할 수밖에 없었다. 첫째로 그는 강대상에서 전임자의 능력에 상응해야만 하는 부담을 안고 있었다. 둘째로 예일대학을 졸업한 그로서는 대부분의 청중들이 하버드대학 출신이므로 그들의 인정을 받지 못했다. 마지막으로 알미니안의 위세가 계속해서 가중되고 있었으므로, 모여든 목회자들은 이 주제에 관해서 조나단이 어떻게 생각하고 있는지를 듣고 싶었을 것이다. 그런데 조나단의 설교, "구속의 사역으로 영화롭게 되신 하나님"(God Glorified in the Work of Redemption)은 모든 도전을 능가해서, 책으로 출판할 수 있을 만큼 청중들의 인정을 받았다.

몇 년 뒤에 노트햄톤과 몇몇 주변 교회에서 부흥이 일어나기 시작했다. 마을의 많은 사람들이 회심을 경험했고, 청교도적인 용어로 각성의 계절이 찾아왔다. 에드워즈는 보스턴에 있는 동료 목사, 벤자민 콜만에게 보내는 편지에서 그 사건을 전했다. 콜만은 출판을 위해 그 편지를 확장시킬 것을 즉시 에드워즈에게 요구했다. 조나단은 그것에 더욱더 상세한 설명을 붙여 콜만에게 보냈고, 콜만은 재빨리 '노드햄톤에서의 수백 명의 영혼들이 회심하는 하나님의 놀라운 역사에 관한 신실한 이야기'(A Faithful Narrative of the Surprizing Work of God in the Conversion of Many Hundred Souls in Northampton)라는 제목으로 출판했다.

그 작품은 런던으로 흘러 들어가서 유명한 찬송작가인 아이삭 와츠(Issac Watts)와 런던의 사역자인 존 귀스(John Guyse)의 손에 들어갔다. 와츠와 귀스는 그것을 편집하여 1737년에 『신실한 이야기』(A Faithful Narrative)라는 제목으로 책을 출간했다. 따라서 식민지에 살고 있는 에드워즈를 작가와 목사로서 대서양을 넘어서는 명성을 얻게 했다.

이런 부흥은 1740-1742년의 대각성의 선구적 역할이 되었다. 인간적인 관점에서 두 사람이 이 운동에서 두각을 드러냈는데, 대각성의 설교자 조지 횟필드와 대각성의 신학자 조나단 에드워즈이다. 이 두 사람은 상당한 시간을 같이 보냈다. 횟필드는 노드햄톤에서 두 번에 걸쳐 집회를 인도했고, 에드워즈의 집에서도 모임을 가졌다. 횟필드의 사역은 1740년 2월 12

일에 에드워즈에 의해 노드햄톤에서 쓰여진 다음과 같은 초대에 응답해서 였다.

목사님

당신이 다음 여름에 뉴잉글랜드에 방문하실 때에 노드햄톤을 방문해주시기를 원하여 다음과 같은 편지를 띄우게 됩니다. 제가 이곳에서 목사님을 뵙고자 하는 것은 전적으로 호기심에서 온 것이 아니라, 집회가 열릴 때마다 하늘의 축복이 당신에게 임하는 것을 알고 있기 때문입니다. 하나님의 뜻이라면 당신이 이 마을에서 사역할 때에 마찬가지로 그러한 축복이 임할 것을 바라며, 아울러 나의 집에 그러한 축복이 임하여, 내 영혼에도 그러한 축복이 있기를 간절히 원합니다.

참으로 나는 당신이 뉴잉글랜드에서 실망하지 않기를 기원합니다. 다른 지역에 일어났던 것보다 덜 성공적이 되지 않기를 바랍니다. 빛으로 구분되는 이 땅에 거주하며 복음을 향유하던 우리들이 이제는 포만하여 복음을 멸시하고 있으므로, 당신이 설교를 행한 그 어느 곳보다도 이곳은 마음이 굳어 있습니다. 하지만 우리가 아무리 무가치할지라도, 당신의 수고와 노력으로 인해 승리로 나타났던 하나님의 능력과 자비가 이곳의 우리들에게도 축복으로 내리실 것을 희망합니다.

제가 당신의 기도 속에서 특별히 기억되기를 바라지는 않습니다. 수많은 사람들이 그것을 바라고 있기 때문이지요. 저는 특별히 구분될 만한 가치를 갖고 있지 않습니다. 하지만 기도하기는, 목사님의 마음이 다른 사람들 가운데서 저를 위한 마음이 하나님께 동하여지기를 바랍니다. 하나님이 목사님에게 부여하신 축복의 성령이 저에게도 충만히 부여되기를 기도합니다. 그리하여 나로 주의 영광의 도구가 되게 하소서. 존경하는 목사님께.

당신의 동료 사역자로 부르기에 무가치한
조나단 에드워즈

그림 2.2
조셉 벨라미에게 보낸 편지의 사본(1748)

1748년 4월 4일, 노드햄톤

존경하고 사랑하는 목사님에게

당신이 매우 친절히 돌보기 원하고 있는 하드포드의 포트윈 씨에게 보내는 모직물을 가방 몇 개에 넣어 보냅니다. 그 문제에 있어서 당신의 우애와 신실을 전적으로 믿습니다.

우리 딸 에루사의 죽음으로 인한 상처에 대해 이전에 이미 들었을 것입니다. 그 아이는 닷새 동안 앓다가 2월 14일에 죽었습니다. 그 아이의 삶에 관하여 내가 알고 있는 것과 그 아이가 죽을 때에 보였던 것에서 저는 그 아이의 상태에 관하여 대단히 만족하고 있습니다. 데이비드 브레이너드 군은 그 아이와 매우 친밀했고, 그가 죽기 19주전에 그 아이는 간호사로서 그를 끊임없이 돌보아 주었습니다. 그때 브레이너드 군은 그 아이의 영혼의 상태에 관하여 커다란 만족을 표했으며, 그 아이를 단순한 성자가 아니라 매우 특별한 성자라고 여겼습니다. 당신은 하나님이 영적인 축복으로 우리의 커다란 손실을 메꾸어 주시도록 우리를 위해서 기도해 주시기 바랍니다.

여기에 제가 쓴 '신앙 부흥을 위한 기도'에 관한 책을 보내오니 받아주십시오. 그리고 연합기도회를 제안하오니 승낙하실 것인지를 말씀해 주시면 좋겠습니다.

제가 브레이너드의 개인적인 글들을 담아 그의 일생에 관한 책을 내고자 하오니, 거기에 넣을 만한 편지들이 있으면 보내달라고 말씀드렸는데 아직 확답을 얻지 못했습니다. 재차 부탁을 드리며, 아울러 인쇄에 동의했다고 당신의 이름을 언급해도 되는지, 아니면 당신 편에서 서명동의를 해주실 것인지를 허락해주시면 좋겠습니다. 존경하는 벨라미 여사에게도 안부를 전해주십시오.

당신의 사랑하는 친구이자 형제
조나단 에드워즈

에드워즈가 대각성의 신학자였다고 말하는 것이 그가 강력한 설교자가 되지 못한다는 것을 의미하지 않는다. 노드햄톤의 엔필드에서 있었던 사실상 그의 가장 유명한 "진노하신 하나님의 손 안에 있는 죄인들"이라는

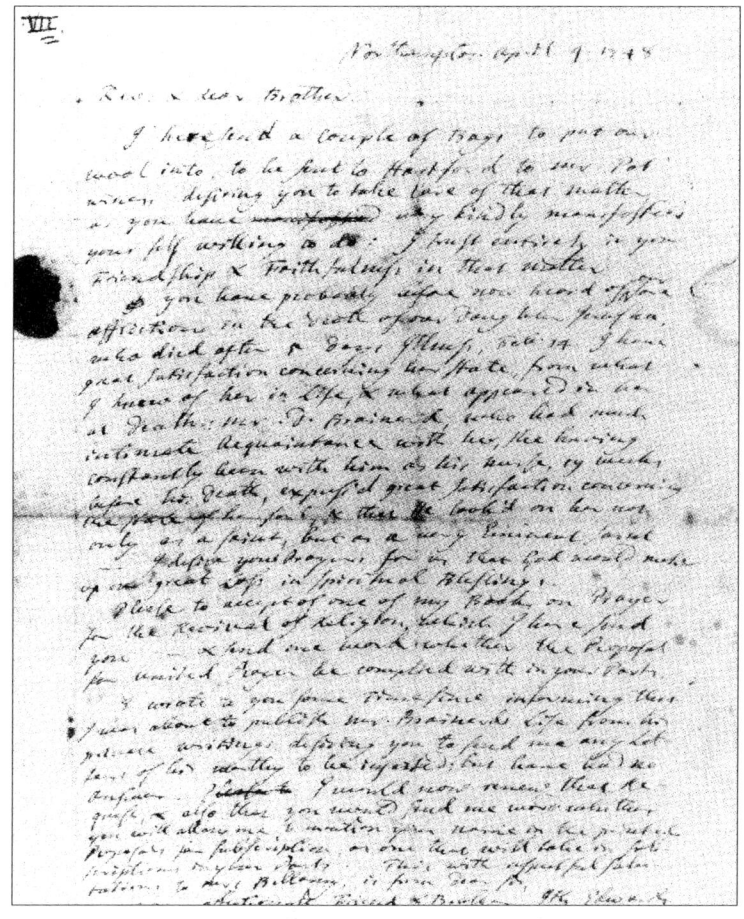

그림 2.3 조셉 벨라미에게 보낸 서신(1748)

1748년 4월 4일에 보낸 조셉 벨라미에게 보내는 편지는 에드워즈가 흥미 있게 생각한 관심의 범위를 보여준다. 돌봐주고 있는 사람과 관련한 경제적인 문제로부터 시작해서, 연합기도회에 대한 계획, 그의 책 그리고 자신의 딸의 죽음을 언급한다. 앞에 사본을 보라.

설교는 대각성의 분수령을 이루었다. 하지만 식민 지역 전체를 오르내리면서 행한 휫필드의 광범위한 지방 순회 설교는 코네티컷 리버 밸리를 넘어 부흥을 확대시켰다.

에드워즈의 영향은 재빠른 출판과 설교의 폭넓은 순환과 논문들을 통해 이루어졌는데, 그가 쓴 논문 가운데는 '신실한 이야기, 성령의 역사의 두드러진 특징들'(A Faithful Narrative, The Distinguishing Marks of a Work of the Spirit of God, 1741), '현재의 부흥에 관한 사상들'(Some Thoughts Concerning the Present Revival, 1742)이 포함되어 있다. '종교적인 감정과 관련한 논문'(Treatise Concerning Religious Affections, 1746)은 특별히 그를 아메리카의 신학자로 확립시켜 주었다.

3. 에드워즈의 학교

에드워즈는 코네티컷과 매사추세츠를 순회하는 설교자의 몫을 감당했다. 젊은 사역자들은 자신의 임직 예배시에 영향력 있는 사람을 초대하여 설교를 요청하는 습관이 있었다. 그런데 거의 모든 사람들이 조나단 에드워즈를 원했다. 에드워즈의 임직 설교는 대단히 많아서 어떤 학자는 그것에 관한 전체 논문을 작성하기도 했다.

임직 예배에 대한 초대가 노드햄톤의 그의 집에 밀려올 때는 목회 후보생들이 문전성시를 이룰 정도였다. 이 시대에 목회준비는 대학을 졸업하고 얼마간의 훈련을 받는 것으로 되어 있었다. 1730년대와 1740년대 동안에 조나단과 사라의 집은 어린아이들과 목회 후보생들로 가득 찼다. 에드워즈의 설교와 글에 영향을 받았기 때문이다. 그런 사람들 가운데는 조셉 벨라미, 사무엘 부엘 그리고 사무엘 홉킨스가 있었다. 이들 모두는 뉴잉글랜드에서 영향력 있는 인물이 되었다.

한 기숙 생도는 언급할 만한 가치가 있는데, 뉴저지와 펜실베니아주에서 아메리카 원주민을 상대로 선교한 데이비드 브레이너드이다. 그는 1747년

그림 2.4
에드워즈의 약력

1703년 코네티컷 동원서에서 10월 5일에 태어나다.
1716년 예일대학에 입학하다.
1720년 예일대학에서 학사학위(B. A.)를 받다.
1722-23년 뉴욕시의 교회에서 담임목사로 사역하다.
1723년 10월 "거미에 관한 편지"를 쓰다. 예일대학에서 석사학위(M. A.)를 받다.
1724-26년 예일대학에서 강사로 일하다.
1727-29년 노드햄톤 교회의 부목사로 사역하다.
1727년 7월 28일 사라 피에르폰트와 결혼하다.
1729-50년 노드햄톤 교회의 담임목사로 사역하다.
1731년 "구속의 역사 속에서 영광 받으신 하나님"을 쓰다.
1735년 "가장 좋으신 곳에서 기도를 들으시는 하나님"을 쓰다.
1737년 『신실한 이야기』를 출판하다.
1738년 "사랑과 열매" 시리즈를 설교하다(1851년에 출간됨).
1739년 "구속의 역사" 시리즈를 설교하다(1774년에 출간됨).
1740-42년 대부흥에 쓰임 받다.
1741년 "진노하신 하나님의 손안에 든 죄인들"을 설교하다.
1746년 『신앙과 정서』를 출간하다.
1749년 『성찬에 대한 겸허한 탐구』를 출간하다.
1750년 6월 22일 노드햄톤 교회에서 해고당하다.
1752-57년 매사추세츠 스톡브리지의 인디언 지역에서 선교사로 사역하다.
1754년 『의지의 자유』를 출간하다.
1758년 프린스턴대학의 총장이 되다.
뉴저지주의 프린스턴에서 3월 22일에 사망하다.

늦봄에 먼 곳에서 심각한 질병에 걸리고 말았다. 데이비드 브레이너드의 병세에 관하여 상세하게 썼던 조나단은 그가 폐결핵에 걸렸다고 분명히 증언하고 있다. 1747년 10월 9일에 브레이너드는 에드워즈의 집에서 죽고 말았다. 전통에 따르면, 조나단과 사라의 딸인 예루사가 브레이너드와 약혼한 상태였다고 하는데, 이를 지지할 만한 분명한 증거는 없다. 예루사는 아마도 브레이너드의 병이 심각할 단계에 있을 동안에 간호를 해주었던 것으로 보인다. 그녀도 역시 폐결핵에 걸려, 1748년 2월 15일에 사망하고 말았다. 두 젊은이는 노드햄톤의 근처에 각기 묻혔다.

브레이너드는 자신이 경험한 것과 여행한 것을 일기형태로 남겨놓았다. 그는 그것을 출판하려고 의도했던 것 같다. 브레이너드의 일기와 그의 두드러진 삶은 대중들의 관심을 받을 만하다는 것을 안 에드워즈는 그 일기를 자신이 감탄했던 젊은이의 전기를 위한 근거로 삼았다. 『데이비드 브레이너드의 생애에 관한 기사』(An Account of the Life of the Rev. David Brainerd)는 1749년에 보스턴에서 처음 출간되었는데, 곧 베스트셀러가 되어 수많은 판을 거듭하여 찍혀 나왔다. 사실상 에드워즈의 일생에 있어서 이 책이 가장 대중적인 인기를 얻은 작품이었다. 그 책은 영감 있는 선교 전기가 되었고, 그리스도의 대의에 헌신한 사람의 모범이 되었다.

에드워즈의 집은 자주 어린이들로 붐볐다. 대체로 주일 오후에 그는 어린이들과 교인들에게 교리를 가르쳤다. 그는 어린이들을 교육하고 대학을 위한 준비를 시키는 전통을 이어갔다.

한 가지 이야기는 가르치는 사람으로서의 에드워즈의 창의성과 인내성의 전형적인 모범을 제공해 준다. 그는 2인치의 세제곱은 1인치의 8배가 된다는 것을 소년에게 설명하려고 했으나 성공하지 못했다. 그러자 그는 나무토막 두 개를 잘라 하나는 2인치가 되게 했고 다른 하나는 1인치가 되게 했다. 그런 다음에 그는 1인치 토막과 동일하게 첫 번째 토막을 8조각으로 나누었다. 에드워즈의 시연이 아무리 창의적이었을지라도, 학생들은 여전히 이해하지 못했다고 하는데, 그들은 에드워즈가 마술을 부린다고 생각했기 때문이다. 어쨌든 에드워즈의 이런 모습은 하나님의 말씀과 하나님의 세계를 이해시키기 위해서 자기가 인도하는 학생들에게 훌륭한 정신을 갖고 인도했음을 보여주는 놀라운 실례가 될 것이다.

4. 1750년 6월 22일

에드워즈의 아버지의 목회사역과 마찬가지로 에드워즈의 목회사역은 항상 정상의 경험만을 한 것은 아니다. 사실상, 교인들과의 심각한 갈등이 있었고, 그것은 1750년에 그 교회를 사임하는 결과를 빚었다. 이 사건은 교회 역사상 가장 이해할 수 없는 일에 속한다. 미국의 가장 위대한 목회자요 가장 뛰어난 목회자가 어떻게 교회에서 쫓겨난단 말인가? 그것에 관한 대답을 얻기 위해서는 에드워즈의 할아버지인 솔로몬 스토다드에게로 거슬러 올라갈 수밖에 없다. 스토다드는 반길계약(halfway covenant)을 승인하여, 세례를 받았을지라도 아직 그리스도를 고백하지 않은 사람들을 성찬에 참여할 수 있게 했다.

자신의 초기 사역에서 에드워즈는 이런 관행을 유보상태에 두고 그냥 따랐다. 그러다가 1730년대 중반과 1740년대 초반에 부흥에 뒤이어 그리스도를 고백했던 많은 사람들이 교회에 대한 헌신에서 점차적으로 멀어가자, 그는 그들의 종교적인 경험이 진짜인지를 의문하기 시작했다. 사실상 이것이 그의 유명한 논문인 "종교적인 감정과 관련한 논문"(*Treatise Concerning Religious Affections*, 『신앙과 정서』)이라는 시리즈 설교를 출간하도록 촉발시켰다. 그는 반길계약의 잠재적인 부정적 영향을 숙고한 후에 그것을 폐지시켰다.

이것이 교회의 엘리트들과 불편한 관계를 형성시켰다. 곧 에드워즈와 교인들은 깊은 골이 생겼다. 그는 1749년에 스코틀란드계 친구인 존 에르스킨에게 보내는 편지에서 이것을 잘 요약하고 있다.

> 매우 심각한 어려움이 나와 교인들간에 발생했네. 주의 성찬에 참여하는 자격과 관련해서 말이야. 이 교회 사역에서 나의 전임자이셨던 존경하는 나의 할아버지 스토다드 목사님은 회심한 사람들의 성례가 될 수 있는 주의 만찬을 열심히 지켰으나, 그는 큰 죄를 짓지 않은 사람이면 누구나 성찬을 들 것을 허락했네. 사람들이 회심하지 않았는데도 말이야. 나는 처음에 이런 관행을 따랐으나 그것과 관련하여 점차적으로 가중되는 문제들을 보았다네. 그래서 더 이상 이런 방식으로 하지 않기로 했는데, 글쎄, 이것이 교인들의 마음을 불편하게 했고, 온 지방이 시끄러웠네. 그래서 그 주제에 관해 내가 글을 썼고, 이제 출판을 하게 되었다네. 나는 이 문제가 교인들과 나 사이를 분리시킬 정도로 심각할 줄은 몰랐네. 하나님이 이 문제에서 나의 모든 걸음마다 인도하시기를 기도해주기 바라네.

에드워즈가 언급한 책은 『보이는 기독교회에서 완전한 성찬에 참여하는 데 필요한 자격과 관련한 하나님의 말씀의 법칙에 대한 겸허한 탐구』(*An Humble Inquiry into the Rules of the Word of God Concerning the Qualifications Requisite to a Compleat Standing and Full Communion in the Visible Christian Church*)이다. 이 책은 그 해 말에 보스턴에서 출간되었다. 노드햄톤의 장로들은 에드워즈가 자신의 입장을 대변할 수 있는 작품을 쓸 것을 요청했으나 그의 논증에는 설득을 당하지 않았다. 노드햄톤의 교회는 다소 무감각하게 그 논쟁의 결과를 간단하게 기록하고 있다. "1750년 6월 22일, 조나단 에드워즈 목사가 해고되다."

5. 개척자

해임되고, 후임자가 정해지기 전에 에드워즈는 노드햄톤에서 설교를 계속했으나 곧 그 교회는 후임자를 찾았다. 따라서 에드워즈는 매사추세츠 스톡브리지의 변방으로 가서, 모히칸과 모하크족에 대한 선교전초기지에서 일하기를 시작했다. 에드워즈는 400명이 넘는 회중과 대단히 부담스러운 의무를 작은 교제그룹으로, 그리고 보다 쉬운 스케줄로 바꾸었다. 결과적으로 그는 글을 쓸 수 있는 시간을 다시금 얻게 되었다. 이 7년 동안에 그는 가장 뛰어난 논문들을 쓸 수 있었다. 그 가운데는 『의지의 자유』(*Freedom of the Will*), '원죄'(*Original Sin*), '하나님이 세상을 창조하신 목적'(*Concerning the End for Which God Created the World*), '참된 덕성의 본질'(*The Nature of True Virtue*)이 들어 있다.

그렇다고 해서 그가 사역의 의무를 소홀히 했다는 것을 의미하지 않는다. 스톡브리지에서의 선교는 선교자금을 대체로 영국의 기부자들로부터 받았는데, 그들은 부흥하는 교회를 세우기를 원했을 뿐만 아니라 모히칸족과 모하크 어린이들을 위한 기숙학교를 세우는 것을 보기를 원했다. 에드워즈의 전임자가 두 의무에 별로 힘을 쏟지 않은 반면에, 그는 신실하게 설교했고, 자신의 집을 학교로 만들어, 우수한 교육을 제공했다.

그러나 이런 사역조차도 논쟁이 있었다. 프랑스와 아메리칸 원주민 그리고 영국 간의 긴장이 수십 년 동안 있어 왔는데, 결국 7년 전쟁(1756-1763년)까지 발발했다. 이런 반목은 아메리카 원주민들, 특히 스톡브리지와 같은 변방지역의 선교사역에서 느껴졌다. 게다가 유럽의 정착자들은 항상 상거래에서 정당하게 원주민들을 대하지 않았다. 그와 같은 일들은 그들을 서로 소외시켰고, 도와주려는 식민지 개척자들의 노력을 회의적인 시각으로 바라보게 했다.

이런 도전에도 불구하고, 에드워즈는 모하크족에 대한 사역을 계획했고, 대서양을 넘나드는 편지를 계속해서 썼다. 또한 몇몇 주요 논문들을 작성했다. 그의 개인적인 훈련 때문에 유배와는 거리가 먼 1750-1757년까지의 시간은 그의 생애에 있어서 가장 생산적인 해가 되었다. 만약 그가 노드햄톤에서 머물러 있었다면, 어찌 글을 쓰는데 그렇게 많은 시간을 내고 뒤에 오는 세대를 위한 문서적 유산을 남길 수 있었겠는가?

노드햄톤과 스톡브리지에서의 사역에서 에드워즈는 갈등하는 이방인이 아니었다. 그는 갈등을 좇은 것이 아니라 진리와 정의를 높이고 하나님을 영화롭게 하는 방식으로 갈등의 해결을 좇았다. 한 일기에 기재된 것을 보면, 갈등을 다루는 것에 관한 그의 관점을 보여준다. "1724년 12월 31일, 목요일 밤. 하나님의 영광을 위한 일이 아니라면, 화난 감정으로 고통하거나 표현하지 말라. 자기 자신을 이런 일로부터 유린되지 않도록 하라." 이러한 터득이 그가 나중에 인생에서 직면했던 전쟁에 도움을 주었다.

6. 총장 에드워즈

개척지에서도 에드워즈는 아메리카의 가장 뛰어난 인물이 되었다. 뉴저지대학(나중에 프린스턴대학이 되었다)에 새로운 총장이 필요했을 때 대학 이사들은 에드워즈를 선택했다. 그의 전임자는 조나단의 딸인 에스더의 남편 곧 사위이자, 미국의 세 번째 부통령 아론 버르 2세의 아버지였던 아론 버르였다.

이사들에 대한 편지에서 조나단은 그들의 제안이 놀랍고 영광스러울지라도, 그 제안을 받아들이는 것을 주저했다는 것을 보여준다. 새로 이사하는 것은 가족을 혼란스럽게 하고, 자신이 갖고 있는 '단점' 이 총장의 직무

그림 2.5 뉴저지주의 프린스턴 나소 홀(1764)

프린스턴대학의 캠퍼스에 여전히 서 있는 이 두 건물은 에드워즈가 재직할 당시에 있었던 예일대학 초기의 유일한 두 건물이다. 왼쪽은 나소 홀이고, 오른쪽은 에드워즈가 거주했던 집이다. 그는 1758년 3월 22일에 이곳의 2층의 방에서 숨을 거두었다. 원래 W. 테넌트에 의한 상회였으나, 1764년에 헨리 다우킨에 의해 조각되었다(프린스턴대학 보관소의 허락에 의한 것임).

제2장 남다른 헌신: 후대의 삶 63

에 적합하지 않으며, 글을 쓰려는 계획에 차질을 빚을 수 있기 때문이었다. 하지만 그는 종내 그 제안을 수락했고, 1757년 12월에 프린스턴으로 출발해서 1758년 1월에 그곳에 도착했다.

하지만 총장으로서의 에드워즈의 재임기간은 대단히 짧았다. 그는 천연두 예방접종에 자원했는데, 이는 부분적으로 다른 사람들이 이 의료적인 조치를 받는 것을 두려워할 필요가 없다는 것을 보여주기 위한 것이었다. 이런 솔선수범은 에드워즈의 호기심과 과학적인 정신을 상기시켜 준다. 예방접종백신의 초기 단계에는 예기치 않은 문제가 발생할 수 있었다. 그리하여 그는 심각한 부작용으로 고생하다가 열병으로 말미암아 1758년 3월 22일에 사망했다.

이런 일이 있는 가운데 가장 가슴 아픈 일은 에드워즈가 죽을 때에 사라가 프린스턴으로 아직 오지 못했다는 것이다. 추운 겨울과 열악한 운송 수단으로 인해 조나단은 혼자서 프린스턴으로 먼저 여행을 떠났고, 아내 사라는 뒤이어 봄에 프린스턴으로 갈 것을 계획했었다.

사라와 멀리 떨어져 있었을지라도, 조나단은 사라가 없다는 생각을 전혀 갖지 않았다. 그는 숨을 거두면서, 자신과 뉴헤이븐의 영 레이디와 30년 동안 나누었던 "흔치 않은 연합"을 언급했다. 그의 곁에는 딸 루시와 에스더가 있었다. 이전 해에 남편을 여윈 에스더는 사랑하는 아버지를 잃은 것을 몹시 슬퍼했는데, 그녀 자신도 그 다음 달에 같은 천연두 백신을 맞고 유사한 증상을 보이며 죽었다. 그때 여름까지 아직 사라가 프린스턴에 도착하지 못했는데, 그녀 역시 같은 해에 이질에 걸려 1758년 10월 2일에 사망하고 말았다. 그녀는 프린스턴의 공동묘지에 있는 남편 옆에 묻혔다.

에드워즈가 글을 쓰는 일과 학문적인 경력에서 아마도 전성기에 죽었고, 많은 미완의 작품들과 일들을 뒤에 남겨두었을지라도(그 자신도 프린스턴의 이사들에게 보내는 편지에서 그렇게 말했다), 상대적으로 짧은 생애에서 에드워즈가 이루어 놓은 업적은 참으로 놀랍다. 예일대학교출판부는 에드워즈의 많은 작품을 출간하기 시작했다. 예일대학교출판부는 26권의 책을 출판할 계획을 세웠지만, 이것은 그가 써놓은 작품의 오직 절반에 해당할 뿐이다. '진리의 깃발'(Banner of Truth) 출판사를 포함하여 많은 출판사들이 에드워즈의 작품을 다양하게 출판했는데, 독자들은 에드워즈의 대다수의 논문들을 쉽게 접할 수 있게 되었다. 그는 문서를 통해 교회의 교사로서 사역을 계속하고 있다.

에드워즈의 유산은 역시 자녀들, 노드햄톤에서 신앙훈련을 받은 목회 후보생들, 그리고 그의 설교에 영향을 받은 무수한 사람들 속에서 역시 살아 있다. 에드워즈는 하려고 결심했을 때 온 정력을 가지고 살았고, 하나님의 영광을 위하여 그렇게 했다.

에드워즈의 삶은 영원히 하나님을 영화롭게 하고 즐거이 하려는 단순한 헌신으로 특징지어진다. 우리들이 본 것처럼, 이런 헌신은 다양한 방식으로 증명된다. 사라와의 "흔치 않는 연합"과 자녀들에 대한 사랑에서, 학문과 문서와 설교에서 그렇다. 코네티컷 리버 벨리를 말을 타고 거닐 때든지 바울서신을 읽을 때든지, 에드워즈는 하나님에 대한 아름다움과 조화로움에 사로 잡혀 있었다. 그는 그것을 음미했다. 그리고 그는 다른 사람들 위해 그 길을 가리켜주는 삶을 살았다.

7. 자료에 관한 노트

에드워즈의 처남인 사무엘 홉킨스(Samuel Hopkins)는 에드워즈의 생애에 관한 첫 번째 기사를 썼다. 에드워즈의 증손자인 세레노 드와이트 (Sereno E. Dwight)는 홉킨스의 작품을 이야기 형태로 풀어내어 에드워즈에 관한 첫 번째 생생한 전기를 만들어 내었다. 드와이트의 전기는 『조나단 에드워즈의 작품들』(*The Works of Jonathan Edwards*, 1834/1974), 1:xi-ccxxxiv이라는 힉만(Hickman)의 편집으로 쉽게 접할 수 있게 되었다. 에드워즈에 관한 또 다른 전기는 페리 밀러(Perry Miller)의 『조나단 에드워즈』(*Jonathan Edwards*, 1949/1981)와 이안 머레이의 『조나단 에드워즈: 새로운 전기』(*Jonathan Edwards: A New Biography*, 1987)를 포함한다. 편지와 다른 개인적인 글에 관한 확실한 자료는 조지 클라그혼(George S. Claghorn)의 *Letters and Personal Writings*(1998)이 있는데, 『조나단 에드워즈의 작품들』(*The Works of Jonathan Edwards*)의 예일판 제16권에 들어 있다. 에드워즈에 의해 쓰여진 것으로 알려진 모든 편지들이 처음으로 그의 『결의』, 일기 그리고 "개인독백"과 더불어 선보여졌다. 이 판은 에드워즈의 생애에 관한 도움 되는 개관과 각각의 편지와 다양한 개인적인 글들에 관한 서론을 제공하고 있다(여기에 언급된 작품들과 관련한 보다 상세한 도서의 정보를 원한다면 참고문헌을 보라).

제2부
부흥과 교회생활에 관한 문서

여기서는 노드햄톤에서 에드워즈의 사역과 관련한 것들을 가지고 논의할 것이다. 먼저 "구속의 역사 속에서 영화롭게 되신 하나님"(*God Glorified in the Work of Redemption*)이라는 제목으로 출간된 설교를 가지고 시작할 것이다. 그 다음은 가장 유명하고 잘 알려진 세 편의 논문을 다룰 것이다. 1734-1735년에 부흥이 노드햄톤과 주변 도시에 있었다. 에드워즈는 그 사건과 회심에 관한 이야기를 『신실한 이야기』(*A Faithful Narrative*)에서 기록했다. 십여 년 뒤에 그는 '종교적인 감정과 관련한 논문'(*Treatise Concerning Religious Affections*)에서 참되고 진정한 신앙에 관한 매력적인 연구를 책으로 냈다. 이 항목은 '겸허한 탐구'(*An Humble Inquiry*)에서 성찬의 자격에 관한 자신의 입장을 변호하는 것으로 끝난다.

이 원문들은 에드워즈의 핵심적인 개념과 부흥과 교회생활을 둘러싼 문제에 대하여 지속적으로 기여하고 있다. 이 문서들은 직접적인 주변 환경에서 태어난 역사적인 원문들이다. 하지만 그것은 18세기의 상황을 초월하여 전반적인 교회와 오늘날의 크리스천들에게 말하고 있다.

제3장   하나님의 절대주권: "구속의 역사로 영화롭게 되신 하나님"

> 하나님의 주권에 관한 교리는 나에게 대단히 감사하고 놀랍고
> 아름다운 교리로 매우 자주 보여졌다.
> 하나님의 절대주권은 내가 하나님께 귀속하기를 바랐던 것이다.
> -조나단 에드워즈, "개인독백"(*Personal Narrative*)

    1731년 7월의 더운 여름에 노드햄톤에서 보스턴으로 여행할 때, 에드워즈의 마음은 이제 곧 설교할 내용에 가있었을 것이다. 목요강연에서 목사들과 보스턴의 엘리트들 앞에서 설교하는 것은 매우 경험 많은 목사들도 긴장하지 않을 수 없었다. 게다가 이 강연은 단순한 대중 집회가 아니었다. 7월의 첫 주간이 되는 이 특별한 목요강연은 하버드대학의 졸업식에 해당한다. 졸업생 모두가 거기에 있을 것이고, 강연장은 사람들로 가득 찰 것이다. 이렇게 이 집회는 일상적인 모임이 아니었을 뿐 아니라, 에드워즈는 이러한 특별행사에 맞는 전형적인 설교자가 아니었다.

    뒤이어 출간된 그의 설교에 관한 서문은 강대상에 오르기 전인데도 에드워즈가 연사로 나서는 것을 달갑지 않게 여기고 있었음을 보여준다. 첫째로 그는 아직 젊었다. 28살의 나이로 연수(years)와 청중들의 지혜와 경험에는 못 미쳤다. 그 서문이 언급하는 것처럼, "저자가 대중 집회에 연사로 나서기에는 나이와 수수함이 적지 않은 어려움으로 작용하였다." 그 서문

은 "존경받는 목사" 솔로몬 스토다드의 뛰어난 사역을 그의 손자의 모습에서 보게 되는 것 같다고 부가적으로 덧붙였다.

하지만 찬사는 그가 설교를 마친 뒤에 있었다. 그가 설교하기 전에는 전혀 다른 이야기였다. 스토다드는 보스턴 사람들의 존경을 받았고, 이 존경받는 목사가 후임을 지정했을 때에 찬사일변도는 아니었다. 따라서 젊은 조나단이 할아버지의 명성에 승차할 수 있을지는 그 자신의 심지와 청중들의 마음에 달려 있었다. 마지막으로, 그 서문은 "이웃하는 식민지의 대학", 즉 분명히 예일대학을 가리키며 다소 축소적으로 언급한다. 에드워즈는 이 당시에 보스턴에 모여 있는 동료들의 대다수가 갖고 있던 하버드 졸업증서를 갖고 있지 않았다.

에드워즈가 예일 출신이라는 것이 그의 입지를 약하게 만들었다. 하버드에 자유주의가 침투하는 것을 두려워 한 몇몇 목사들이 코네티컷에 예일대학을 만들기 위해 함께 모였었다. 자유주의는 단순히 "움직임과 범위를 자유롭게 허락하거나 관용하는 것"을 의미한다. 이 경우에 관용과 자유로운 범위를 웨스트민스터 신앙고백과 정통칼빈주의에 적용하는 것이었다. 하버드의 혁신에 관심을 갖고 있던 사람들이 이런 범위를 고전의 사양(slippery)으로 간주했고, 이것이 마침내 하버드를, 아니 이 문제에 있어서 뉴잉글랜드 전역을 무서운 신학적 특질로 이끌 것이다.

그러므로 예일대학은 정통 칼빈주의에 강력하게 헌신했다. 그러나 1720년경에, 즉 에드워즈가 학창시절이었을 때, 악명 높은 "배교"가 발생했다. 에드워즈는 이 사건을 분명하게 목도했다. 어떤 조교는 졸업식에서 자신이 회중주의를 버리고 영국국교도가 되겠다고 선언했다. 그들은 교회정치에서만 이동을 한 것이 아니라, 칼빈주의를 포기하고 영국국교회의 자유주의 진영에 줄을 섰다. 하버드는 회중교회에 전적으로 헌신하지 않는 회중교회주의자들과 칼빈주의에 전적으로 헌신하지 않는 칼빈주의자들을 갖게 되었다. 따라서 이 특별한 예일대학의 졸업생이 신학적으로 서 있는 곳을 보스턴 사람들은 궁금해 했다.

1. 숭고한 교리

출간된 설교문이 증명하는 것처럼, 에드워즈는 거기에 딱 맞는 설교를 했다. 보스턴의 목사인 토마스 프린스와 윌리암 쿠퍼는 설교를 듣는 목사들의 태도를 언급했는데, 그들은 서문에 이렇게 썼다. "우리는 에드워즈가 우리들 앞에서 부끄러워할 필요가 없는 명공이었음을 재빨리 알았다. 그가 그러한 숭고한 주제로 열을 올리며 전하고, 또 사려 깊은 독자들이 뒤이은 평온에서 인식한 것처럼, 강력하고 분명하게 그 문제를 다루는 것을 볼 때, 더 이상 만족할 수가 없었다." 에드워즈가 설교에서 열을 올린 그 숭고한 교리는 칼빈주의의 핵심되는 조항이고 그의 삶과 글을 모두 망라하는 중심 주제이다.

에드워즈가 하나님께 귀속시켰던 속성은 주권이다. 전형적인 청교도의 형태로, 에드워즈는 단일한 문장으로 설교의 교리를 외쳤다. "하나님은 구속받은 자들의 절대적이고 보편적인 의존으로 나타나는 구속 역사로 영화롭게 되시었다."

에드워즈가 이 교리를 사랑하고 기뻐했을지라도, 항상 그렇지는 않았다. 그의 "개인독백"(*Personal Narrative*)은 한때에 에드워즈가 이 교리를 하나님을 수용하는 데 장애가 되는 걸림돌인 것으로 밝히고 있다. 그가 주권이라는 이 향기로운 내용을 선언하기 전에 "어린 시절부터 나는 하나님의 주권의 교리, 곧 어떤 이는 영생에 들어가도록 선택하시고 어떤 이는 주가 기뻐하시는 뜻대로 거부하신다는 교리에 항거하는 마음으로 가득 찼다"고 쓰고 있다. 그 다음에 그는 "하나님의 주권 교리는 나에게 아주 끔찍한 교리처럼 보였다"라고 덧붙였다. 하지만 시간이 지나면서, 에드워즈의 사상은 변했다. 하나님이 정의에 따라서 그리고 그의 기쁘신 뜻에 따라서 주권을 행사하신다는 것을 알게 되었다.

주권은 신이 맹목적으로, 악하게는 아닐지라도, 인간의 삶을 조종하는 운명의 추상적인 개념과는 다르다. 오히려 삼위일체 하나님은 속성의 충만한 복합 속에서 위격에 따라 선언하시고 행하신다. 이런 확신에 이르게 된 에드워즈는 "이때까지 내 마음에 하나님의 주권 교리와 관련하여 놀라운 변화가 있었다. 그러므로 가장 절대적인 의미에 있어서 하나님의 주권, 곧 자비를 보이시기를 원하는 자에게 자비를 보이시고, 저주를 원하시는 자에게 영원히 저주를 내리시는 것을 반대하는 마음이 일어나는 것을 찾을 수 없었다"라고 말하고 있다.

하지만 에드워즈 자신의 기사에 의하면, 이런 확신이 들었을지라도, 그는 하나님의 주권 속에서 기뻐하지는 않았다. 하지만 그것도 역시 변했다. 다시금 에드워즈는 "나는 그때 이후로 확신을 가졌을 뿐만 아니라 자주 감사하는 마음을 갖게 되었다"고 기억한다. 그는 이렇게 결론짓는다. "하나님의 주권 교리는 형언할 수 없는 기쁨과 향기로운 교리로 보였다. 절대주권은 내가 하나님께 돌리기를 매우 좋아하는 교리이다."

우리는 이 설교에서 에드워즈가 조심스럽게 이 교리를 설명하며 향유하고 있다는 것을 알 수 있다. 에드워즈가 알미니안주의의 단점을 보여줌으로써 그것을 제어하고자 하는 마음으로 이 사상을 의도하고 있다는 것을 우리는 이 설교의 적용에서 분명히 알 수 있다. 하지만 알미니안주의를 공격하거나 지지자들을 비판함으로써 그 일을 이루려고 하지 않았다. 그 대신에 이 모든 영광과 광채 속에서 하나님의 주권교리를 보이고, 그 과정에서 다른 어떤 것도 전적으로 바람직하지 않다는 것을 나타내는 것이다.

2. 설교의 분석

모든 청교도 설교처럼, 이 설교는 본문, 교리 그리고 적용을 포함하는 세 가지 주요 항목을 담고 있다. 에드워즈는 고린도전서 1장 29-31절을 본문으로 선택했다. 이 본문에서 바울은 인간은 스스로 자랑할 만한 근거를 갖고 있지 못하다는 것을 가르치고 있다. "너희는 하나님께로부터 나서 그리스도 예수 안에 있고 예수는 하나님께로서 나와서 우리에게 지혜와 의로움과 거룩함과 구속함이 되셨으니 기록된 바 자랑하는 자는 주 안에서 자랑하라 함과 같게 하려 함이니라"(고전 1:30-31). 그때에 에드워즈는 이 본문에 관한 간단한 해설을 제공하고 있다.

이 설교의 대부분은 이 본문으로부터 나오는 교리를 설명한다. 다시금 청교도의 전통을 따르는 에드워즈는 교리를 설명하고, 예증하고, 증명하면서 일련의 주요 요지와 부요지들을 제공한다. 마지막으로 청교도적 적용을 제공하는데, 청교도들은 대안적으로 그것을 "발전" 또는 여기서 언급하는 것처럼 "사용" 단락으로 언급했다. 교리단락처럼, 이 부분도 교리의 의미와 사람들의 삶 속에서 일어나야 하는 차이들을 청중들에게 설명할 때 상당한 요지들을 담고 있다. 우리는 에드워즈의 기쁨의 확신을 다루면서 각각의 단락들을 접하게 될 것이다.

에드워즈는 인간의 성취와 지혜를 기념하는 헬라 문화의 경향에 관심을 기울이면서 본문에 관한 설명을 시작한다. 설사 어리석게 보일지라도, 복음은 지혜자를 혼란케 하고 강한 자를 벌거벗김으로써 이긴다. 하지만 이 모든 것은 하나님의 계획에 따른 것임을 에드워즈는 주목한다. 하나님이 그 자신에게 모든 영광을 가져오기 위해서 구속의 계획을 명하셨다. 우리 스스로 자랑할 만한 것이 아무것도 없게 말이다.

구속의 역사 속에서 하나님의 목적은 궁극적으로 "인간이 스스로 영광을 받을 수 없고, 오직 하나님만이 영광을 받으셔야 한다"는 것을 에드워즈는 주목한다. 그 다음에 하나님은 인간들로 하여금 "모든 선"을 전적으로 하나님께 의존하게 만듦으로써 이 목적을 이루셨음을 지적한다. 그리고 에드워즈는 세 가지 관찰을 함으로써 자신의 요지를 증거한다.

첫째로 본문에서 읽은 것처럼, 그리스도는 "우리를 위해서 하나님으로부터 온 지혜-즉 우리의 의, 거룩, 구속-가 되셨다." 그러므로 "타락하고 구속받은 피조물들의 모든 선은 이 네 가지와 관련되어 있다. 이보다 더 잘 분류할 수 없다. 하지만 그리스도는 우리들에게 이 모든 것이 되셨다. 우리는 그리스도 안에 있지 않으면 그러한 선들을 가질 수 없다"라고 에드워즈는 쓰고 있다. 그리스도를 통해 우리는 참된 지식과 명철을 가질 수 있다. 그리스도를 통해 죄가 용서받고 의롭다함을 받을 수 있고, 하나님의 은혜를 입을 수 있다. 그리스도를 통해 "마음의 진정한 탁월함"을 가질 수 있다. 그리스도를 통해 "모든 비참에서 실제적인 구원을 받고 모든 행복과 영광을 부여받을 수 있다."

그리스도는 모든 우리의 선의 근원이실 뿐 아니라, 우리는 자신의 공로로 그리스도를 얻을 수 없다. 하나님은 은혜로 그리스도를 우리에게 주신다. 게다가 에드워즈의 세 번째 관찰은 하나님이 은혜로 그리스도 안에 있는 믿음을 주시어 우리로 복을 받게 하신다는 것을 지적한다. 이 세 번째 관찰은 구속받은 자의 하나님-즉 성부 하나님, 성자 하나님, 성령 하나님-에 대한 절대적 의존을 밝히고 있다.

3. 구속과 삼위일체 하나님

바울은 예레미야 9장 24절, "자랑하는 자는 주님으로 자랑하라"를 인용함으로써 이 구절에 담겨 있는 사상을 끝맺는다. 에드워즈는 이것을 삼위일체 하나님에 대한 언급으로 취하여 구속이 아버지와 아들과 성령을 영화롭게 하는 삼위일체 하나님의 역사임을 지적한다. 따라서 에드워즈는 이 본문에 관한 해설을 삼위일체의 각 위에 대한 우리의 의존을 선언함으로써 결론을 맺는다.

> 우리는 그리스도가 우리의 지혜, 의, 거룩, 구속으로서 하나님의 아들 그리스도에게 의존한다. 우리는 그리스도를 주시고, 그리스도로 하여금 우리에게 이 모든 것이 되게 하신 하나님 아버지께 의존한다. 우리는 성령 하나님께 의존한다. 우리가 그리스도 예수 안에 있다는 것은 이 성령에 관한 것이다. 그리스도 안에 믿음을 주시고, 영접케 하시고 가까이 있게 하시는 분이 하나님의 영이시다.

이 원문의 해설이 간단할지라도, 그럼에도 불구하고 그것은 에드워즈의 삶을 통해 그의 마음을 붙잡았던 무거운 신학적 주제를 다루고 있다. 이 가운데 구속에서의 하나님의 목적이 빼어나다. 그것은 역시 광대한 범위로 세상에 대한 하나님의 목적을 이끌고, 개별적인 범위로 사람들에 대한 하나님의 목적을 이끈다. 사실상 이 주제는 마침내 『구속의 역사』(History of the Work of Redemption)라는 책으로 출간된 에드워즈의 주요 설교 시리즈 중 하나가 된다.

구속에 있어서 하나님의 목적은 에드워즈가 썼던 마지막 논문 중 하나인 '하나님이 세상을 창조하신 목적'(Concerning the End for Which God Created the World)의 주제이다. 현재 이 설교에서 우리는 에드워즈의 마음이 이 개념에 대한 전환점을 이루기 시작하고 있을 때의 빙산의 일각을 보고 있을 뿐이다. 여기서 그는 하나님의 선포, 그리스도의 희생, 성령의 적용이란 측면에서 삼위일체 각 위의 사역을 보여주고 있다.

이보다 몇 년 전에 에드워즈는 "삼위일체에 관한 에세이"(*Essay on the Trinity*)를 초고했다. 이 에세이에서 배아된(seminal) 개념이 되풀이해서 그의 글을 통해 나타나고 있다. 에드워즈는 삼위일체 개념에 매료되어 있었다. 그는 세 위격 속에서 하나님에 관한 중심적인 가르침을 탐구하면 할수록 더욱더 하나님의 경이로우심을 보게 되었고, 더욱더 창조주, 구속자, 성화자의 경이로움 앞에 서있게 되었고, 더욱더 그의 문서는 이 삼위일체의 복합성에 관한 윤곽과 놀라운 교리를 전개하게 되었다.

4. 절대적이고 우주적인 의존

그러나 이 특별한 날에, 에드워즈는 하나님의 주권에 초점을 맞추었다. 그는 이 본문에서 나온 교리를 다음과 같이 선언한다. "하나님은 구속의 역사 속에서 영화롭게 되시었다. 구속받은 자들의 하나님에 대한 절대적이고 우주적인 의존이 그 안에 들어 있다." 그는 절대적이고 보편적인 본질을 지적함으로써, 우리의 의존에 관한 두 가지 요지를 만들고 있다. 그는 먼저 각각 이 요지들을 발전시키면서, 어떻게 우리의 절대적이고 우주적인 의존이 사실상 하나님에게 영광을 가져오는가를 보여준다. 절대적이라는 말로 그는 전반적 또는 전체적인 인간 개개인들을 의미하고, 우주적이라는 말로 그는 모든 인류를 의도하고 있다.

사실상 모든 인류가 전적으로 하나님에게 의존하고 있다는 것을 보여주기 위해서 그는 명확하게 세 가지 명제를 사용한다. 에드워즈는 구속받은 자들로서 우리들은 모두 하나님의, 하나님을 통한, 하나님 안에서의 우리의 선을 갖고 있다는 것을 논증한다(그림 3.1을 보라).

이것들의 각각은 중요한 통찰을 얻기 위해서 각기 풀어헤칠 만한 가치가 있다. 첫째로 에드워즈는 하나님이 우리의 선을 지으신 자요 첫 번째 대의(cause)이실 뿐만 아니라, "오로지 유일하게 적절한 대의"라는 사실을 주목한다. 하나님은 그리스도를 구속자로 주시고, 우리가 그리스도 안에서 갖고 있는 믿음도 역시 주셨다. 게다가 하나님이 아들을 주셨을 뿐 아니라 성령과 은혜의 수단과 성경과 심지어 복음을 신실하게 선포하는 목회자들까지도 주셨다. 하나님은 이 모든 것을 자신의 은혜를 놀랍게 보이시기 위해 하셨다. 에드워즈는 하나님의 은혜가 선물이요 은혜의 혜택에 해당함을 주목한다. 물론 그 선물은 하나님 자신의 아들, 즉 하나님 자신이며 무한한 가치에 관한 것이다. 우리가 무한하고 영원한 비참에서 무한하고 영원한 기쁨과 영광으로 구원받았기 때문에 이것은 역시 은혜이다.

그림 3.1 우리의 하나님

우리의 모든 선은

　하나님께 속해 있고,

　하나님으로 말미암아 있고,

　하나님 안에 있다.

하나님은

　우리의 선의 근원이요 원인이요
　우리의 선을 만드신 분이시다.

　하나님은 우리의 선의 수단이요
　매개자이시다.

　하나님은 우리의 선의 목적이요
　대상이요 본질이시다.

하나님의 은혜의 광대하심은 그 은혜의 수령자의 무가치함과 비례적인 관계가 있다. 아담의 타락에 참여하였기 때문에 우리들은 하나님의 은혜를 온전히 필요하게 되었고, 우리 자신의 방법으로는 그 은혜를 받을 만한 아무런 공로가 없다. 에드워즈는 타락한 인간의 실제를 죄, 비참, 무기력, 불충분으로 묘사한다. 우리는 하나님 앞에 "아무런 자랑할 것이 없이 전적

으로 벌거벗은" 상태이다. 하지만 하나님의 은혜로 말미암아, "모든 선하심으로 풍성하게 되었다." 구속을 만드신 하나님은 은혜를 보이실 뿐만 아니라, 이 은혜는 하나님의 능력을 나타낸다. 하나님의 능력은 사람을 회심하게 하고, 보존하며, 어떤 날 구속받은 자들을 완전케 하실 것이다. 구속은 "하나님 능력의 놀라운 실행"이다.

둘째로 우리의 선은 우리의 구원을 만드신 삼위일체 하나님으로서의 하나님을 통해서 오는데, 이 하나님은 우리의 구속을 중개하신다. 그리고 우리는 이 중개에 절대적인 의존을 갖는다고 에드워즈는 언급한다. 여기서 에드워즈는 하나님이 중개자를 공급하실 뿐 아니라, 그분이 중개자시라는 요지를 만들고 있다. 그는 하나님이 우리를 구속하기 위해 사셨음을 언급하고, 덧붙이기를 "하나님은 구입자일 뿐만 아니라 그 대가입니다. 하나님이신 그리스도가 우리의 구원의 대가로 자기 자신을 제공함으로써 우리를 위한 축복을 사셨습니다"라고 했다. 결과적으로 죄에 대한 빚을 청산하고 이것을 우리에게 적용시키신 것은 그리스도의 의이다. 우리가 하나님 앞에 서 있게 된 것은 그리스로 인해 또는 그리스도로 말미암은 것이다.

세 번째 요지에서 에드워즈는 선하고, 뛰어나고 아름다운 모든 것은 하나님 안에 있다는 개념을 웅변적으로 표현한다. 그러므로 하나님은 우리의 모든 선을 이루시고 중개하실 뿐 아니라 그 자신이 우리의 선이 되신다. 그는 우리의 기쁨이요 감사요 영광이다. 이런 특별한 개념은 하나님에 관한 에드워즈의 사상에 해결책이 되어 주었다. 그가 자신의 작품 속에서 이 개념을 강조한 것은 교회에 커다란 선물이 되고 있다.

여기서 그는 우리의 선으로서의 하나님을 논의할 때에 두 가지 서로 다른 형태, 즉 목표적인 선과 본질적인 선을 언급한다. 하나님은 그 자신이 우리의 선의 대상이 되신다는 의미에서 목표적인 선이시다. 에드워즈는 이렇게 설명한다. "하나님 자신이 구속받은 자가 구속에 의해 소유되고 향유되어야 할 위대한 선이십니다. 하나님은 그리스도가 값 주고 사신 모든 선의 총체이자 극치의 선이십니다. 하나님은 성도들의 기업이십니다. 그는 성도들의 영혼의 일부이십니다." 에드워즈는 계속해서 이렇게 말한다. "하나님은 성도들의 부와 보물이요, 음식과 생명이십니다. 하나님은 성도들이 거하는 전이시고, 장식과 왕관이시고, 영원히 지속되는 영예와 영광이십니다. 확실히 에드워즈는 우리가 다른 것들을 향유할 수 있고 서로 즐길 수 있다고 말한다. 하지만 그 어느 것도 우리가 하나님 안에서 갖는 기쁨과는 비교가 될 수 없다.

에드워즈는 하나님과 구원받은 자를 태양과 행성에 비교해서 본질적인 선이라고 지칭한 것 뒤에 감추어져 있는 의도를 드러낸다. 그는 "하나님의 거룩과 기쁨과의 교제는 성도들을 아름답게 하고 복을 주십니다. 달과 행성이 태양의 빛으로 인해 밝게 빛나듯이 말입니다." 성도들은 "하나님이 개입하심으로 영적인 탁월함과 기쁨을 갖습니다." 여기서 그가 의미하고 있는 바는 우리가 영적인 탁월함을 가질 수 있으나 이것은 우리가 행한 일 때문이 아니라 그리스도와의 연합을 통해서라는 것이다. 에드워즈는 여기서 삼위일체 하나님과의 영광스러운 교제로 초대받을 때 우리가 하나님과 갖는 교제와 사귐을 강조하고 있다.

이것이 에드워즈로 하여금 성도들에게 거하시고 깊은 교제를 가능하게 하시는 성령의 유일무이한 기능을 살펴보도록 이끈다. 에드워즈는 이렇게 선포한다. "성도들이 그리스도와 충만하게 교제를 갖는 것은 성령의 참여로 인한 것입니다." 에드워즈는 여기서 자신의 사상을 요한복음 7장 38-39절에 두고 있다. 38절에 그리스도는 외치신다. "나를 믿는 자는 성경에 이름과 같이 그 배에서 생수의 강이 흘러나리라." 요한은 39절에서 추가적인 말씀을 덧붙인다. "이는 그를 믿는 자의 받을 성령을 가리켜 말씀하신 것이라." 여기서 에드워즈는 "선의 충만함을 이루고 있다"고 언급한다.

에드워즈는 공관복음에서 마태복음 7장 11절과 누가복음 11장 13절의 병행되는 구절 속에서 이 가르침을 발견한다. 두 본문은 대단히 유사하다. 하지만 중요한 차이점이 있다. 마태복음 7장 11절은 "너희가 악한 자라도 좋은 것으로 자식에게 줄 줄 알거든 하물며 하늘에 계신 너희 아버지께서 구하는 자에게 좋은 것으로 주시지 않겠느냐"라고 말한다. 누가복음 11장 13절은 "너희가 악할지라도 좋은 것을 자식에게 줄 줄 알거든 하물며 너희 천부께서 구하는 자에게 성령을 주시지 않겠느냐 하시니라"고 말한다. 에드워즈는 이 두 본문을 조합하여 좋은 것(선의 은사)이 성령이라고 결론짓는다. 성령 안에서 사는 삶이 삼위일체 하나님과의 교제요 사귐이다. 참으로 하나님은 우리의 선이시다.

5. 하나님의 영광의 광채

에드워즈의 다음 요지는 우리의 절대적이고 우주적인 의존 때문에 하나님이 사실상 영광을 받으셨다고 논증한다. 그 다음에 자신의 주장을 뒷받침할 만한 근거를 몇 가지 제공한다. 첫 번째 근거는 다소 단순한 개념이지만 자주 간과되는 부분이다. 에드워즈는 "의존은 특별히 관심과 관찰을 명하고 부여하는 것입니다"라고 쓰고 있다. 다시 말해서 우리가 의존적이기 때문에 하나님을 바라보아야 한다는 것이다. 부모의 보호에 의존하는 유아들처럼 인간은 하나님의 자비와 보호하심으로 인해 숨을 쉰다. 그러나 스스로 만족하며 가장하고 있는 인간은 자신의 독립을 헛되게 주장한다.

슬프게도 이런 사고방식이 우리 문화에 깊이 흐르고 있다. 다소 유명한 텔레비전 쇼는 언젠가 어린이 배우가 식사기도를 하는 장면을 담고 있었는데, 그 기도의 내용은 다음과 같았다. "사랑하는 아버지, 우리는 이 식사를 위해 돈을 지불했습니다. 그러므로 우리는 아무것도 안 주신 것에 대해 감사합니다." 하지만 실제 상황은 완전히 다르다. 우리의 무기력을 알고 부족을 말할 때 구속이 우리의 참된 본성을 드러낸다. 우리가 의존의 커다란 차원을 갖기 때문에 하나님과 "그의 영광이 더욱더 직접적으로 우리 안에 설정되는 것입니다." 그리고 모든 것에 대한 "신실한 감사만이 적절한 반응입니다." 에드워즈는 이렇게 결론짓는다. "만약 우리가 절대적으로 즉시 우주적으로 의존하는 영광과 충분성을 인식하지 못한다면, 우리가 얼마나 불합리하고 부당한가!"

인간 본성 특유의 독립적인 감정은 인간에 대한 높은 견해를 갖게 하고, 하나님에 대해서는 낮은 견해를 갖게 하는 역비례적 관점으로 이끈다. 에드워즈가 주목한 것처럼, "인간이 그들 자신을 높이면 높일수록, 하나님을 높이려는 경향은 더 적어질 수밖에 없을 것입니다." 구속이 하나님을 영화롭게 한다는 것을 증거하는 두 번째 이유가 바로 이것이다. 만약 우리가 하나님에게 갖는 의존을 깨닫는다면, "하나님이 모든 것보다 무한히 위에 계시다"는 것을 볼 것이다. 구속의 역사에서 "하나님이 충만히 나타나시고, 인간은 텅 비었다. 즉 하나님은 모든 것으로 나타나시고, 인간은 아무것도 아닌 것이 되었다. 구속은 하나님과 인간을 본래의 적절한 자리로 되돌려 놓았고, 인간이 하나님께 적합한 영광과 영예를 돌리게 되었다."

에드워즈의 세 번째 이유는 그가 지금까지 말한 모든 것을 본질적으로 요약하고 있는데, 이 설교의 적용항목으로 이끈다. 그는 하나님에 대한 우리의 의존이 부분적이 아니라 전체적이고 온전한 것이라는 개념을 반복하며, 다시금 그 어느 것도 하나님의 영광을 빼앗아갈 수 없다는 것을 말한다. 그 다음에 그는 이 교리에 관한 네 가지 의미를 제시한다. 첫 번째 요지는 교리 항목을 본질적으로 요약하고 있다. 그러나 구절을 읽으면서 에드워즈는 청중들에게 구속의 역사의 놀라움을 제기하고 하나님이 하신 역사에 대한 감탄을 잃지 않으며, 우리가 하나님에게 갖는 의존을 인식한다.

두 번째로(그리고 이름은 드러내고 있지 않지만, 여기서 알미니안주의에 대한 비판을 한다), 에드워즈는 "하나님에 대한 절대적이고 보편적인 의존에 반대되는 측면을 가진 신성의 구조나 교리들은 하나님의 영광을 훼손하는 것이고, 우리의 구속에 대한 계획을 훼방 놓는 것입니다"라고 언급한다. 그는 "하나님에 대한 전적인 의존, 곧 하나님의, 하나님을 통한, 하나님 안에서 모든 것을 갖는 것과 일치하지 않는 그 어떤 구조도 복음의 계획이나 진의에 맞서는 것이며 하나님의 광채와 영광을 빼앗아 가는 것입니다"라고 덧붙이고 있다.

주권교리는 편의적인 교리가 아니다. 즉 주권교리가 우리의 기분을 맞추어주고 우리가 그 교리를 허락하며 하나님이 부분적으로 주권적일 때 그 하나님은 주권적일 수 없다. 하나님은 보편적으로(우주적으로) 절대적으로 주권적이다. 에드워즈의 세 번째 요지는 믿음과 관계된다. 믿음에 대한 온전한 의미는 그 믿음이 우리의 무능력과 하나님에 대한 의존을 깨닫게 하며, 우리를 구속으로 들어가게 하는 수단으로 작용한다는 것이라고 에드워즈는 논증한다. 에드워즈가 쓰고 있는 것처럼, "믿음은 인간을 낮게 만들고, 하나님을 높이게 만듭니다. 믿음은 오직 하나님에게만 구속에 대한 모든 영광을 줍니다." 게다가 믿음은 "진정한 믿음의 위대한 성분"인 겸손의 적절한 태도를 보여준다.

겸손함으로 우리는 그리스도에게 나아오고, 그러므로 시편기자를 들어 쓴 에드워즈의 확신에 참여할 수 있게 된다. "여호와여 영광을 우리에게 돌리지 마옵소서 우리에게 돌리지 마옵소서 오직 주의 인자하심과 진실하심을 인하여 주의 이름에 돌리옵소서"(시 115:1). 이것이 에드워즈의 네 번째이자 마지막 요지로 이끈다. 아래에 그 부분을 실었다.

하나님만을 높이라, 하나님에게만 모든 구속의 영광을 돌리라. 우리의 모든 의존감정을 높이고, 오직 하나님에게만 주목하며, 자기의존과 자기의적인 (self-righteous) 성향을 죽이라. 인간은 본성적으로 자기 자신을 높이고, 자신의 선한 능력을 의존하는 경향이 있고, 스스로 행복을 이룰 것으로 기대한다. 인간은 하나님과 성령과 멀어져서 기쁨을 가지려는 경향이 있다. 마치 그런 것 속에서 행복을 찾을 수 있는 것처럼 말이다. 하지만 하나님의 주권 교리는 오직 하나님만을 높일 것을 가르친다. 신뢰와 의존과 찬양을 통해서 말이다. 영광을 주께 돌리게 하소서. 어느 누가 회심하고, 성화될 것을 기대할 수 있는가? 어느 마음이 참된 탁월함과 영적인 아름다움을 부여받을 수 있는가? 어느 누가 죄를 용서받고, 하나님의 은혜를 입고, 하나님의 자녀가 되고 영원한 생명의 후사가 되는 복과 영예를 입을 수 있는가? 모든 영광을 하나님께 드리게 하라. 그분만이 오직 이 세상에 있는 모든 악한 사람들과 다르게 만드신다. 그분만이 지옥으로 저주받은 비참한 사람들과 다르게 만드신다. 어느 누가 영생의 강력한 소망과 위로를 가질 수 있는가? 자기 자신을 낮추고, 은혜를 받을 만한 자격이 없는 자임을 묵상하며, 오직 하나님만을 높이라. 어느 누가 거룩으로 옷 입고, 선행으로 풍성할 수 있는가? 자기 자신에게 영광을 돌리지 말고 '예수 그리스도 안에서 선한 역사로 우리를 창조하신 장인(workmanship)'에게 영광을 돌리라.

첫 번째 출간된 이 설교집의 서문은 주권교리에 관한 의미를 통찰력 있게 관찰하고 있다. 토마스 프린스와 윌리엄 쿠퍼는 "하나님에 대한 우리의 가치, 하나님에 대한 우리의 적용, 하나님을 거스리고 있다는 우리의 두려움 그리고 하나님을 기쁘시게 하는 우리의 사랑은 주권적인 하나님에게 갖는 의존 감정에 비례해서 우리에게 선으로 작용한다"라고 썼다. 이 서문은 역시 이 교리를 소홀히 하고 완화시키는 위험성에 대해 지적한다. 그들은 이렇게 덧붙인다. "우리는 이 교리가 우리들 사이에서 시들해지지 않기를 간절히 바란다. 만약 이 은혜의 교리를 외치는 사람들이 정죄를 받고 무시를 당한다면, 생명력 있는 경건은 그것에 비례해서 소멸되고, 사라질 것이다."

에드워즈는 주권교리에 대한 자신의 관계를 하나님에 대한 이해와 관계성의 중심축으로 보았다. 에드워즈에게서 신학의 문제와 크리스천의 삶의 문제는 서로 상충되지 않는다. 오히려 완벽한 조화를 이룬다. 크리스천의 삶은 좋은 신학으로부터 나오고, 어느 교리도 구속의 역사에서 하나님의 주권보다 더 근본적일 수 없다고 에드워즈는 주장한다. 은혜의 교리에 관한 설교와 하나님의 주권을 보여주는 일은 목요일의 보스턴 강연에서만 이루어진 것이 아니다. 그 교리는 에드워즈의 설교를 끊임없이 특징지었고, 몇 년이란 세월이 흐른 뒤에 노드햄톤 교회에서 그 결과가 나타났다.

6. 자료에 관한 노트

"구속의 역사 속에서 영화롭게 되신 하나님"(God Glorified in the Work of Redemption)이란 설교는 『조나단 에드워즈의 작품들』(The Works of Jonathan Edwards, 1834/1974), 2:2-7의 힉만(Hickman)판에 있다. 그것은 또한 Sermons of Jonathan Edwards: A Reader(1999), pp. 66-82에도 나타난다. "개인독백"(Personal Narrative)은 클라그혼(George S. Claghorn)의 Letters and Personal Writing(1998), volume 16 of the Yale edition of The Works of Jonathan Edwards, pp. 790-804; A Jonathan Edwards Reader(1995), pp. 281-296에 있다. "개인독백"(Personal Narrative)은 The Works of Jonathan Edwards(1834/1974), 1:xi-ccxxxiv의 힉만판에 있는 드와이트(Sereno E. Dwight)의 "Memoir of Jonathan Edwards"에 나타난다.

제4장 하나님의 놀라운 역사: 『신실한 이야기』

때로 사람들이 자기 자신의 모든 의를 버리고,
사망의 죄로 자신을 정죄할 때,
기쁘고 만족스런 견해 곧 하나님의 자비와 은혜가
그들에게 충분하다는 견해로 위로를 받는다.
-조나단 에드워즈, 『신실한 이야기』

에드워즈의 첫 번째 책이 출간된 것은 그 자신의 계획에 의한 것이 아니다. 1735년 5월에 그는 코네티컷 리버 벨리의 노드햄톤과 여러 도시에 있었던 부흥에 관한 이야기를 소개하고 있는 편지를 보스턴의 벤자민 콜만 목사에게 썼다. 그때에 콜만은 편지의 상당 부분을 그의 친구이자 동역자인 런던의 존 귀스에게 보냈고, 귀스는 그 편지의 내용을 자신의 교회의 회중들과 유명한 찬송작가인 아이삭 와츠와 나누었다. 그러자 귀스의 교인들과 와츠 그리고 콜만은 모두 보다 많은 것을 듣기를 원했다. 콜만은 재빨리 에드워즈에게 편지를 보내어, 그 편지를 출판할 수 있을 정도로 확장시켜 달라고 요청했다. 콜만은 1736년에 보스턴에 있는 에드워즈의 삼촌 윌리암 윌리암스의 설교 두 편을 포함하여 그 편지를 먼저 출간했다.

그러나 그 정도의 편지의 내용만으로는 만족하지 못한 와츠와 귀스는 전체 이야기를 원하여, 에드워즈가 직접 자세히 쓴 글을 요청했다. 그리하여 에드워즈는 다시 한번 자신의 기사를 확장하는 일에 착수했고, 마침내 그들에게 충분한 원고를 보내었다. 그때에 귀스와 와츠는 그 원고를 출판할 수 있도록 다듬어, 1737년 런던에서 『신실한 이야기』(*A Faithful Narrative the Surprizing Work of God in the Conversion of Many Hundred Soul in Northampton, and the Neighboring Towns and Villages of New-Hampshire in New-England*)가 출간되었다. 하지만 그것은 미국의 뉴햄프셔(New Hampshire)의 식민지가 아니었다. 영국의 햄프셔(Hampshire) 군이었다. 하지만 이것만이 와츠와 귀스가 잘못한 유일한 것이 아니었다. 그들이 찍은 책은 대서양을 건너 원저작자의 손에 건네어졌다. 그런데 이 책을 받아본 에드워즈는 지금 예일대학의 희귀소장품 목록에 소장되어 있는 복사본의 날개에 이렇게 썼다.

> 이 책을 출판한 존경하는 편집자는 그 내용을 너무 요약함으로써, 구절과 표현방식을 바꾸고, 원문을 엄격하게 지키지 못함으로써 실수를 저질렀다. 어떤 것들은 실제 사실로부터 일탈된 것도 있다. 내가 어떤 말들을 일부 삭제한 이유는 바로 그 때문이다. 게다가 서문에도 약간의 실수가 있다. 그것은 여백에 나타나있다.

그는 책제목을 적어 넣는 페이지에 New라는 말을 삭제하는 것에서부터 시작했다. 1738년에 에드워즈는 보스턴 출판사에서 자신이 직접 만든 책을 출간했다. 그리하여 『신실한 이야기』(*A Faithful Narrative*)가 다시 부상했고, 이번에는 자신의 말을 엄격하게 보존시켰고, 그 내용에 충실했다.

에드워즈는 콜만에게 보낸 편지가 첫 번째 책으로 나오리라고는 처음에 기대하지 않았다(그리고 그는 책을 출판할 때에 그러한 문제들이 있게 될지도 예상하지 못했다!). 하지만 그때에 부흥은, 전체 제목이 표명하고 있는 것처럼 놀라웠다. 에드워즈가 "구속의 역사 속에서 영화롭게 되신 하나님"(*God Glorified in the Work of Redemption*)을 설교하고 나서 얼마간의

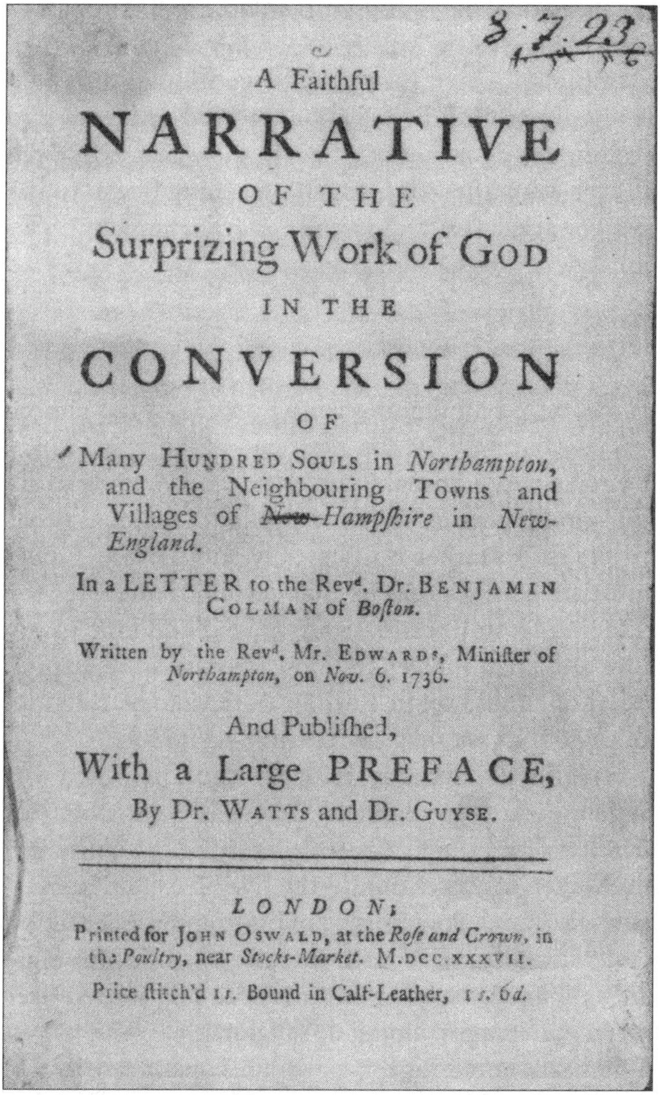

그림 4.1 『신실한 이야기』의 타이틀 페이지

와츠와 귀스가 출판한 『신실한 이야기』(*A Faithful Narrative*)에 대해 에드워즈가 개인적으로 수정을 본 제목 페이지. 에드워즈는 New라는 말을 삭제했다. 와츠와 귀스가 햄프셔의 코네티컷 군(county)을 뉴햄프셔의 식민지로 착각했기 때문이다(예일대학 베인에크 희귀본소장 도서관의 허락에 의한 것임).

시간이 흘렀다. 하지만 설교단상에서 그는 구원에 있어서 하나님의 주권을 전하는 일을 계속했고, 은혜의 교리를 전파하는 데에 조금도 피곤함이 없었다. 몇 년 뒤에 그 설교에 영향을 받은 증거들이 회중들과 코네티컷 벨리의 동료 목회자들의 회중들 속에서 표면적으로 나타나기 시작했다.

1. 노드햄톤의 수확

그 모든 것은 교회의 젊은이들 가운데서 시작되었다. 에드워즈가 주목한 것처럼, "1733년의 말에, 매우 특이한 유순함과 조언에 순종적인 분위기가 젊은이들 속에서 나타났다." 우리는 식민지 시대를 생각해볼 때, 전형적이게 다소 감상적이며 순진하게 생각하는데, 여기서 에드워즈의 말은 불순종적이고 완고한 경향이 참으로 인간들에게 본성적으로 있고, 그것이 그 세대에 풍미했다는 것을 상기시켜준다. 그런데 그는 청교도 용어로 종교적인 가르침 또는 하나님의 일에 갑작스럽게 열려있는 모습을 칭찬한다.

부흥은 노드햄톤의 교인들에게 새로운 것은 아니었다. 에드워즈는 그 도시와 교회의 짧은 역사를 가지고 『신실한 이야기』를 시작하는데, 그는 다섯 가지 "추수" 또는 그의 조부이자 전임자인 솔로몬 스토다드 목사의 사역 아래에서 있었던 부흥의 시기에 관심을 기울인다. 하지만 그 부흥의 마지막 시기는 벌써 18년이 흘렀고, 이제는 종교라는 문제에 그 도시의 사람들은 먹구름이 낀 것처럼 무감각했다.

그러면 이제 이 새로이 형성되고 있는 수용과 열림은 어쩐 연유인가? 에드워즈는 『신실한 이야기』에서 두 가지를 언급한다. 첫째로 오늘날 우리들의 삶에도 있는 것처럼 비극과 갑작스러운 죽음이 스스로 만족하지 못하게 만들 수 있는데, 1730년대에도 역시 그러했다. 이웃하는 도시에 몇몇 젊은 사람들이 갑작스럽게 죽었는데, 그들은 삶을 흔들어놓는 간증을 남겨놓고 간 것이다. "그들은 많은 젊은이들의 영을 경건하게 만들어놓았다. 분명히 사람들의 마음 속에 종교적인 관심이 더욱 일어났다."

둘째로 에드워즈가 살고 있던 도시, 즉 노드햄톤에 어떤 특별한 사람이 회심하는 데에 하나님의 예기치 않은 역사가 있었다는 것이다. 그는 신중하게 그 여인을 "무리를 지키는 자"(company keeper)라고 언급하는데, 그것은 그녀가 창녀였다는 것을 상당히 의미했다. 그녀가 에드워즈를 만나러 왔을 때, 그는 처음에 그녀가 "진지하다고" 생각하지 않았다. 그런데 그녀가 자신의 회심의 이야기를 하고 그녀의 생애에 일어난 하나님의 역사를 증거했을 때 그는 곧바로 마음을 바꾸었다. 에드워즈는 "그녀가 설명하고 있는 것은 하나님의 무한하신 능력과 주권적인 은혜의 영광스러운 역사"라고 결론지었다. 그리고 하나님이 그녀에게 새로운 마음을 주시고 진심으로 일깨우시고 거룩하게 하셨음을 믿었다.

그러나 교인들이 그녀와 함께 기뻐하지 않고 도리어 그녀를 조롱할까봐 그는 염려했다. 그러나 그는 다시금 놀랐다. "그 사건은 대단히 놀라울 정도로 판판이었습니다. 내가 생각하기에, 하나님이 다른 사람들을 각성하게 하시는 위대한 일을 하셨습니다. 그것은 일찍이 이 도시에서 일어나지 않았던 일입니다." 그때에 에드워즈는 자기를 내세우지 않는 말을 했다. 그는 그 부흥을 자신의 설교로 인한 것이 아니라 하나님에 의해 사용되는 이런 예기치 않은 도구에 의한 것으로 돌렸다. 그는 이 익명의 여성의 삶에 나타난 은혜의 표징이 부흥을 점화시켰다고 보았다.

그는 이 여인의 회심으로 인한 직접적인 영향을 요약하며 이렇게 썼다. "곧바로 종교와 영원한 세계의 위대한 일에 관한 진정한 관심이 이 도시의 모든 곳에서, 모든 세대와 모든 수준의 사람들에게 보편적이 되었다. 메말랐던 사람들 속에서 목소리가 점점 더 커져갔다." 에드워즈가 모든 세대의 사람들을 언급하고 있을 때, 그는 그것을 의미한다. 그의 이야기(narrative)가 계속 전개될 때, 그는 상당한 페이지를 뵈뵈 바트렛(Phebe Bartlet)에 관한 이야기에 바친다. 뵈뵈 바트렛은 4살이라는 나이에 식민지 문학과 종교 역사의 진정한 영웅이 되었다.

그러나 그가 뵈뵈의 이야기에 도달하기 전에 에드워즈는 일반적인 부흥을 논증하고, 다소 의미심장한 언급과 회심에 관한 관찰 그리고 하나님의 놀라운 역사를 제시하는 기회로 삼는다. 부흥의 절정기 동안에 노드햄톤의 생활상을 다음과 같이 썼을 때, 그는 목사와 교인들의 꿈을 묘사하고 있다.

> 일이 진행되고, 진정한 성도들의 숫자가 늘어갔을 때, 하나님의 역사는 곧 이 도시에서 영광스러운 변화를 가져다주었다. 그리하여 A. D. 1735년의 봄과 여름에 이 도시는 하나님의 임재로 가득해 보였다. 이제까지 이토록 사랑으로 가득 찬 적이 없었고, 이만큼 기쁨으로 가득 찬 적이 없었다. 한편으로는 이만큼 슬픔으로 가득 찬 적도 없었다. 거의 모든 집에 하나님의 놀라운 임재의 증거가 있었다. 구원이 임한 것 때문에 각 가정에 기쁨이 있었다. 부모들은 자녀들이 거듭난 것으로 인해 기뻐하였고, 남편은 아내의 구원으로 인해, 아내는 남편의 구원으로 인해 기뻐하였다. 하나님이 성소에 행차하셨고(시 68:24), 하나님의 날은 기쁨이 있었고, 주의 장막은 사랑스러웠다(시 84:1). 모인 회중은 아름다웠고, 교인들은 하나님을 봉사하는 일에 있어서 활력이 있었다. 모든 사람들이 공적인 예배에 열심히 참여했고, 말씀을 듣는 사람들은 목회자로부터 말씀이 나올 때 열심히 사모했다. 보통 회중들은 말씀을 들을 때 수시로 눈물을 흘렸고, 어떤 이는 슬픔과 탄식으로 울었고, 어떤 다른 이들은 기쁨과 사랑의 눈물을 흘렸으며, 또 다른 이들은 이웃의 영혼을 위한 연민과 동정으로 울었다.

이런 일들은 언급할 만한 가치가 있는 요소들을 갖고 있다. 에드워즈가 부흥의 결과를 변화된 삶에서 찾았다는 것은 주목할 필요가 있다. 그는, 변화된 삶으로의 하나님의 역사를, 가정에서 시작되어 조화로운 관계의 배양, 즉 사랑하는 사람들이 그리스도 안에서 단합하는 것에서 찾았다. 부흥은 이렇게 가정으로부터 교회로 번져나갔고, 예배에 대한 욕구 그리고 말씀을 들으려는 바람으로 이어졌다. 그리고 그 부흥은 이웃에 대한 사랑과 관심으로 표현되는 것으로 진행되었다.

이런 시나리오는 코네티컷 리버 벨리 전역에서 반복되었다. 심지어 에드워즈가 프린스턴대학의 전신인 통나무대학의 설립자 윌리암 테넨트의 아들들인 윌리암 테넨트와 길버트 테넨트를 언급하면서, "뉴저지의 몇몇 사람들" 사이에서의 부흥에 관해 언급하고 있을 때, 그 부흥은 대각성의 전조를 알리고 있었다. 노드햄톤으로 돌아온 에드워즈는 "이 도시에서 300명 이상의 영혼들이 반 년 만에 그리스도에게로 돌아왔다"고 추산한다. 교회는 점점 더 성장하여, 집회소를 확장하기 위한 거대한 건축 계획에 즉시 착수했다.

2. 부흥에 관한 에드워즈의 신학

그 부흥은 "하나님의 임재로 충만한" 놀라운 시간이었다. 그러나 에드워즈는 이 각성의 시간이 역시 "슬픔으로 가득한" 시간이었다는 것을 언급한다. 즉 슬픔의 눈물이 기쁨의 눈물과 조화를 이루었다는 것이다. 이런 슬픔은 죄에 대한 각성과 그 결과로 인한 것이었다. 보석상이 캄캄한 옷장에서 다이아몬드의 광채를 연출하는 것처럼, 에드워즈는 그리스도의 광채와 자비를 인간의 영혼을 통치하고 있는 죄의 음울한 부패와 견주어 빛나게 했다. 이런 죄인됨에 대한 확신이, 에드워즈에 의하면, 우리로 하여금 "자기를 신뢰하지 못하게" 했고, "하나님의 주권적인 능력과 은혜에 대한 절대적인 의존"으로 이끌었다. 그것은 나아가서 우리의 필수불가결한 중보자이신 그리스도에게로 이끌었고, 그분이 없이는 어느 누구도 하나님 앞에 설 수 없게 했다.

죄는 우리의 무능력을 직면하게 만든다. "그리스도의 전충족성과 하나님의 무한한 자비"에 우리 자신을 맡기는 것밖에 없다. 이것이 우리가 겸손함으로 그리스도께 나아올 때 취해야 하는 첫 번째 단계이다. 텅빈 손과 죄책감을 갖고서 "그리스도를 통한 하나님의 자비"를 발견하는 것밖에는 없다. 에드워즈는 여기서 인간의 무능력과 전적인 죄성에 관한 다소 고풍스러운 개념을 다루고 있다 - 4년 전에 보스턴에서 행했던 그의 강의에서도 주를 이루었던 동일한 주제이다.

그의 부흥설교에서는 기쁨과 눈물과 찬양으로 가득 찬 마음을 볼 수 있다. 하지만 죄와 그 죄의 결과에 관한 냉혹한 실제도 증거하였다. 그는 인간의 곤경에 관해서 명확하고 직설적으로 언급하였다. 우리의 끔찍한 타락과 교만과 불신앙과 고집스럽고 완고한 의지 때문에 하나님은 "(우리)와 우리가 한 모든 것을 거부하심에 있어서 그리고 (우리를) 영원히 내치심에 있어서 전적으로 정당하시고 의로우시다"는 것을 그는 언급한다. 죄에 대한 이 같은 강조는 약간 더 좋게 되기를 원하는, 소위 좋은 마음을 가진 사람들로 복음을 끌어내리려고 했던 후대의 사람들과 에드워즈를 구분짓게 한다. 그들은 복음이 인간을 무기력하거나 절망적이게 하는 것이 아니라 본질적으로 선하게 만든다고 생각한다. 죄는 그러한 설교에서 나타나는 번영의 메시지와 조화를 이루지 못한다. 그들은 너무도 빨리 죄를 내던져 버린다. 하지만 그러한 복음은 전혀 복음이 아니라는 사실이다. 에드워즈는 죄에 관한 설교가, 그것이 아무리 인기가 없다할지라도, 복음을 신실하게 선포하는 데 있어서 필수적이라는 것을 알았다.

그는 또한 당시의 다른 부흥주의자들과 자신을 구분짓는다. 후대 19세기에 등장했던 사람들과도 자기 자신을 구분짓는다. 그는 마치 트로피를 받는 것처럼 회심자들의 숫자를 세어보도록 만드는 '결심'을 강조하지 않고, 이어지는 '변화된 삶'을 강조하였다. 에드워즈에게서 회심은 증거로 귀결된다. 새로운 삶의 열매로 나타난다. 그는 『신앙과 정서』(Religious Affections, 1746)에서 이 주제에 관한 개념을 충분하고 분명하게 설명했고, 우리는 다음 장에서 이 문제에 관한 사상을 탐구할 것이다. 에드워즈는 여기서 진정한 회심의 징조로서 겸손을 이야기한다.

> 우리들 중에 그러한 사람은 하나님에 관한 매우 비범한 발견으로 두드러지고, 가식과 자기교만과 자기만족적 열정의 분위기를 갖지 않는다. 오히려 그들은 온순함과 겸손함과 자기부족의 정신을 갖는다. 그들은 가르침을 받을 필요가 있음을 느끼고, 열심히 배우려고 하며, 자기 자신을 다른 사람보다 낫게 생각하지 않는다. 우리 중에 회심했다고 생각하는 사람들은 일반적으로 자기 자신을 낮추고 하나님 앞에 먼지임을 보여주고, 동시에 자신의 처지를 불평하지 않는다.

아울러 에드워즈는 단순하지 않았다. 어떤 사람이 경험을 했다고 해서 그것이 필연적으로 참이었다는 것을 의미하지 않는다는 것을 충분히 인식하고 있었다. 그리고 그는 그리스도에 대한 고백이 참된 회심의 확실한 보장이 되는 것은 아니라는 사실을 알았다. 다시금 그는 『신앙과 정서』에서 이런 개념을 탐구한다. 거기서 그는 특별히 다른 사람들을 속이는 능력과 자기를 속이는 실제에 관해 민감하게 보여준다. 지금 『신실한 이야기』에서 그는 그러한 잠재적인 기만을 인식하고 있음을 설명해준다.

> 많은 사람들이 지금 내가 여기에 쓰고 있는 기사를 안다면, 내가 많은 회심자들을 만들기를 좋아하고, 그 문제를 확대하고 과장하여, 판단 없이 모든 종교

적인 열광과 열정을 구원하는 회심으로 간주하는 것으로 생각할 것에 대해 나는 우려한다.

에드워즈는 그러한 판단을 결여하지 않았다. 사실상 그는 노드햄톤에서 일어났던 일들을 자기 자신이 만들어낸 것이 아니라 진정한 하나님의 역사였다는 것을 옹호하기 위해서 상당히 길게 언급한다. 그렇게 하기 위해서 그는 참된 회심의 본성을 논의하는 것이 가장 좋다고 생각하고, 이야기의 중간에 그러한 사실을 묘사하는 말을 한다.

3. 매우 신비스러운 일

에드워즈에 따르면 회심에 관한 두 가지 확실한 사실은 그것이 "매우 다양하고" "매우 신비스럽다"는 것이다. 그 회심이 다양하다고 언급함으로써 그는 구원을 자동적이거나 형식적인 것으로 만들려는 시도를 비난한다. 그리스도 안에서 죄와 믿음에 관한 확신처럼 구원을 포괄하는 확실한 요소들이 있을지라도, 에드워즈는 개별적인 사람에 따라 각기 다르게 반응하고 다른 영향을 보여준다는 것을 인식하고 있었다.

예를 들어, 사람들은 죄에 대한 확신에서 각기 다르게 반응한다. 에드워즈가 주목한 것처럼, 어떤 이는 확신을 자기 향상에 대한 부르심으로 간주하고 일련의 실패된 자기개혁을 시도하면서, 계속 좌절된 삶을 살아간다. 이런 이들의 노력은 하나님의 은혜를 모호하게만 할 뿐이고, 에드워즈가 말한 것처럼, "그들은 자기 자신을 더 좋게 만들기 위해서 열매가 없는 새로운 과정을 자기 힘으로 거듭하고 있다." 하지만 그러한 노력은 "새로운 실망"만을 초래할 뿐이다. 그는 계속해서 이렇게 언급한다.

그들은 회심의 은혜를 얻기 위해서 지금까지 하지 않았던 다른 어떤 것을 해야한다는 것을 알지 못한다… 그러므로 그들은 이 산에서 저 언덕으로 헤매며, 쉼을 찾으나 아무것도 발견하지 못한다. 그들은 한 피난처를 살피자마자 다른 곳으로 날아간다. 약해지고 부서지고 비참에 처할 때까지 말이다. 하나님은 이런 비참 속에서 스스로는 전적으로 무력하고 불충분하다는 확신을 주시고, 참된 치료책을 발견케 하신다.

뵈뵈 바트렛과 같은 사람들은 즉시 그들 자신의 무기력을 깨닫고 그리스도에게로 피했다. 죄의 확신은 다양할 뿐만 아니라 그리스도에 대한 응답도 역시 다양하다. 따라서 에드워즈는 이렇게 썼다.

회심은 하나님의 능력의 위대하고 영광스러운 사역이다. 그것은 마음을 변화시키고, 죽은 영혼에 생명을 불어넣는다. 하지만 심겨진 은혜는 다른 사람과 달리 어떤 사람에게는 점차적으로 나타난다. 하지만 은혜의 첫 행동을 한 때를 정확히 고정시키는 것은 사람마다 차이가 있다. 어떤 이들은 회심의 시기를 식별할 수 있으나 다른 이들은 그 시기를 모를 수 있다. 이런 면에서, 은혜의 첫 번째 행위를 가진 때를 알지 못하는 매우 많은 사람들이 있다(이미 관찰한 것처럼 말이다).

오늘날 많은 영역에서, 그리스도에게 나아올 것을 결정하라는 강조를 하는 것을 보게 되는데, 어떤 이들에 따르면, 구원받은 정확한 시기와 장소와 환경을 아는 것은 절대적으로 필수적이다. 그리고 나는 구체적인 시기와 장소를 기억하지 못하기 때문에 자신들이 회심을 했는지 하지 않았는지를 고민하는 사람들을 안다. 하지만 에드워즈는 그러한 견해에 동의하지 않는다. 그는 그러한 의심을 표현하는 사람들에게 확신을 주는 위로의 말을 건넨다. 어떤 이들은 위기의 시간에 또는 인생의 격변하는 사건 속에서 그리스도에게 다소 갑작스럽게 나아온다. 다른 이들은 그렇지 않을 수 있다.

따라서 에드워즈가 보기에 모든 사람들을 동일한 방식으로 억압하는 것은 잘못이다. 하나님이 다른 사람들 속에서 각기 다른 방식으로 역사하고 있음을 그는 모든 사람들이 알기를 원했다. 그는 자신의 요지를 다음과 같은 관찰을 가지고 결론을 짓는다.

> 사람들에게는 특별한 방식과 환경의 끝없는 다양함이 있다. 하나님의 역사를 매우 많이 볼 수 있는 기회는 하나님을 어떤 단계나 특별한 방법으로 한정할 수 없다는 것을 보여준다. 하나님은 어떤 이들이 생각하는 것보다 인간 영혼에 관한 역사에 있어서 다양하시다. 나는 믿건대, 우리들 가운데 어떤 이들은 자기 자신의 경험을 다른 사람들에게 법칙으로 만들지 않을 정도로, 덜 비판적이며 더 자비롭다고 믿는다. 하나님의 역사는 그 다양함 속에서 영광을 받으시고, 더욱더 하나님의 지혜의 다양함과 헤아릴 수 없음을 보여주시며, 사람들 속에서 더 많은 자비로 행하신다.

결과적으로 그는 "영혼에 임하는 하나님의 역사의 방식은 특별하게 매우 신비롭다"는 것을 언급한다. 구원에 있어서 하나님의 역사가 다양하며 또한 신비스러울지라도, 당신이 염두에 두어야하는 것은 두 가지 요소로

그림 4.2
부흥에 관한 주요 저서들

1737년　'하나님의 놀라운 역사에 관한 신실한 이야기' (A Faithful Narrative of the Surprizing Work of God)

1741년　'성령의 역사에 관한 두드러진 표지들' (The Distinguishing Marks of a Work of the Spirit of God)

1742년　'뉴잉글랜드에서 신앙의 현재 부흥에 관한 사상들' (Some Thoughts Concerning the Present Revival of Religion in the New-England)

1746년　'종교적 감정과 관련한 논문' (A Treatise Concerning Religious Affections)

귀결된다. 첫 번째 요소는 복음의 진리에 관한 확신이다. 다시 말해서, 구속받은 사람들은 구원의 확신을 가질 수 있다. 회심으로부터 나오는 두 번째 요소는 변화된 삶이다.

첫 번째 요소와 관련해서, 에드워즈는 이렇게 지적한다. "하나님의 영의 회심케 하는 영향은 매우 공통적으로 실제에 관한 확신과 신앙의 위대한 일에 관한 확신을 가져다준다(하지만 어떤 이들에게서는 이것이 처음보다도 회심 이후 어떤 때에 더 크게 나타날 수 있다). 그들은 신성을 보고 맛보며, 복음의 일 가운데 있게 되며, 많은 책을 읽은 것보다도 더 확신을 갖게 된다." 그들은 "일반적으로 복음의 진리에 확신을 갖게 되며 성경이 하나님의 말씀임을 확신하게 된다." 에드워즈는 『신앙과 정서』에 관한 논문에서 이 확신과 확실성을 다루는 데 상당한 시간을 투자한다. 우리는 다음 장에서 이 개념으로 돌아갈 것이다.

회심은 확신뿐만 아니라 변화된 삶을 가져다준다. 요컨대, 에드워즈는 관찰하기를, 모든 것이 새롭다. 그의 "개인독백"(Personal Narrative)에서 기록된 경험처럼, 그것은 새로운 그리스도인이 모든 것을 처음으로 보는 것과 같다. 여기서 에드워즈는 그것을 이런 식으로 표현한다. "회심 후에 사람들은 신앙에 관한 것들을 아주 새로운 것처럼 자주 언급한다. 설교가 새롭고, 성경이 새롭다. 새로운 장, 새로운 시편, 새로운 역사를 발견한다, 왜냐하면 새로운 빛으로 그것을 바라보기 때문이다."

회심은 그 뿌리를 영혼에 깊게 내리게 하며, 온전히 새로운 삶을 가져다주어, 다르게 보며 다르게 생각하고 행동하게 한다. 에드워즈는 새로운 회심자들은 성경과 주님의 날에 놀랍고 커다란 기쁨을 가지며, "우리의 회심자들은 서로 사랑으로 연합하며, 모든 인류를 향한 사랑의 영을 매우 많이 표현하며, 특히 조금이라도 그들과 친했던 사람들에게 더욱 그러하다"고 쓰고 있다.

그 다음에 그는 이 사랑이 행동으로 나타난다는 것을 보여준다. "상처를 고백하며, 예년과는 다르게 행동했다." 그는 "회심한 후에 사람들은 다른 사람들의 회심을 위한 욕구를 공통되게 표현한다. 어떤 이들은 다른 영혼을 위한 회심을 위한 일이라면 죽음이라도 불사하겠다는 생각을 가지며, 설사 가장 최악의 대적자나 가장 비열한 사람에게조차도 그러하다. 많은 사람들이 참으로 복음을 전하려는 강한 열망에 사로잡힌다.

4. 뵈뵈 바트렛

지금까지 에드워즈의 이야기에서 회심에 관한 논증은 일반적이면서도 추상적인 진술을 담고 있었다. 그는 이제 그 이야기를 두 명의 사람(아비게일 허치슨〈Abigail Hutchinson〉과 뵈뵈 바트렛〈Phebe Bartlet〉)에 관한 기사와 연관지으면서 일반적인 것들을 구체화시킨다. 에드워즈는 "성령의 활동방식과 본질(성령의 놀라운 역사)에 관한 보다 분명한 개념을 주기 위해서" 그 이야기들을 연관짓는다. 아래 나오는 긴 내용은 뵈뵈 바트렛의 이야기에서 발췌한 것이다.

에드워즈가 참된 회심과 이어지는 경건한 삶의 모델로서 어린 소녀를 선택한 것은 그 시대에는 다소 계몽적이었다. 하지만 어린 뵈뵈를 모델로 든 것은 현명한 선택이었다. 그녀의 삶은 식민지 시대의 부흥과 하나님의 놀라운 역사에 관한 매우 뛰어난 이야기 중 하나를 제공해준다. 에드워즈는 다음과 같은 이야기로 연관을 짓는다.

그녀는 1731년 3월에 태어났다. 1735년 4월말 또는 5월초에 그녀는 방금 전에 회심한 오빠의 말에 크게 영향을 받았다. 그녀의 오빠는 11살이었는데, 그는 신앙의 위대한 일에 관한 것들을 아주 진지하게 여동생에게 말했다. 그녀의 부모들은 당시에는 그것을 알지 못했고, 또 자녀들에게 했던 이야기에 관심을 기울이지도 않았다. 왜냐하면 그녀가 너무 어렸기 때문이었다. 부모들은 어린 그녀가 자신들의 말을 이해할 것으로 생각하지 못했다. 하지만 그녀의 오빠가 그녀에게 회심이야기를 해준 후에, 부모들은 자녀들에 대한 조언을 어린 그녀가 아주 열심히 듣는 것을 발견하였다. 그리고 어린 딸이 하루에도 여러 번씩 한적한 곳에 떨어져 은밀한 기도를 드리는 것이었다…

7월 마지막 날 목요일 한낮에 어머니는 따로 떨어져 있는 옷장 속에서 어린 딸이 크게 소리내어 기도하는 것을 들을 수 있었다. 그것은 매우 이례적인 일이었다. 전에는 결코 그렇지 않았다. 그리고 그녀의 목소리는 매우 간절해보였다. 어머니는 이런 말을 분명히 들을 수 있었다(애스러운 방식이었지만, 특별한 간절함으로 부르짖고 있었다). "축복의 하나님, 기도하옵나니 나를 구원하소서! 간절히 기도하옵나니 나의 죄를 용서하소서!" 어린 그녀는 기도를 하고 나서 옷장 바깥으로 나왔다. 그리고는 어머니에게로 다가와 앉으면서 큰 소리로 외쳤다… 그녀는 간절히 외치기를 계속했고, 한동안 그런 상태로 울부짖었다. 마침내 그녀는 갑작스럽게 울음을 그치고는 방긋 웃기를 시작했다. 그리고는 웃음 띤 자태로 "어머니, 하나님의 나라가 내게 임했어요"라고 말했다. 그녀의 어머니는 갑작스러운 변화와 말에 무척 놀랐으나 무슨 일이 어린 딸에게 일어났는지를 알 수 없었다. 처음에 그녀의 어머니는 아무것도 묻지 않았다. 그러자 곧 어린 딸이 다시금 말하기 시작했다. "나에게 어떤 일이 일어났고, 또 다른 어떤 일이 일어났으며, 아니 세 번째로 어떤 일이 일어났어요." 그리하여 그게 무엇인지를 질문 받은 어린 그녀는 이렇게 대답했다. "하나님의 뜻이 이루어지고, 영원히 하나님을 기뻐할 것이라." 따라서 이 어린이가 "세 가지가 나에게 임했다"라고 말했을 때, 그것은 그녀의 마음 속에 떠오른 세 가지 교리문답 구절을 의미하는 것으로 보였다.

이것을 말한 후에 그 어린아이는 다시금 자신의 옷장으로 물러났다. 어머니는 옆집에 사는 그녀의 오빠에게 갔다. 그리고 그녀가 돌아왔을 때, 옷장에 있던 어린아이가 반가운 목소리로 어머니를 맞았다. 그녀는 "저는 이제 하나님을 발견할 수 있어요!"라고 말했는데, 전에는 하나님을 발견할 수 없다고 불평하곤 했었다. 그 어린아이는 다시금 말했다. "나는 하나님을 사랑합니다!" 그

때에 어머니는 어린 딸이 얼마나 하나님을 사랑하는지를 물었다. 그녀가 하나님을 자신의 아버지, 어머니보다 사랑하는지 물었다. 그러자 그녀는 "예"라고 대답했다. 그때에 어머니는 어린 여동생 라헬보다 하나님을 더 사랑하는지를 또 다시 물었다. 그녀는 "이 세상 그 어느 것보다 하나님을 사랑합니다"라고 대답했다.

그녀가 이제 하나님을 발견할 수 있다고 말하는 것을 들은 그녀의 누이는 하나님을 어디에서 발견했는지 그녀에게 물었다. 그녀는 "하늘에서"라고 대답했다. "어째서", "너는 하늘에 갔다 왔니"라고 누이는 물었다. "아니"라고 어린 그녀는 대답했다. 이러므로 그녀가 "나는 이제 하나님을 발견할 수 있어요"라고 말했을 때 하나님이라고 불렀던 것은 육신의 눈으로 보여지는 어떤 형상을 갖지 않는 것이었다. 그러자 어머니는 그녀가 지옥에 갈 것을 두려워하는지를 물었다. 그녀는 "예, 하지만 이제는 두렵지 않아요"라고 대답했다. 그녀의 어머니는 하나님이 그녀에게 구원을 주신 것으로 생각하는지 물었다. "예"라고 그녀는 대답했다. 어머니는 그때가 언제였는지 물었다. 그녀는 "오늘"이라고 대답했다.

그날 저녁에 침대로 올라갔을 때, 그녀는 자신의 어린 사촌에게 전화를 걸어 할말이 있으니 자신의 방으로 와줄 것을 요청했다. 그리고 그 사촌이 왔을 때, 그녀는 천국이 이 땅보다 좋다는 것을 말했다. 다음날 금요일에 교리문답을 질문하던 어머니는 하나님이 왜 그녀를 만드셨는지를 물었다. 그녀는 "하나님을 섬기게 하기 위해서요"라고 대답하고는 "모든 사람들이 하나님을 섬기고, 그리스도 안에서 살아야 해요"라고 덧붙였다.

뵈뵈가 새로이 발견한 이 기쁨은 그리스도를 전파하고 그를 위해 살고자 하는 그녀의 열심과 조화된다. 사실상 에드워즈는 그리스도가 어떻게 어린 뵈뵈의 삶을 변화시켰는지를 전개하는 일을 계속한다. 그는 "그녀가 하나님의 집을 사랑하고, 그곳에 가는 것을 매우 간절히 바랐다"고 언급한다. 그녀의 어머니는 그녀에게 교회에 모인 모든 좋은 사람들을 보기 위해서였는지를 물었다. 그때에 뵈뵈는 "에드워즈의 설교를 듣기 위해서" 교회에 간다고 대답했다. 에드워즈는 그녀의 민감성과 죄에 대한 인식 그리고 그녀의 삶에 미친 그것의 영향력을 보여주는 특별한 이야기들을 더 자세히 전개시킨다. 그는 "그녀가 목전에 하나님에 대한 두려움과 하나님께 대항하여 짓는 죄의 사악함에 대한 두려움을 매우 많이 가졌다"(시 36:1)라고 언급한다. 다음과 같은 기사에서 그것이 분명하게 나타난다.

지난 해 8월 어느 날에 그녀는 이웃의 토지에 있는 건포도를 따기 위해서 좀더 큰 어린아이들과 나갔다. 그녀는 자신이 하고 있는 일이 아무런 해가 되지 않는다고 알고 있었다. 하지만 그녀가 집으로 건포도를 따가지고 집으로 왔을 때, 어머니는 아무런 허락도 없이 남의 건포도를 따는 일은 잘못된 일이라고 그녀를 나무랐다. 왜냐하면 그것이 죄가 되기 때문이었다. 하나님은 남의 것을 훔치지 말라고 명하셨다. 이 어린아이는 크게 놀라면서 울음을 터뜨리며 외쳤다. "이 건포도를 갖지 않을래요!" 그리고는 언니 유니스에게로 가서 아주 간절하게 외쳤다. "언니, 왜 나보고 건포도를 따러가자고 그랬어? 언니가 가자고만 안 했으면 내가 이런 짓을 하지 않았을 텐데."
다른 어린아이들은 가책이나 문제의식을 갖지 않았으나, 뵈뵈는 달랐다. 그러자 어머니는 네가 허락을 받고 그것을 먹으면 죄가 되지는 않는다고 말했다. 그리고는 그 어린아이들 중에 한 명을 허락을 받기 위해 보냈다. 그리하여 그 어린아이가 허락을 받고 돌아왔을 때 어머니는 주인이 허락을 했으니 이제는 그것을 먹어도 되고, 그것은 훔친 것이 되지 않는다고 말했다. 한동안 이 사실을 주입시켰으나, 뵈뵈는 다시금 울기를 시작했다. 어머니는 왜 다시 우는지를 물었다. 이제는 허락을 받았는데, 왜 우느냐는 것이었다. "이제 너에게 문제가 되는 것이 무엇이니?" 어머니는 뵈뵈로부터 대답을 듣기 전에 아주 간절하게 달랬다. 마침내 그녀는 입을 열었다. "이미 죄를 지었기 때문이에요!"라고 대답했다.
그녀는 상당한 시간을 울었다. 그리고는 유니스가 일백 번이라도 건포도를 따 먹으로 같이 가자고 해도 다시는 가지 않을 것을 다짐했다. 그녀는 상당한 시간 동안 그 열매에 대한 반감을 가졌다. 그녀가 지은 이전의 죄를 기억하면서 말이다.

다른 어린아이들에게는 아무런 문제가 되지 않은 일상적인 행동도 뵈뵈에게는 크게 영향을 미치는 심각한 죄가 되었다. 어린 뵈뵈의 민감한 영은 자기 행동을 합리화하고 죄를 용서하는 데 능숙한 우리의 능력과 비교가 된다. 또한 건포도를 따라 갈 수 있는 기회에 대해서 앞으로 일백 번이라도 '아니오'라고 말할 수 있을 정도로 죄를 짓지 않을 것을 그녀가 결심했다는 것을 우리는 알 수 있다. 그리고 "상당한 시간 동안 그 열매에 대한 반감"을 가짐으로써 그녀가 죄에 대한 반감과 죄에 대한 끔직한 결과를 두려워했음을 잘 보여준다.

5. 부흥에 관한 묵상

『신실한 이야기』(A Faithful Narrative)는 1730년대에 일어났던 부흥의 이야기를 말해준다. 그것은 회심의 본질과 뒤이어지는 변화된 삶에 대한 놀라운 통찰력을 제공해준다. 이것은 에드워즈의 사상과 문서를 상당 기간 동안 주도했던 주제이기도 하다. 1736년 말경에 에드워즈가 자신의 이야기를 글로 썼을 때 그 부흥은 퇴조하고 있었고, 그리하여 에드워즈는 부흥이 상실되어 가는 것을 한탄했었다. 하지만 짧은 시기만에 에드워즈는 다시 한번 대각성의 놀라운 하나님의 역사 가운데 자기 자신이 서 있다는 것을 발견하게 되었다. 에드워즈는 은혜의 교리를 신실하게 설교하고, 다시금 죄인됨과 인간의 무력함 그리고 그리스도의 무한한 은혜와 자비를 설명했다. 대각성과 에드워즈의 영향 그리고 식민지 교회에 관한 것들을 다음 장에서 더 자세히 설명할 것이지만, 부흥과 부흥주의에 관한 에드워즈의 사상에 관한 전반적인 배경과 관련하여 몇 마디 말을 건네는 것이 옳을 것 같다.

에드워즈는 죽어가고 있고, 쇠퇴되어가고 있는 교회에 부흥을 가져오기 위해서 하나님에 의해 사용된 인간 도구의 긴 전선에 서 있는 사람으로 보통 해석되어진다. 그는 이 나라의 부흥 전선의 초창기에도 마찬가지로 서 있다. 하지만 위에서 지적한 것처럼, 그는 다른 많은 계승자들과는 상당히 다르다. 에드워즈를 부흥론자로 생각하는 것은 정당할지라도, 부흥과 부흥운동에 관한 에드워즈의 사상에는 잘 알려지지 않은, 하지만 교회에 대해서는 아주 유익하고 은혜로운 요소들이 있다.

1735년과 대각성의 부흥이 일어난 지 상당한 시간이 흐른 뒤인 1750년에, 에드워즈는 자신의 스코틀랜드 친구인 토마스 길레스피(Thomas Gillespie)에게 편지를 썼다. 그는 "당시에는 의심할 것도 없이 노드햄톤에 하나님의 놀라운 역사가 일어났습니다. 수많은 사람들이 구원받는 회심의 역사를 체험했습니다. 하지만 또 다른 많은 사람들이 잘못된 것에 속임을 당하기도 하고 속이기도 했습니다. 참된 회심자의 수는 우리가 상상했던 것만큼 그렇게 많지는 않았습니다"라고 썼다. 부흥에 관한 평가를 조심스럽게 삼가던 그 자신도 나타난 모습이 다가 아니라는 것을 인정했다.

하지만 숫자가 중요한 것이 아니다. 에드워즈는 부흥과 자신의 노력과 관련해서 더 깊은 것을 이야기했다. 에드워즈가 이런 경험으로부터 충분히 배울 수 있었던 것은 시간이 중요하다는 것이다. 길레스피에게 쓴 장문의 편지에서 그는 결국 노드햄톤에서 사직을 하게 만들었던 문제들을 대서양 건너 전달하고 있다. 그 문제는 6장에서 다룰 것이다. 하지만 그 편지의 진의는 사역에 관한 에드워즈의 성숙한 철학을 상당히 통찰력 있게 보여준다. 에드워즈는 거기서 건강한 교회는, 부흥의 시기를 경험하는 동안에도, 열매를 끊임없이 맺어야 한다는 것을 언급하고 있다.

부흥론자들과 부흥을 추구하는 사람들은 재빠른 반응이나 직접적인 결과 또는 그 사례가 참인지 참이 아닌지를 손쉽게 찾으려고 한다. 그런데 에드워즈는 그것이 장거리라는 사실을 깨달았다. 참된 신앙의 경험은 일상적이다. 흥분이 가라앉자마자 그 호소력이 사려져 버리는 것이라기보다는 매일의 일상 속에 있는 것이다. 1736년에 에드워즈는 한해 전에 그러한 열심을 표명했던 사람들에게 일어났던 것을 궁금해 했다. 1746년에 그는 성도석이 자주 드문드문 비기 시작했을 때, 1740년대 초에 있었던 경험의 신실성을 의문했다. 그리고 하나님이 "위대하고 영광스러운 일"을 행하셨다는 것을 여전히 확신하고 있을 때인 1750년경에 그는 코네티컷 벨리의 교인과 교회들의 장기적이고 끈기 있는 헌신의 부족을 곤혹스러워 했다.

그러나 에드워즈는 확실히 이 부흥을 과소평가하려고 하지는 않았다. 하나님이 당시에 놀랍게 역사하셨고, 우리도 사람들에게 임한 대규모의 부흥을 상당히 지적할 수 있다. 하지만 궁극적으로 그 경주는 단번에 마쳐지는 단거리 경주가 아니라는 사실이다. 전 과정을 끈기 있게 달리는 것이 중요하다. 즉 우리의 삶 속에서 역사하시는 하나님의 무한하신 은혜와 놀라운 자비를 천천히 끊임없이 깨달으며, 이기적이고 불평하는 방식으로 자기 자신을 위한 것들을 축적하는 것이 아니라 하나님의 놀라우신 역사에 대한 살아 있는 간증으로 삶을 살아가는 것이 중요하다.

6. 자료에 관한 노트

아이삭 와츠와 존 귀스가 편집한 『신실한 이야기』(A Faithful Narrative)의 첫 번째 런던판은 The Works of Jonathan Edwards (1834/1974), 1:344-64의 힉만(Hickman)판에도 나타난다. 『신실한 이야기』(A Faithful Narrative)는 Jonathan Edwards on Revival(1984)에도 발견된다. 아비게일 허치슨(Abigail Hutchinson)의 기사와 소개를 포함하

는 작품의 일부는 *A Jonathan Edwards Reader*(1955), pp. 57-87에 나타난다. 귀스와 와츠판과 보스턴판의 복사본에 관한 에드워즈의 개인적인 각주에 근거하고 있는, 권위 있는 본문은 *The Works of Jonathan Edwards*, pp. 97-211의 예일판 4권인 고엔(C. C. Goen)의 *The Great Awakening*(1972)에서 발견된다. 고엔은 에드워즈가 콜만에게 보낸 원 서신, 보스턴에서 출간된 편지에 관한 콜만의 축약 그리고 다양하게 출판된 판들의 서문을 재판하고 있다. 고엔의 서문은 '신실한 이야기'(*A Faithful Narrative*)와 부흥 그리고 대각성에 관한 긴 논쟁을 제공하고 있다(pp. 1-94).

제5장 유성과 별 가운데: '종교적인 정서와 관련한 논문'

> 사상가에 대한 가장 확실한 실험은 그가 근본적인 문제를
> 다룸에 있어서 용기와 인내가 있느냐 하는 것이다.
> 이런 기준으로 판단해보건대,
> 에드워즈는 불변의 사상가이다.
> – 존 E. 스미드(John E. Smith)

> 참된 모든 신앙의 본질은 거룩한 사랑에 있다는 것을
> 성경으로부터 분명히 알 수 있다.
> – 조나단 에드워즈

'종교적인 정서와 관련한 논문'(*A Treatise Concerning Religious Affections*)은 시대를 초월해 있는 책이다. 이 작품은 고전적, 문학적, 신학적 걸작이라고 일컬을 수 있다. 그 책은 세대에 걸쳐서 그리스도인들과 교회를 괴롭혔던 수많은 문제들에 답하고 있기 때문에 그와 같은 이름을 붙일 수 있다.

주기적으로 교회에 나타났던 한 가지 문제는 머리와 가슴의 문제와 관련이 있다. 이 둘을 조화하는 문제가 항상 우리를 도전했고, 혼란케 했다. 심지어 바울도 이 문제를 열심과 앎이라는 관계를 탐구함으로써 제시한다. 둘 중 한 가지가 없는 다른 하나는 문제를 야기한다. 제한된 영성 그리고

그리스도인의 삶을 살아가는 데 있어서 왜곡된 견해. 흔들리는 진자처럼 한쪽에서 다른 쪽으로 가고자 하는 경향이 각각의 그리스도인과 교회에 나타나는데, 이는 때때로 교회의 전체 세대를 특징짓기도 한다.

그러나 머리와 가슴과의 관계에 관한 질문이 이 책을 쓴 에드워즈의 주된 목적이 아니다. 오히려 그는 어느 누구도 질문할 수 있는 두 번째 가장 근본적인 질문이라고 생각하는 것에 초점을 맞춘다. 에드워즈의 제자이자 매우 가까운 동료 중 한사람인 조셉 벨라미(Joseph Bellamy)는 1750년에 『참된 신앙적 태도』(True Religion Delineated)라는 제목의 책을 썼다. 벨라미는 자신의 스승인 에드워즈에게 서문을 써줄 것을 부탁했다. 에드워즈는 이에 동의하여 다음과 같은 글을 써주었다.

> 지식이나 신앙의 대상이 되는 모든 것 가운데 가장 우선되고 중요하고 근본되는 것은 하나님의 존재이다. 그 다음은 하나님이 우리에게 요구하시고, 하나님의 은혜를 입기 위해서 우리 안에서 발견되는 신앙의 본질이다. 또는 이것을 다른 사람들과 갖는 유사한 중요성이라고 일컬을 수 있는데, 이것은 우리가 하나님을 어떻게 영화롭게 하고 기쁘시게 하며, 또 그에게 수납될 수 있는가와 관련이 있다. 이것은 하나님이 존재를 갖고 계신다는 것을 아는 것과 관계가 있다. 모든 각 사람에게 무한한 중요성을 갖는 것이 바로 이것이다. 각각의 사람들은 최고의 판사로서의 하나님과 관련이 있고, 이 하나님은 참된 신앙을 갖고 있느냐에 따라 영원한 신분을 주신다. 그리고 이 요지가 하나님의 교회의 공통된 관심과 밀접하게 관련이 있다.

1. 에드워즈의 작은 정성

위의 서문을 쓰기 4년 전에 에드워즈는 '종교적인 정서와 관련한 논문'에서 이런 근본적인 문제에 대해 대답했다. 그는 겸손하게 이 작품을 "작

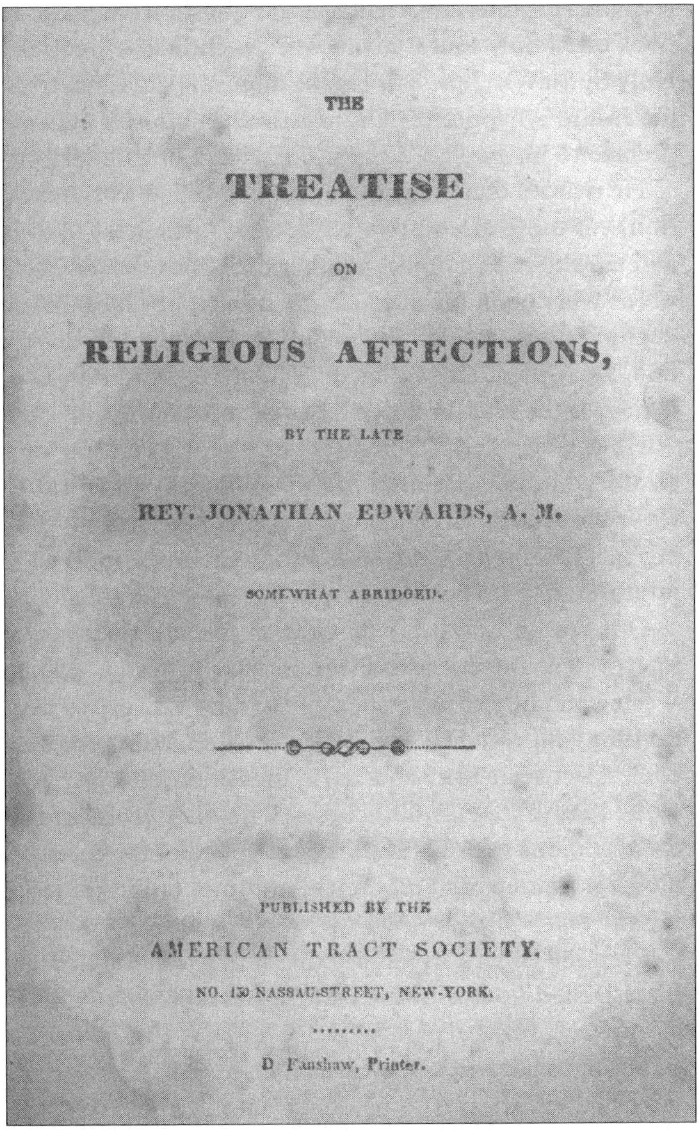

THE

TREATISE

ON

RELIGIOUS AFFECTIONS,

BY THE LATE

REV. JONATHAN EDWARDS, A. M.

SOMEWHAT ABRIDGED.

PUBLISHED BY THE

AMERICAN TRACT SOCIETY,

NO. 150 NASSAU-STREET, NEW-YORK.

D. Fanshaw, Printer.

그림 5.1 『신앙과 정서』의 타이틀 페이지

에드워즈의 가장 유명한 작품 가운데 하나인 『신앙과 정서』(*Religious Affections*)는 수많은 판으로 거듭 재판되었고, 1800년대 초에 나온 위의 판과 더불어 축약된 형태로도 자주 재판되었다.

은 것"이라고 칭했는데, 사실 이 작품에는 에드워즈의 "최대의 노력"이 들어 있다. 이런 노력들은 참된 종교적 경험과 관련한 질문들을 향해 있다.

그러한 질문은 다음과 같은 내용을 포함한다. 주어진 역사가 참으로 성령의 역사인지를 어떻게 알 수 있는가? 또는 어떻게 참신자와 위선자를 구분할 수 있는가? 또는 에드워즈가 자신의 책의 서문에서 질문한 것처럼, "무엇이 참된 신앙의 본질인가?"

에드워즈는 많은 사람들이 이런 질문과 씨름하고 있으나, 이런 시도들이 자주 빛보다 열에 더 관심을 갖고 있고, 그리하여 해결을 주기보다는 더 혼란을 불러일으키는 경향이 있다는 것을 깨달았다. 에드워즈는 이 문제를 그냥 둘 수가 없었다. 사실상 그는 신학공부를 시작한 이래로 "지극한 열심과 관심을 가지고" 이런 문제들에 관여했었다. 그러므로 『신앙과 정서』는 수십 년간 가졌던 묵상의 열매라고 할 수 있다.

그는 정서에 관심을 집중함으로써 근본적인 질문을 제기한다. 한편으로 이 용어를 사용한 것은 현명한 방법이었다. 하지만, 한편으로 그것은 위험스러운 방법이기도 했다. 이 용어를 사용한 것이 에드워즈의 사상을 오해하고 남용하도록 만들기도 했다. 그런 문제를 일으키지 않으려고 그가 대단히 노력했음에도 말이다.

정서에 관한 에드워즈의 사상이 오해되었던 한 가지 이유는 그의 책이 대단히 인기를 얻은 것과 관계가 있다. 존 웨슬리와 여타 사람들은 에드워즈의 이 작품에 대단히 감동을 받아 수만 권이나 복사본을 만들어 배포했다. 1833년과 1875년 사이에 미국 트랙트협회(American Tract Society, 교회 팸플릿을 출판, 보급하는 단체-역자주)만도 이 책을 75,000권을 배포했다. 문제는 이 판을 축약시키거나 또는 조심스러운 신학적 구조와 본문을 뒷받침하는 논리적인 증거들을 손상시킨 채로 판매했다는 것이다.

심지어 미국의 철학자이자 심리학자인 윌리엄 제임스는 자신의 고전적인 책인 『종교적인 경험의 다양성』(Varieties of Religious Experience)에서 『신앙과 정서』(Regious Affections)에 의존했다. 하지만 그는 축약된 판을 사용했고, 그것도 상당히 선별적으로 활용을 했다. 그리하여 제임스는 에드워즈의 책이 종교적인 진리와 의미를 주게 하기보다는 주관적인 경험을 세우게 하는 것으로 다루었다.

더 최근에, 토론토 블레싱(Toronto Blessing)의 주창자들은 자신들의 극심한 행동을 정당화하고 신임을 주기 위해서 에드워즈에게 호소하고 있다. 에드워즈의 사상에 대한 오용과 남용의 실례는 대단히 많다. 1800년대부터 현재에 이르기까지 부흥의 뜨거움을 하나님의 참된 역사의 증거로 취하고자 하는 사람들은 자신들의 영적인 대부로 에드워즈를 들먹인다.

분명히 에드워즈는 제임스가 자신의 작품을 이용하는 것을 인정하지 않을 것이다. 그는 토론토 블레싱을 옹호하기 위해서 자신의 작품이 사용되는 것을 불쾌하게 여길 것이다. 그는 자신을 대부로 부르는 부흥주의자들의 세대에 무감각할 것이다. 사실상 이런 그룹들에 의해 제시된 견해들과 그들이 제시하고 있는 위험성이 엄밀히 말해서 에드워즈가 그 책(『신앙과 정서』)을 쓴 이유이기도 하다. 축약되지 않은 판에서 에드워즈는 철저하고 도전적인 논증을 제시한다. 그는 세 가지 부분, 즉 세 가지 문제에 질문하고 답함으로써 논증을 발전시킨다. 정서란 무엇인가? 무엇이 참된 표지가 아닌가? 무엇이 참된 표지인가? 아래의 내용은 각 부분에 대한 요약이다.

2. 정서란 무엇인가?

목회자, 평신도 그리고 신학자들은 마찬가지로 머리와 가슴 간의 관계에 대한 문제와 씨름하고 있다. 아마도 이렇게 말하는 것을 들었을 것이다.

"천국과 지옥과의 차이는 12인치이다-머리와 가슴 간의 차이. 머리만의 단순한 지식은 부적절하다는 것을 일컫는 말이다. 머리가 아니라 가슴으로 믿어야 한다. 오늘날 많은 사람들의 사고를 지배하고 있는 이 부조화는 참된 종교적 지식이나 회심의 신앙적 경험을 형성하고 있는 것이 무엇인지를 이해하려는 도전에 대한 진정한 해결책을 제공해주지 못한다. 에드워즈는 정서에 관한 개념으로 이 문제에 대한 실제적인 해결책을 제공해준다.

위에서도 언급했듯이 이러한 조치는 에드워즈의 편에서 볼 때 위험스러운 면이 있다. 왜냐하면 오해와 왜곡의 위험이 있기 때문이다. 그런 일은 실제로 일어났고 지금도 일어나고 있다. 에드워즈를 오해하지 않기 위해서는 정서가 무엇인지를 설명하기 전에 정서가 무엇이 아닌지를 가지고 시작하는 게 더 낫다.

에드워즈는 정서를 감정과 동일시하는 것을 원치 않았다. 사실상 그는 감정적인 경험을 순전한 종교적 정서의 참된 표지로 여기지 않는다. 두 번째로 정서의 의미를 경험으로 취하지 않는다. 에드워즈가 종교적 경험에 관해 언급하고 있는 것은 사실이지만, 정서를 가지고 그가 의미하는 바는 그것이 아니다. 마지막으로 정서를 신비적인 감정 또는 육감, 즉 일반적인 지식과 경험을 초월하는 어떤 형태를 지적하는 것으로 읽어서는 안 된다. 에드워즈가 자신의 사상을 보존하고 잘못되게 이해하는 것을 피하려고 상당히 노력하였지만, 이 세 가지 잘못된 방식이 자주 정서를 해석하는 방식이 되고 있다.

하지만 에드워즈가 정서를 가지고 의미하는 바가 이것이 아니라면, 그때에 우리는 그것을 긍정적인 측면에서 정의할 의무에 직면하게 된다. 이 일을 하기 위해서 에드워즈의 역사적 배경을 이해하고, 그의 작품을 존 로크와의 관계 속에서 읽을 필요가 있다. 유럽과 뉴잉글랜드 사회뿐만 아니라 뉴잉글랜드의 목사들에게도 영향을 미친 존 로크의 많은 개념들 중에 기능심리학에 관한 개념이 있다.

이 개념에는 다양한 측면으로 구성된 자아에 관한 이야기가 들어 있는데, 로크는 그것을 "기능"이라고 언급한다. 이 기능적 측면에는 영혼, 지성, 육체와 같은 것들이 포함된다. 이것들은 인간의 본질에 관한 부분들이고, 로크는 이것을 서로 구분되고 심지어 서로 상충되는 것으로 간주했다. 현대적인 머리 대 가슴 간의 논쟁은 이 개념의 먼 후손들이라고 할 수 있다. 그런데 에드워즈는 정서에 관한 개념을 언급하면서, 이 기능심리학을 해롭고 반박해야 할 것으로 간주했다.

하지만 그는 로크로부터 그 영혼이 오성(이해)과 그가 성향이라고 부르는 것으로 구성되어 있다는 개념을 빌려왔다. 또한 이것을 지성과 의지로 언급할 수도 있겠다. 에드워즈는 무엇이 이 기능들을 움직이는가를 분석하기 위해서 더 상세한 단계로 넘어간다. 그는 주장하기를, 그 의지에 잠재되어 있는 것이 거의 보편적이고 항구적인 가슴(마음)에 관한 개념이라고 말하고 있다. 하지만 보통 사상의 이런 훈련으로부터 뒤따라 나오는 자아에 대한 단편적인 견해와는 달리, 에드워즈는 마음을 넘어 정서를 바라봄으로써 자아에 관한 통합적인 견해를 제시한다.

그는 모든 사람들이 정서를 갖고 있다고 추론한다. 우리의 행동에 동기부여를 주는 정서가 우리가 하고 있는 모든 것들을 주도한다. 그 정서가 우리가 인정하고 좋아하는 것들로 우리를 이끌고, 우리가 인정하지 않고 싫어하는 것들로부터 우리를 밀쳐낸다. 에드워즈는 이 정서를 다음과 같은 방식으로 묘사한다. "정서는 두 가지 종류가 있다. 바라보고 추구하고 행하게 하는 정서가 있고, 반감을 갖고 싫어하게 정서가 있다." 정서는 표면 아래쪽에 숨겨져 있을지라도, 우리의 사상과 행동 속에 그것이 존재하고 있음을 느끼게 만든다. 배의 방향타처럼 그것이 우리의 삶을 주도한다.

이것을 회심에 적용한다면, 우리는 정서가 오성과 지성 그리고 의지와 성향을 함께 묶어준다는 것을 알 수 있다. 회심은 그리스도를 경험하는 것이라기보다는 그리스도를 아는 것이다. 하지만 이 앎은 단순한 사실에 대한 지식이 아니다. 에드워즈는 이 개념을 "거룩한 지식에 관한 철저한 지식의 중요성과 혜택"(Importance and Advantage of a Through Knowledge of Divine Truth)이라는 제목이 붙은 히브리서 5장 12절에 관한 설교에서 충분히 설명했다.

여기서 그는 개념적인 지식과 영적인 지식을 구분한다. 그는 지식의 두 형태를 구분하고 있는 것이 아니다. 오히려 사람들이 지식에 대해 갖는 서로 다른 관계성을 구분하고 있는 것이다. 이것을 설명해보자. 만약 어떤 사람이 개념적인 지식을 갖고 있다면, 그는 복음에 관한 명제를 알고 있거나 하나님에 관한 지식, 그리스도의 사역과 죄에 관한 지식을 갖고 있는 것이다. 전화번호나 오늘이 무슨 요일인지를 알고 있는 것처럼 말이다. 그러나 만약 어떤 사람이 영적인 지식을 갖고 있다면, 그때에 그 사람은 그것에 대한 성향을 갖고 있는 것이고, 그것을 음미하고, 그것을 그 모든 아름다움과 조화로움과 탁월함 속에서 보는 것이다. 다시 말해서 에드워즈는 열심과 지식을 함께 가져온다. 즉 지성과 감성을 동시에 불러온다.

또한 정서는 투명무늬처럼 기능한다. 검증을 했을 때, 그것이 우리의 참된 신분을 드러낸다. 그리고 정서를 빛으로 지원하는 것이 『신앙과 정서』에서 에드워즈의 주된 관심사이다. 투명무늬로 좋은 조망을 얻기 위해서 그는 사실상 많은 행동들로 지원한다(정확히 말하면 24가지). 에드워즈는 진정한 신앙적 정서가 아님을 보이기 위해서 먼저 12가지 행위들을 검증한다. 그가 "불확실한 표지"라고 언급하는 것들이 바로 이것이다.

3. 불확실한 표지

어떻게 위선자를 식별할 수 있는가? 어떻게 당신의 경험을 식별할 수 있는가? 이 두 가지 질문들이 청교도들의 가장 깊은 관심사였다. 위선과 기만은 청교도의 가장 두려워하는 도전자인 알미니안주의와 이신교(deism)에 버금가는 잘못이다. 에드워즈는 우리가 자주 참된 감정이라고 일컫는 것이 실제는 참된 종교적 감정이 아니라는 것을 지적함으로써 이 두 가지 문제를 비판한다.

그는 이 열두 가지의 표지들을 모두 피해야할 것들로 간주하지는 않는다. 하지만 몇 가지 것들에 관심을 표명하며 확실히 피해야 할 것들로 강력하게 조언한다. 그럼에도 불구하고, 이런 표지들을 가진 것이 참된 회심의 증거나 하나님의 참된 역사를 증거하는 것으로 볼 수 없다는 것이다. 여기서 그의 논리를 이해하는 것이 그가 어떤 요지로 이 책에서 말하고 있는가를 밝혀준다. 살펴보고 있는 이 열두 가지 표지는 필연적으로 참된 종교적 감정을 보증하지 않으므로 우리는 확실한 증거로서 그 표지들을 사용하는 것을 조심해야 한다.

이 요지들에 대한 에드워즈의 조심스러운 설명은 다른 사람들뿐만 아니라 우리들 자신을 평가할 수 있도록 도와준다. 존 번연의 천로역정이 아름다운 도성, 즉 번연의 우화적인 교회의 목적지 입구에 도달하기 전에는 여러 번의 심사를 경험하는 것처럼, 에드워즈는 청교도의 중요한 요소인 심사를 여기서 강조하고 있다. 번연, 에드워즈 그리고 다른 청교도들은 자기 기만의 세력 때문에 자기 자신의 삶을 그리고 위선의 교묘함 때문에 다른 사람들의 삶을 심사할 것을 의도하고 있다.

두 심사를 염두에 두는 것은 중요하다. 『신앙과 정서』의 이 항목을 읽을 때에 자기 심사에 관한 에드워즈의 강조를 놓칠 수 있는 경향이 다분히 있다고 나는 생각해본다. 다른 사람들에 대해서는 12가지 표지를 심사하고, 자기 자신에 대해서는 그러한 종교적 함정들을 피하는 것으로 축하하기가 쉽다. 설교를 듣되 얼마나 많은 사람들에게 그 설교가 적용될 것인가를 생각하기가 쉽다. 하지만 다른 사람들을 위해 설교를 듣고, 다른 사람들을 위해 『신앙과 정서』를 읽는 것은 그가 말하는 요지를 놓치는 것이다. 다른 사람들에게는 확대경을 비추고 자기 자신에게는 그렇지 못한 것이다. 따라서 에드워즈의 이 책에서 도움을 받아 행동하는 것은 고통스럽지만 가치 있는 경험이다.

에드워즈의 몇 가지 특별한 관심사는 확실한 표지가 될 수 없는 것과 관련한 전반적인 목표들을 설명하고 있다. 그 중에 세 번째 표지는 종교적인 언어와 관련이 있다. 그는 "감정이 참으로 은혜롭다거나 그렇지 않다고 하는 표지란 없다. 즉 감정을 갖고 있는 사람이 종교적인 것들을 말함에 있어서 열정이 있고 풍성할 것이라고 단정할 수는 없다"고 쓰고 있다. 에드워즈는 그러한 행위가 참된 종교적 감정으로부터 나온다는 것은 동의하지만 필연적으로 그렇지는 않다는 것이다. 유다서를 인용하면서 에드워즈는 그러한 종교적 언어를 물이 없는 커다란 구름에 비유한다. 그러한 커다란 구름들은 충분한 물을 갖고 있는 것처럼 보이지만, "좀처럼 마르고 목마른 땅에 물을 내리지 않는다" "그것이 겉모습만 화려한 거짓된 종교의 본질이다"라고 그는 계속 언급한다. 윌리암 세익스피어의 거투르드(Gertrude)가 햄릿에게 말한 것처럼 "그 숙녀는 너무 많이 때를 쓴다."

그의 여덟 번째 표지는 회심의 형태론이라고 불리는 것과 관계가 있다. '형태론'이라는 말은 어떤 형식과 패턴을 의미하는 말이다. 지금의 배경 속에서는 그것이 일종의 회심의 정해진 형태 또는 어떤 순서를 따르는 것을 의미할 수 있다. 청교도들은 회심을 경험한 사람들 속에는 어떤 특정한 반응과 행동을 기대하거나 찾아볼 수 있다고 생각했다. 전형적으로 이런 반응은 어떤 형태를 따르게 되는데, 처음에는 복음에 무관심하다가 일단 실재를 깨닫게 되면, 죄와 다가올 심판에 대한 깊고도 강력한 죄의식을 갖게 된다. 나아가서 이것은 그리스도의 필요를 의식하게 되는 일련의 무기력과 좌절을 느끼게 되며, 그 다음에 기쁨과 위로의 감정을 갖게 된다. 오늘날의 형태론은 꽤 다르겠지만 특별히 어떤 범주에서 살펴보면, 그것은 회심 경험의 어떤 형태를 보여주게 되는 것이다.

그런데 에드워즈는 이러한 형태를 보이는 것이-설사 그 순서가 "T"라고 할지라도-참된 종교적 정서를 보증하지는 못한다고 주장한다. 그는 이런 식으로 자신의 요지를 표명한다. "기쁨과 위로가 어떤 순서 속에서 확신에 뒤이어 생겨났을지라도 정서의 본질과 관련해서 그 어떤 결정을 내릴 수는 없다." 더욱이 그는 "활동과 경험의 어떤 순서나 방식이 거룩함의 확실한 표지가 될 수는 없다"라고 지적한다.

그의 추론은 성경이 여러 번 하나님의 은혜로우신 구원의 활동을 언급하고 있을지라도, 사실상 확실한 어떤 순서나 방법을 제공해주지 않는다는 점과 관련이 있다. 말하자면 우리가 성경에서 어떤 순서를 발견할 수 없기 때문에 그렇게 해서는 안 된다고 결론짓는다. "크리스천들은 모든 사물의 본질의 확실하고 충분한 가이드로서 인간의 철학이나 경험 그리고 추측이 아니라 하나님의 말씀을 가진 것으로 충분하다."

마지막으로 열두 번째이자 마지막 부정적 표지는 성도조차도 확신시키는 외적인 행동과 관계가 있다. 에드워즈는 이 문제를 아주 간결하게 제기한다. "참된 성도는 누가 경건하고 경건하지 않은 사람인지를 확실하게 결정하는 그러한 식별의 영을 갖고 있지는 않다." 마음을 꿰뚫어보는 것이란 불가능하다. 물론 그는 "다른 사람들 속에 많은 가능성 있는 경건의 모습을 볼 때, 그리스도 안에 있는 형제로서 그들을 자비와 사랑으로 인정하고 기뻐하는 것은 성도의 의무이다"라고 외친다. 그가 그리스도를 고백하는

그림 5.2
참된 신앙적 정서에 관한 표지들

확실하지 않은 표지들	확실한 표지들
1. 많은 종교적인 열심이나 열정	1. 진정한 근원: 정서가 영적이고 초자연적이며 거룩하다
2. 겉으로 보여지는 효과들 (육체적인 모습들)	2. 자기 이득을 위한 것이 아닌 거룩한 것을 기뻐함
3. 종교적인 언어들	3. 본질적인 아름다움과 탁월함을 위해 거룩한 것을 사랑함
4. 자기 이외의 근원	4. 조명: 거룩한 것을 올바르게 이해함
5. 성경을 암송하는 능력	5. 확신: 실재와 거룩한 것에 대한 확신
6. 사랑의 모습	6. 겸손: 부족하고 무가치한 감정
7. 다양한 감정들	7. 변화: 본질적인 변화
8. 어떤 형태를 따르는 감정	8. 그리스도를 닮음: 담대함과 열심뿐만 아니라 사랑, 온유, 침묵, 용서와 자비를 촉진함
9. 종교에 많은 시간을 헌신하고 예배에 열심히 함	9. 민감성: 강퍅하지 않고 온유함
10. 입으로 하나님을 찬양하고 영화롭게 함	10. 균형과 조화: 정서의 불균형이 아닌, 그리스도의 거룩한 형상을 묵상함
11. 종교적인 경험에 있어서 자기 확신	11. 영적인 굶주림: 자아와 죄를 추구하지 않고, 영적인 성장을 더욱더 추구함
12. 성도조차도 확신케 하는 외적인 표지들	12. 열매를 맺음: 인생의 사명으로서 기독교를 나타냄

것과 소유하는 것 간의 차이를 독자들에게 상기시키고 있을 때 의심의 태도를 요청하고 있는 것이 아니다.

그러나 에드워즈는 참된 종교적 정서의 증거로 간주할 수 없는 것들에 관한 이야기를 하는 것으로 만족하지 않는다. 그는 진정한 종교적 정서를 식별하고 격려할 수 있는 긍정적인 요지들을 제공하기를 원한다. 그는 더 많은 분량을 할애해서 그 논문의 마지막 3부에서 긍정적인 12가지 표지를 제공한다.

4. 표지 구분하기

책의 마지막 부분을 먼저 읽는 것은 누구나 곤혹스러울 수 있다. 하지만 이 경우에 그렇게 하는 것이 도움이 된다. 열두 번째 마지막 표지에서 에드워즈는 자신의 주요한 표지라고 언급하는 것을 밝힌다. 사실상 그는 참으로 은혜로운 정서의 이전 표지들을 실천적인 개념으로 재적응시킨다. 다시 말해서 마지막 표지에서 이전의 열한 가지 표지를 삶의 차원에서 분명하게 바라본다.

이따금씩 우리들은 그리스도를 고백하는 것과 소유하는 것 간의 차이를 구분한다. 이 장에서 보는 것처럼 그렇게 하는 것은 도움이 되고 또 적합하다. 에드워즈는 그것이 타당함을 인정하는 반면에 또 그것을 발전시킬 수 있어야 한다는 점을 분명히 한다. 에드워즈에 따르면, 주어진 고백이 실천적인 증거로 소유될 수 있다면, 그것은 참이 된다. 그의 열두 번째 표지는 본질적으로 그리스도께서 하신 말씀으로 강화된다. "네 열매로 네가 그들을 알리라."

그러나 더 자세히 언급하기 전에 이 항목의 초기 표지들로 돌아가는 것이 좋을 것 같다. 전반부의 몇몇 표지들은 신적인 기원과 참된 종교적 정서의 본질을 언급한다. 에드워즈는 이것을 첫 번째 표지에서 표명한다. "참으로 영적이고 은혜로운 정서는 마음의 활동과 영향으로부터 발생하며 이것은 영적이고 초자연적이며, 거룩하다."

표면적으로 볼 때 이런 논증은 질문을 낳게 만든다. 만약 어떤 정서가 영적이기 때문에 참이라면 어떻게 그것이 영적인지를 알 수 있겠는가? 그러나 에드워즈가 이 부분을 발전시켜 나아가는 방법이 그가 여기서 하고자 하는 것을 설명해준다. 분명히 참된 종교적 정서는 성령으로부터 오며, 오직 성령만이 복음이 실제로 참이며 사실인 것으로 알게 만들어준다. 이것이 사실상 참된 종교적 정서가 중생과 성령의 갱신에 근거하고 있다는 것을 의미한다.

하나님의 영이 없는 사람들은 참된 종교적 정서를 생산할 수 없는데, 고린도전서 2장의 바울을 따라가고 있는 에드워즈는, 그것은 육적인 것이며 전혀 영적인 것이 아니기 때문이라고 주장한다. 그는 그 의미를 다음과 같이 설명한다.

> 성도들이 접하는 은혜로운 영향과 그들이 경험하는 하나님의 영의 영향은 육적인 것을 전적으로 뛰어넘는다. 이는 인간이 그들 자신 속에서 본성적으로 발견하는 것들이나 본성적인 원리의 차원에서 나타나는 것과는 전적으로 다른 종류의 것이다.

결과적으로 에드워즈는 "은혜로운 정서는 초자연적인 영향으로부터 나오는 것"이라고 결론짓는다. 이것이 에드워즈로 하여금 성령의 증거 개념과 확신의 교리를 논증하도록 이끈다. 에드워즈는 상당한 시간을 들여 3부에서 이 개념을 언급한다. 즉 성령의 증거가 확실한 표지라는 것을 보여준다. 확신의 교리가 성경에서 분명하게 가르쳐졌지만, 그것이 자주 오해되고 혼동된다. 성경의 증거로, 에드워즈는 "성령을 갖는 것"을 모호하고 흐릿하게 만들지 않는다. 그는 외적인 현상이 성령의 내적 증거를 증거하지는 않는다는 것을 언급한다. 여기서 에드워즈가 의미하는 바를 이해하기 위해서는 확신에 관한 청교도의 이해의 폭넓은 배경 속에서 그의 가르침을 설정할 필요가 있다.

존 칼빈에게로 돌아가 보면 우리는 성경이 말씀을 가지고 역사한다는 것을 배울 수 있다. 즉 성령은 쓰여진 말씀을 통해 역사한다. 이 역사는 생생하고 역동적인 특징을 갖고 있어서, 성령은 복음의 진리에 눈을 열게 하시고, 아름다움과 진리를 보게 하시고, 사실상 하나님의 자녀라는 것을 확신하게 하신다. 에드워즈는 이 개념을 3부의 네 번째, 다섯 번째 표지에서 2단계 과정으로 설명한다. 네 번째 표지는 "은혜로운 정서는 거룩한 것을 이해하기 위해서 영적으로 계몽된 인간 존재로부터 발생한다"고 선언한다. 여기서 중생하시는 성령의 역사로 말미암아 성경을 정확히 볼 수 있는 영적인 명철과 능력이 주어지게 된다는 점을 연관시킨다.

에드워즈는 성경, 하나님, 자아 그리고 세상에 관한 전적으로 새로운 시각으로 이것을 설명한다. 그리고 이것은 단지 새로운 방식의 바라봄일 뿐만 아니라, 새로운 삶의 방식이요 새로운 성향이다. 새로운 감각에 관한 에드워즈의 개념이 바로 이것이다. 이는 여섯 번째 감각(sixth sense)이 아니라 새창조로 귀결되는 자아에 관한 완전한 점검이다. 에드워즈는 그것을 "마음의 새로운 감각"이라고 묘사하는데, 이는 "거룩함과 신적인 것의 도덕적 완전함에 관한 최고의 아름다움과 감미로움의 새로운 감각을 의미하며, 종교적 식별과 지식은 모두 그러한 감각으로부터 나오고 또 그것에 의존한다." 그리고 에드워즈가 결론지은 것처럼, "참된 아름다움과 거룩함 속에 있는 참된 도덕적 선이나 거룩한 사랑을 영혼이 발견할 때, 새로운 세계에 눈을 열게 된다."

에드워즈가 다섯 번째 표지에서 전개하고 있는 것처럼, 새로운 감각이 성령의 역사를 이해할 수 있는 두 번째 단계로 이끈다. 여기서 참된 신앙적 정서의 확실한 표지는 "심판에 대한 영적인 확신을 수반하며, 거룩한 것들에 대한 확신과 실제를 갖는" 개념으로 구성된다. 이것이 확신의 교리이다. 에드워즈는 성경이 말하는 것처럼 "복음의 진리에 대한 확신과 증거에 대한 확신"으로 그것을 묘사한다. 그러한 진리에 대한 확신은 성령이 없는 사람들에게 일어나지 않는다. 결과적으로 확신은 확실한 표지가 된다. 그것은 오직 성령만이 발생시킬 수 있는 역사이기 때문이다.

하지만 에드워즈는 자신의 주된 확실한 표지를 마지막 것으로 남겨둔다. 그는 알기 쉽게 열두 번째 표지를 설명한다. "은혜롭고 거룩한 정서는 그리스도인의 실생활 속에서 열매를 맺는다." 이것이 에드워즈로 하여금 인내의 교리와 성장의 자연스런 과정 그리고 참된 회심에 수반되는 열매를 논증하도록 만든다. 물론 그는 성도들이 항상 거룩하게만 살 수 없다는 것은 인정한다. 사실상 그는 이렇게 말하고 있다.

> 참된 성도라 할지라도 일종의 죄책감과 퇴보의 모습을 가지며, 특별한 유혹에 넘어가서 죄를 짓기도 한다. 하지만 그들은 신앙과 하나님을 저버리고, 습관적으로 그 소명을 소홀히 하거나 싫어할 만큼 타락하지는 않는다. 아무리 그 소명을 받드는 일이 어려울지라도 말이다.

참으로 그 사람이 성령을 갖고 있다면, 삶 속에서 증거를 보일 것이다. 에드워즈는 마지막 표지에서 이전에 언급했던 표지들을 이 위대한 진리와 연관시킨다. 이 표지와 다른 표지 간의 직접적인 연관성과 성향을 언급하고, 거룩을 실천하는 일이 크리스천의 삶이라는 것을 주목시킨다. 그는 "참된 은혜는 비활동적인 것이 아니다. 하늘과 땅에서 이보다 더 활동적인 성향은 없다. 왜냐하면 참된 은혜는 그 자체가 삶이기 때문이다"라고 에드워즈는 말한다. 그는 덧붙이기를 "마음 속에 있는 경건은 분수가 물줄기를 갖는 것처럼, 태양이 빛을 보내는 것처럼, 생명이 숨을 쉬는 것처럼 실천과 직접적인 관계가 있다"고 말한다.

열매를 맺는다는 것은 다른 사람들을 위한 표지이다. 에드워즈가 말하는 것처럼, "그리스도인의 실천이나 거룩한 삶은 이웃과 형제들이 보기에 고백하는 그리스도인의 신실성 속에서 나타난다." 이 말 속에서 우리는 그리스도께서 말씀하신 내용을 듣게 된다. "그의 열매로 그들을 알찌니"(마 7:16). 그러나 열매를 맺는 것은 그 사람 자신의 양심의 표지이기도 하다. 에드워즈는 이 점을 가지고 자신의 논문을 결론짓는다. "그리스도인의 실천은 그 사람 자신의 양심에 대한 은혜의 확실하고 두드러진 증거이다." 야고보가 가르치고 있는 것처럼, 우리의 행위가 믿음을 보여준다(약 2:20-24). 따라서 에드워즈는 "그리스도인의 실천은 구원하시는 은혜의 모든 표지들 중에 최고를 차지한다."

5. 유성과 별

에드워즈는 구속의 장엄한 목적을 이루기 위한 하나님의 뜻과 역사에 대한 보다 깊은 이해를 얻기 위해서 전형적이게 자연으로 돌아간다. 그는 이 자연을 하나의 완벽한 설명자로 발견하고는, 하나님의 방식을 이해함에 있어서 다른 사람들을 인도하기 위한 설명의 도구로 삼는다. 『신앙과 정서』에서 그는 하늘을 바라보며, 별과 유성을 구분하여 언급한다. 그는 자신의 은유를 별과 유성으로 확장시키면서 이 고전적인 작품 속에서 참된 정서와 거짓된 정서 간에 있을 수 있는 구분을 포착한다.

아무리 유성이 찬란한 쇼를 연출한다할지라도, 그것의 생명은 짧다. 멋진 빛을 발하며 보여주지만, 그것은 자기 파괴적이다. 위선의 경우가 바로 그러하다. 또한 그 예증을 가지고 에드워즈는 성령의 참된 역사에 굳건히 서 있거나 세워지지 않는 종교적인 열심으로 확대시킨다. 하지만 별은 자기 생산적인 능력의 근원을 통해 끊임없이 빛을 비춘다. 별은 유성의 순간적인 멋진 모습에는 미치지 못할지 모른다. 하지만 별은 그 부족함을 끈기 있게 계속되는 모습을 통해 결정적으로 보상을 한다.

『신앙과 정서』를 역사적인 배경 속에서 언급하는 것이 이 점을 보다 분명하게 해줄 수 있을 것으로 본다. 이 책은 에드워즈가 부흥의 영향과 회심과 관련한 문제를 다룬 것 가운데 가장 결정적으로 성숙한 작품에 해당한다. 여기서 그의 사상의 많은 부분이 성령의 확신의 역사에 관한 강조와 새로운 감각에 관한 강조 같은 데서 보듯이, 이전에 다루었던 작품과 잘 조화되지만, 여기서 그는 진정한 회심의 역사에 관한 증거로서 거룩한 삶을 동등하게 강조하는 이해를 발전시킨다.

확실히 『신앙과 정서』는 그 책을 읽는 사람들에게 도전적이다. 그의 책에 대한 서문에서 존 웨슬리는 에드워즈가 쌓아올린 것에는 "대단히 미묘하고, 은유적인 특징을 갖고 있어 머리와 지성을 흔들어 놓는다"라고 언급했다. 참으로 에드워즈의 추론과 논증의 미묘함과 복합성은 쉽게 접근할 수 없게 만들며, 어떤 구절은 우리의 이해를 뛰어넘는다. 그럼에도 불구하고 그가 강조하는 바는 매우 분명하다. 참된 종교는 회심에 있어서 성령의 역사에 근거한 거룩한 정서에 달려 있고, 구원의 확신으로 귀결되며, 사랑과 거룩의 삶을 통해 증거된다.

그 책이 정밀한 논증을 담고 있을지라도, 학술적인 논쟁이 아니라 크리스천들이 다른 사람들뿐만 아니라 자기 자신들의 종교적 경험을 분별할 수 있도록 돕기 위한 설교로 본래 이루어졌다. 그리고 에드워즈는 정서를 평가하기 위해서가 아니라 진정한 종교적 정서를 보일 수 있도록 하기 위해 그 설교와 책을 의도한 것이다.

그 책의 첫 부분에 나오는 아주 흥미로운 항목 가운데 에드워즈는 이렇게 선언한다. "하나님이 요구하시고 용납하시는 신앙은 약하고 둔하고 생명이 없는 상태의 '가정'(Wouldings)이 아니다. 하나님은 우리가 신실하고, 성령으로 뜨거우며, 신앙생활에 열심히 참여할 것을 주장하신다." '의식'(Wouldings, 의도 또는 가정-역자주)은 에드워즈 자신의 용어이다. 이 작품에 관련한 어떤 것들은 wishes(바람)라는 용어를 그 자리에 집어넣는다. 하지만 그 용어가 없는 말일 뿐더러, 매우 어색하지만, 나는 에드워즈 자신이 쓴 용어를 좋아한다. 만약 어찌어찌 한다면 믿을 것이라거나 어찌어찌 한다면 어떤 행동을 할 것이라거나 만약 어찌어찌 한다면 어떤 것을 말할 것이라고 말하는 것으로는 충분하지 않다.

에드워즈가 주목한 것처럼, 참된 신앙은 무엇을 할 것이라든가 무엇을 해야 한다라는 것 속에서가 아니라 그 자체로 역사하는 "강력한 것"이다. 오히려 참된 신앙은 사상과 언행과 행동이다. 간단히 말해서 삶이다. 그리고 그것이야말로 참된 신앙적 정서의 표지가 된다고 에드워즈는 주장하고 있다.

6. 자료에 관한 노트

'종교적인 정서와 관련한 논문'(*A Treatise Concerning Religious Affections*)은 여러 책으로 나와 있다. 그 가운데 긴 서론을 갖고 있는 권위 있는 책은 『조나단 에드워즈의 작품들』(*The Works of Jonathan Edwards*)의 예일판 2권 스미스(John E. Smith)의 『신앙과 정서』(*Religious Affections*, 1959)이다. 이 논문은 『조나단 에드워즈의 작품

들」(*The Works of Jonathan Edwards*, 1834/1974) 1:234-343의 힉만(Hickman)판으로도 접할 수 있다. Banner of Truth 출판사는 「신앙과 정서」(*The Religious Affections*)만으로 책을 출판했다(1986).

제6장 보이는 성도: '겸허한 탐구'

노드햄톤 교회의 기록에서 "1750년 6월 22일 조나단 에드워즈 목사가 해고되다"라는 말을 읽을 때 우리는 여러 가지 의문점을 갖게 된다. 2장에서 논의했던 것처럼, 에드워즈와 노드햄톤 교회 간의 불화는 성찬을 둘러싼 것이며, 이것은 그의 전임자이자 할아버지였던 솔로몬 스토다드 목사에 의해 드리워진 오랜 그림자와 관련이 있다. 그러나 이 이야기를 이해하기 위해서는 솔로몬 스토다드만이 아니라 청교도운동도 살펴볼 필요가 있다.

지금 설명하는 것이 대단히 피상적인 평가일지라도, 청교도라는 말은 그 라벨을 달았던 사람들이 추구했던 바를 드러내준다. 말하자면 청교도는 깨끗하게 되고자 하는 것과 관련이 있다. 상당한 부분 역사가들과 대중문화는 이런 개념과 노력을 경멸적으로 바라보고, 청교도를 어떤 사람을 책잡기 위해 기다리는 짜증스럽고 진부한 골통으로 우화스럽게 풍자하곤 한다. 하지만 거룩한 삶을 좇고 있는 청교도를 이런 식으로 풍자하는 것은 너무 과도하고 잘못된 것이다. 청교도는 미국과 서양문화의 계속되는 영향을 갖는 교육적, 문화적 제도를 형성한 생명력을 갖고 있다. 전존재를 가지고 하나님을 영화롭게 하며 '기쁘시게 해야 한다' 라는 케티키즘의 권고를 진지하게 받아들이고서 말이다.

하지만 깨끗한 삶을 살아가는 사람이라는 말은 그 이야기의 일부만을 말해줄 뿐이다. 청교도는(이것은 옛 잉글랜드 속에서의 청교도의 설립으로

까지 거슬러 올라간다) 순수한 교회를 추구했다. 그들의 말에 의하면, 그러한 교회는 '보이는 성도들'을 요청한다. 한 영국의 역사가는 이런 개념의 본질을 포착하여, 청교도의 교회를 절반만 마음이 가 있고 가끔 참석하는 사회적 클럽이 아니라 진지한 종교적 경기를 하는 신앙 모임으로 언급한다. 보이는 성도들은 그리스도를 고백하고, 삶을 통해 그를 증거한다. 에드워즈는 자신의 초기 작품인 『잡록』(Miscellanies)에서 청교도의 개념에 관한 정의를 주고 있다.

> 보이는 크리스천들이란 보이는 것으로나 나타나는 것으로 또는 외적인 것들에 있어서 그리스도인이 되었다는 것을 의미한다. 진정으로 크리스천이 되는 것은 믿음과 거룩과 마음의 순종을 갖는 것이다. 외적으로 크리스천이 되는 것은 외적인 믿음을 갖는 것이다. 즉 믿음을 고백하고, 보이는 삶과 대화에서 외적인 거룩을 갖는 것이다.

물론 보이는 크리스천을 어떻게 확인할 수 있는지에 관해서 의문이 발생할 것이다. 우리가 이미 전 장에서 보았듯이 에드워즈는 전형적으로 참된 종교적 정서라고 일컬었던 외적인 모습들을 도전했다. 거기에서 그는 그러한 표지들을 사실상 회심에 있어서 하나님의 진정한 역사에 대한 확실한 증거가 될 수 없다는 것을 논증했다. 그렇다면 당신이 어떤 사람을 보았을 때 그를 성도라고 말할 수 있는가? 어떤 표지를 영적인 조건으로 볼 수 있겠는가? 최근의 한 만화는 티셔츠와 보석과 액세서리에 다음의 기독교적인 글귀로 장식된 것을 입고 있는 한 젊은이를 그리고 있었다. "이 장신구들로 인해 우리가 크리스천인 것을 알겠지요." 만약 에드워즈가 몇 세기 뒤에 태어났다면, 차량 스티커나 특별한 장식을 한 것들을 걸치고 있는 것이 확실한 표지가 되지 못한다고 말했을 것이다.

그러므로 문제는 계속 남아 있다. 당신은 사람을 볼 때 어떻게 성도인지를 아는가? 그 질문은 에드워즈 목사만이 아니라, 교회에 일원이 되고자 하는 사람이 있을 때, 오늘날의 목사들에게도 하는 질문이다. 에드워즈 당시에 '보이는 성도'에 관한 문제는 성찬에 참여할 수 있느냐와 관련이 있었다. 이것은 다소 복잡한 문제이고 특히 에드워즈의 경우에 더욱 그랬다. 그래서 우리가 지적했던 것처럼, 그 문제로 인해 에드워즈는 노드햄톤 교회의 목사로서의 지위를 잃었다.

1. 성찬 논쟁

에드워즈가 해고당한 사건을 이해하기 위해서는 보이는 성도에 관한 개념과 노드햄톤 교회에 드리웠던 솔로몬 스토다드의 그림자를 살펴볼 필요가 있다. 이 문제에 관한 스토다드의 가르침은 아주 잘 알려져서 스토다드주의라고 불릴 정도이다. 이런 입장은 반길계약이라고도 하는데, 이것은 입교인의 자격을 수정하여, 유아로서 세례를 받았던 사람들을 아직 성인으로서 중생하지 못했을지라도 세례교인으로 인정하는 것을 의미한다. 그러나 노드햄톤에서 이 문제는 세례보다는 성찬을 허락하는 것과 더욱더 관련이 있었다. 스토다드는 성찬을 허락하는 데 필요한 것으로서 중생이라는 항목을 빼버렸다. 그는 자신의 견해를 1700년대 초에 널리 배포된 두 작품을 통해 개진했다.

스토다드는 성찬을 "회심시키는 성례"로 보았다. 그는 성찬을, 공개적으로 그리스도를 고백했고 또 보이는 성도가 된 사람들로 제한하기보다는 참여를 원하고 유아로서 세례를 받았던 사람들에게 열어놓았다. 성찬에 참여함을 통해 그들이 그리스도께 올 수 있을 것이라고 희망해서이다. 하지만 스토다드가 당시에 도전하는 사람이 없었던 것은 아니다. 뉴잉글랜드의 동료 목사요 시인인 에드워즈 테일러는 상당한 정력을 기울여 스토다드의 관점을 비판했다. 테일러는 다음과 같은 시를 지었다.

> 빵과 잔이 영혼을 낳을 수는 없네.
> 그 자를 먹이기 위해서는 영적인 생명이 필요하네.
> 성찬은 중생을 위한 비용이 아니라
> 중생한 사람들을 위한 음식이라네.

그리고 스토다드의 또 다른 비판자는 그의 조력자이자 외손자인 조나단 에드워즈였다. 에드워즈는 처음부터 스토다드의 입장과는 거의 일치하지 않았다. 하지만 그는 할아버지를 도전할 만한 입장에 있지 않았다. 그리하여 성찬과 관련하여 노드햄톤에서 자신의 견해를 실천하는 데는 약간의 시간이 걸렸다. 그는 성찬을 회심시키는 성례로 보기보다는 테일러의 견해와 일치했다. 그는 보이는 성도로 성찬에 참여하는 사람을 엄격히 규제하는 것을 추구했다. 에드워즈로 하여금 최종적으로 이 견해를 촉발시킨 것은 『신앙과 정서』를 쓰는 일을 촉발시킨 현상과 같은 것이었다. 그는 대각성시에 잠시잠간의 얕은 반응을 보이는 사람들로 인해 대단히 곤혹스러워했고, 성찬에 사람들을 받아들이는 데 대한 빈약한 기준이 이런 문제에 더욱 기여하고 회심하지 않은 신자들을 양산한다고 생각했다.

에드워즈의 입장은 단순하다. 성찬에 나오기 위해서는 교회, 즉 보이는 교회의 충분한 일원이 되어야 한다. 노드햄톤의 강대상에서 이런 새로운 가르침은 그 교회의 중직들에게 잘 먹히지 않았다. 그들은 에드워즈에게 그의 입장을 대변할 수 있는 글을 써줄 것을 요청했다. 그 때문에 1749년에 긴 제목을 가진 책을 출판하게 되었다. 『보이는 기독교회에서 완전한 성찬에 참여하는데 필요한 자격과 관련한 하나님의 말씀의 법칙에 대한 겸허한 탐구』(An Humble Inquiry into the Word of God Concerning the Qualifications Requisite to a Compleat Standing and Full Communion in the Visible Christian Church)가 바로 그것이다.

이 책의 서문에 쓰기를, 에드워즈는 스토다드의 견해와 일치하지 않는 것을 발표하는 것을 상당히 마지못해 했다. 그는 한때 스토다드의 입장을 지지했다는 것을 먼저 밝힌다. "내가 보기에 상당한 난제가 있었지만, 나는 그것을 어찌할 수가 없었다." 그러면서 계속해서 자신의 견해를 밝힌다.

> 나는 이것을 이해하지 못하고 차이가 있었음에도 불구하고, 존경하는 사람에 대한 권위, 겉으로 보기에 논증의 강력함, 목회에서의 성공, 훌륭한 평판과 영향으로 인해서, 오랫동안 나의 양심을 저버려야만 했다. 하지만 내가 연구를 더욱더 행하고, 경험을 발전시켰을 때, 내 마음에 계속해서 발생되는 불편과 곤란은 나로 하여금 성경을 보다 근면하게 연구하도록 이끌었고, 할아버지와 그의 편에 서 있었던 저자들의 논증을 공평하게 살피고 심사하게 만들었다. 그것은 오랜 탐구와 사색과 검증을 했다는 것을 의미하며, 그 가운데서 나는 만족을 얻었고, 지금 공적으로 밝히고 있는 것처럼, 내가 주장하는 견해를 충분히 얻었고, 감히 실천할 수 있게 되었다.

설교단상과 책을 통해 그러한 입장에 도달하여 공개적으로 밝힐 수 있게 된 데는 상당한 시간과 연구를 필요로 했으며, 동시에 그 사실을 밝히는 일이 상당히 어려웠다. 다시금 에드워즈는 언급한다.

> 이 책을 출판하지만 기쁘지만은 않다. 존경하는 할아버지가 힘써 유지했던 것에 대항하는 일이기 때문이다… 나는 그 때문에 그리고 다른 여러 상황 때문에 내 삶의 그 어느 공적인 봉사를 할 때보다 심히 망설여지는 일에 참여하고 있음을 진심으로 고백할 수밖에 없다.

마지못해 하고 또 유쾌하지 않은 일이라 할지라도, 그는 이 책을 쓸 수밖에 없었다. 그는 명확하지 않은 말로 그 이유를 다음과 같이 설명한다.

> 내가 침묵하는 것을 선택했을 때, 사건과 환경의 우연의 일치에 의해서, 거룩한 섭리 속에서 이러한 필연성이 나에게 제기되었다. 내가 이 세상에 그것을 출판하는 것은 필요한 것도 편리한 것도 아니었을지 모른다.

"에드워즈의 미국의 친구들"이라고 확인된 보스턴의 목사 그룹들은 이 작품에 서문을 씀으로써 에드워즈에게 합세하고 있다. 하지만 그들은 그 책의 미묘한 상황을 언급하는 데 있어서 그리 신중하지는 못했다. 그들의 서문에서 다음과 같은 결론을 내린다.

> 우리는 이 책의 저자와 그의 양무리들이 오랫동안 함께 행복했으면 하기를 진심으로 기도한다. 그들의 진심 어린 서로간의 사랑과 온유가 이 특별한 일에 서로간의 차이점을 양보하고 인내하여 오래도록 계속되기를 바란다.

그들은 1749년 8월에 이 말을 썼다. 그런데 채 1년이 되지 못하여 그들이 기도했던 평화롭고 행복한 관계는 실패로 돌아가고 말았다. 에드워즈의 논증은 노드햄톤의 지도자들을 설득하지 못했고, 결국 해고되었다. 심지어 그가 해고된 뒤에도 그 논쟁은 계속되었다. 에드워즈의 사촌이자 스토다드의 추종자인 솔로몬 윌리암스는 1751년에 에드워즈의 '겸허한 탐구'(Humble Inquiry)를 반박하는 책을 출판했다.

에드워즈는 그 다음해에 동일한 보스턴의 출판사를 통해 반론하는 책을 냈다. 그는 윌리암의 책에 대한 평가임을 분명히 알 수 있는 제목을 붙였다. '잘못된 설명을 바로 잡고 진리를 옹호하다'(Misrepresentations Corrected and the Truth Vindicated). 보스턴의 출판사는 노드햄톤의

> **그림 6.1**
> **성찬논쟁에 관한 작품들**
>
> 1749년 '보이는 기독교회에서 완전한 성찬에 참여하는 데 필요한 자격과 관련한 하나님의 말씀의 법칙에 대한 겸허한 탐구'(*An Humble Inquiry into the Word of God Concerning the Qualifications Requisite to a Compleat Standing and Full Communion in the Visible Christian Church*)
>
> 1752년 "잘못된 설명을 바로 잡고 진리를 옹호하다. 솔로몬 윌리암스의 '성찬에 관한 자격과 관련한 문제의 참된 진술'에 대한 응답"(*Misrepresentations Corrected and the Truth Vindicated: A Reply to Solomon Williams' "The True State of the Question Concerning Qualifications for Communion"*)
>
> 1750년대 '성찬 논쟁에 관한 이야기'(*Narrative of the Communion Controversy*)

회중들에게 보내는 에드워즈의 편지도 함께 출판했다. 그 편지는 전반적인 논증을 거쳐 에드워즈 자신의 목적을 설명하는 긴 과정을 진행하고 있는데, 그것은 그가 더 이상 그 교회의 목사가 아닐지라도 얼마나 깊이 성도들을 사랑했는가를 보여준다. 그는 자신의 편지를 다음과 같은 요지로 시작한다.

> 제가 지금은 여러분들의 목사가 아닐지라도, 여러분들과의 관계에서 아주 오랫동안 그 직을 맡았었기 때문에 우리들 사이에 있었던 지난 모든 일에도 불구하고, 여러분들의 영적인 전쟁에 대한 특별한 관심을 유지하고 있습니다. 그리고 여러분들의 현재 상황이 어떤 위험한 일에 분명히 노출되어 있는 것으로 저에게 보입니다. 여러분들 가운데 활력 있는 신앙에 관한 관심에 크게 상처를 낼 것으로 위협하면서 말입니다.

그는 "활력 있는 종교"를 위한 윌리암스의 입장에 관한 결과를 성도들이 볼 수 있도록 돕기 위해서 솔로몬 윌리암스의 책에 관한 구체적인 반응을 보이는 편지를 시도하고 있다. 에드워즈의 반응에 관한 요약은 성찬 허입에 대한 윌리암스의 유일한 요구사항인 도덕적 신실함과 관련이 있다. 이 것은 스토다드의 입장을 훨씬 뛰어 넘는 것이었으며, 그것이 함축하고 있는 의미는 에드워즈를 놀라게 했다. 결과적으로 그는 위험에 처한 이전의 회중들을 경고함으로써 그 편지를 결론짓는다. "형제들이여, 여러분들 위에 임한 구름이 얼마나 어두운지, 앞으로의 전망(특히 뒤이어지는 세대와 관련해서)이 여러 측면에서 얼마나 우울한지를 생각해 보세요."

그러나 에드워즈는 일련의 논쟁적인 문헌의 배후에 숨어 있는 것이 아니라, 다가오는 세대로 다가가기 위해서 노드햄톤 교회를 넘어서 확장할 수 있는 긍정적인 기여를 갖는 방식으로 전반적인 논쟁에 참여하고 있다. 이 장의 다음 단락에서는 성찬 논쟁에 관한 그의 첫 작품인 '겸허한 탐구'(*An Humble Inquiry*)에 나타난 가르침을 간단하게 살펴볼 것이다.

2. 완전한 지위

에드워즈는 이 작품을 세 부분으로 나눈다. 다른 많은 그의 논문들처럼, 정밀하게 발전되는 일련의 논증으로 충만하다. 전체 논문은 완전한 지위와 교회됨의 완전한 특권을 가진 입교인만이 성찬에 참여할 수 있다는 개념을 둘러싸고 있다. 그는 그 책의 1부에서 이 논문에 관해 설명하고 자신의 용어를 분명히 한다. 그리고 2부에서는 자신이 갖고 있는 입장에 대한 이유를 제공하고, 이 과정에서 많은 부분을 스토다드의 개념과 연관짓는다. 마지막으로 3부에서는 자신의 입장에 대한 20가지 다양한 이의를 제기하고 답변하는 방식을 띤다. 이 이의제기는 성경적인 추론과 신학적인 문제들 그리고 경험으로부터 온 논증들을 포함하고 있다.

에드워즈는 주장하기를, 보이는 성도들은 구원하는 은혜를 증거한다고 한다. 그는 "성경에 따르면, 고백하는 그리스도인과 보이는 성도들이 고백을 하고 보이는 성도가 되게 만드는 '성도됨과 경건과 거룩'은 흔한 은혜 또는 (소위) 도덕적 신실성에서 오는 덕성과 종교에 있지 않고 구원하시는 은혜에 있음"을 제기한다. 결과적으로 보이는 성도됨이 성찬 허입의 유일한 요구조건임이 제기된다. 그는 이것을 사도행전의 초대교회에서 주어진 실례와 서신서에서의 가르침에 근거하여 제시하고, 성경으로부터 논증을 결론짓는다. "성경은 그리스도의 보이는 교회를 크리스천의 형제적인 사랑의 띠로 연합한 여러 회원들을 갖는 하나의 공동체로 제시하고 있다."

물론 에드워즈는 교회의 일원됨의 필요조건으로서의 성도의 개념을 성찬 허입과 연관짓는데, 다음에 그가 제시하고 있는 것이 바로 그것이다. 그는 고린도전서 11장 28절을 의존한다. 그는 다음의 내용으로 논증을 결론짓는다.

> 그러므로 사도가 성찬을 위한 준비로서 자기 점검을 할 것을 권고할 때, 그는 고백자가 믿음의 원리를 갖고 있는지를 질문하는 것으로 이해했을 것이다. 말하자면 그들이 주의 성찬을 접할 때에 실제적으로 영적으로(뿐만 아니라 개념적으로도) 주의 몸을 식별하는 마음의 성향과 능력이 있는지를 묻는 것을 의미할 것이다. 그것은 의롭다하시고 구원하시는 일에 못 미치는 믿음을 가진 사람들은 그 일을 행할 수 없다는 것이다. 성례에서 주의 몸을 영적인 광분이나 격발과 구분시켜 줄 수 있는 것은 살아 있는 믿음뿐이다. 그것이 성례의 본질과 의도에 적합하며, 사도가 실제로 의도했던 것이다.

다시 말해서 성찬의 실제는 그리스도의 실제와 구원하시는 믿음을 아는 사람들에게만 알려져 있다. 그리고 그러한 믿음을 가진 사람들만이 주의 성찬에 참여할 수 있다. 하지만 이런 입장에 대한 반대가 있었고, 에드워즈는 그것을 비켜가지 않았다. 위에서 언급한 것처럼, 그는 그 책의 3부에서 자신의 견해에 대한 문제제기들을 다룬다. 어떤 문제제기들은 자기 자신이 보이는 성도라는 것을 알 수 있는 능력과 관련되어 있다. 다시 말해서, 이런 문제제기들은 확신의 교리와 관계가 있다. 열 번째 문제제기는 이것을 직접적으로 다룬다. 에드워즈는 그 문제제기를 이런 식으로 언급한다.

> 주장하고 있는 그 교리의 자연적인 결과는 온유한 양심과 참된 경건을 가진 많은 사람들을 혼란스럽게 하고, 영혼의 상태를 잃게 하여, 그들의 의무를 연기하게 만듭니다.

에드워즈는 "스토다드 목사님이 자주 사람들에게 가르쳤듯이 확신은 획득될 수 있는 것이고, 참된 성도가 된 사람들은 그들이 알려고만 하면 그 사실을 알 수 있습니다. 즉 그것을 알기 위해서 적절한 노력을 한다면 말입니다"라고 했던 말을 주목하면서 반응한다. 사실상 에드워즈는 주의 성찬을 이 적절한 수단 중의 하나로 간주했다.

참된 성도라도 영적인 사실에 대한 의심과 혼돈을 갖는 시기가 있다. 에드워즈가 주목하고 있는 것처럼, 보통 이것은 자신의 죄 때문이며, 하나님의 말씀과 성찬에 참석하는 일을 게을리 한 것 때문이다. 하나님의 사람들은 "주의 성찬에 관한 응답으로" 영혼의 상태를 엄격히 시험하고 검증하며 고린도전서 11장 28절에 나오는 사도의 법칙에 순응해야 한다는 것을 그는 가르친다. 그 다음에 그는 "자주 철저한 자기검증을 해야 할 커다란 의무를 소홀히 함이 성도에게 임하는 어둠과 혼란의 주된 원인 중 하나가 될 것이다. 또한 그것이 성례와 일반적인 것들에서 위로가 없는 이유이기도하다"라고 말한다.

크리스천들은 사실상 그들이 그리스도 안에 있음을 확신을 가지고 알 수 있다. 그 확신은 성령으로부터 온다. 그러나 확신은, 웨스트민스터 고백이 진술하는 것처럼, 강해지기도 하고 약해지기도 한다. 성찬에 참여하고 자기점검에 대한 바울의 명령을 따르는 것이 확신을 감소시키거나 위태롭게 하지 않는 것임을 에드워즈는 알게 만든다. 오히려 그것은 하나님이 확신을 주시고 더불어 위로를 주시기 위해서 의도한 수단 중 하나이다.

또 다른 문제제기는 역시 실제적인 문제를 제기한다. 이 문제제기는 "모든 것을 말하고 행할 때, 위선을 막을 수는 없다"라고 진술한다. 에드워즈는 그러한 사실에 동의를 한다. 하지만 그의 입장이 잘못되었거나 비성경적이라는 것을 이것으로 결론짓지 않는다. 그 작품을 통해 그는 교회에서의 위선의 실제에 관심을 기울이면서 이 문제를 언급한다. 유감스럽지만, 보이는 교회는 참된 성도 그리고 성도라고 고백은 하나 참된 성도가 아닌 사람들로 구성되어 있다. 초대교회조차도 이런 문제가 없었던 것은 아니다. 결과적으로 에드워즈는 이 문제제기는 "내가 변호하고 있는 교리에 대한 이의제기라기보다는 성경이 제시하고 있는 법칙과 관련하여, 마치 그들이 거의 봉사가 없거나 없는 것처럼, 사람들이 그들 자신의 상태를 심판하고, 다른 사람들이 자비로운 심판을 형성하도록 하는 성경 그 자체에 대한 묵상"이라고 언급한다.

다른 한 가지 문제제기는 성경의 이슈들에 대한 것들을 보여주고 있는데, 특별히 유다와 관련한 것이다. 그 문제제기는 다음과 같다.

> 그리스도는 유다가 은혜가 없는 사람임을 아셨지만 유다에게 성만찬을 베푸셨다. 이는 은혜가 성찬에 참여하기 위한 필수적인 자격이 되지 못함을 충분히 증거해 준다. 그렇다면 은혜의 고백도 필수적이지 못하다.

에드워즈는 그것에 관해 상세한 대답을 준다. 먼저 유다가 실제로 성찬에 참여했는가에 대한 문제제기를 한다. 그는, 본문을 토대로, 유다가 유월절 만찬자리에 있기는 했지만, 그 어느 구절도 그가 잔을 들고 떡을 떼었다는 것을 언급하지 않는다고 결론짓는다. 게다가 설사 유다가 성찬에 참여했을지라도 그의 자세와 관련하여 어느 것도 변하지 않는다고 부언한다. 그는 이렇게 반응한다.

> 유다는 다른 제자들처럼 자신의 주인과 관련하여 동일한 고백을 하고 모든 것을 버렸다. 그러므로 주님께서는, 유다가 자기 자신의 고백 그리고 보이는 성도됨을 파기하여 공적인 끔직한 배교를 하기 전까지는, 공개적으로 그를 나무라지 않으신다. 설사 유다가 성만찬에 참여했다고 가정했을 때조차도 그것은 내가 반대하는 것을 선호하게 만드는 그 어떤 결과도 제공하지 못한다.

에드워즈는 "(하나님의 축복하에) 독자들의 솔직한 묵상과 공평한 판단에 이 전반적인 설명"을 맡김으로써 자신의 논문을 끝맺는다.

> 이 문제에 있어서 성경의 법칙과 관련해서 조심스럽고 고통스러운 오랜 탐구를 한 후에 마음에 확신을 얻은 나는 하나님의 섭리에 복종하고 그 사건을 그의 손에 맡기면서, 나에게서 매우 중요하고 아주 분명하게 하나님의 마음과 뜻으로 보이는 것을 신실하게 매진할 것이다.

우리가 아는 것처럼, 그 사건은 노드햄톤에 대한 에드워즈의 입장과 관련해서 그에게 좋은 결과를 가져오지 못했다. 그의 사임이 뒤이어지는 여러 날 동안에 있었던 사건의 폭풍우들을 예기해준다. 이미 이전 장에서 에드워즈의 전기와 관련하여 언급했듯이 에드워즈는 자신의 사역 전체에 걸쳐서 갈등만을 일으키는 이방인은 아니다. 전반적인 성찬 논쟁과 관련한 몇 마디 말들을 통해서도 알 수 있듯이 그는 교회의 갈등을 다룸에 있어서 건전한 원리들을 모델로 제시한다.

3. 거룩케 하는 은혜

논쟁적인 이슈인 성찬은 우리들에게 십자가 위에서 완성된 그리스도의 사역과 종국에 완성될 하나님 나라의 사역을 상기시킨다. 그것은 우리의 구원시에 부여되는 은혜, 곧 어둠의 자녀에서 빛의 자녀로 바꾸시는 은혜를 상기시킨다. 또한 하나님의 은혜를 항상 붙잡는 절대적인 의존을 강력히 불러일으킨다. 에드워즈는 이 모든 주제를 성찬에 관한 논문에서 다룬다. 그는 논쟁적이고 곤란한 상황들을 이용하여 '겸허한 탐구'를 통해 폭넓은 청중들에게 건강하고 건전한 가르침을 제공해준다. 이전에 인용한 테일러의 시로 다시 돌아가 보면, 우리는 성찬의 진정한 의미를 발견하게 될 것이다. 사실상 테일러와 에드워즈는 성찬이 형식적인 의식이 아니라 보이는 성도들에게 거룩케 하시는 은혜를 공급해준다는 것을 상기시켜준다.

거룩케 하시는 은혜를 매일 주옵소서
영적인 사람들로 하여금 영적인 태만을 미워하게 하소서
거룩한 성장을 풍성히 이루게 하소서

주님, 그대의 성찬의 떡으로 먹여주소서
그대의 성찬의 거룩한 음료로 마시게 하옵소서
나로 하여금 은혜로 촉진케 하시고 그대의 거룩한 피로 씻겨 주소서
그대의 영광으로 빛나는 은혜 속에서 거하게 하소서
그리하여 내 삶이 은혜로운 이야기가 되게 하소서

4. 자료에 관한 노트

*An Humble Inquiry Concerning Qualification for Communion*은 *The Works of Jonathan Edwards*(1834/1974), 1:431-84의 Hickman 판에 실려 있다. '겸허한 탐구'(*An Humble Inquiry*)는 David D. Hall's *Ecclesiastical Writings*(1994), 예일판 *The Works of Jonathan Edwards*, pp. 165-348 제1권에도 역시 실려 있다. *Misrepresentations Corrected*를 포함한 성찬논쟁에 관한 그의 또 다른 문서들은 이 책들 속에 있다. 홀(Hall)의 서론(pp. 1-90)은 성찬논쟁의 역사를 상세하게 다루고 있다. 에드워즈 테일러의 시를 접할 수 있는 책은 찰스 햄브릭 스토우(Charles Hambrick-Stowe)에 의해 편집된 *Early New England Meditative Poetry: Anne Bradstreet and Edward Taylor*(New York: Paulist, 1988)이다.

제3부
신학과 철학에 관한 문서

에드워즈는 일생을 통해서 수많은 주제들을 다루었고, 이러한 그의 노력은 미국의 최고의 신학자-철학자로서의 평판을 형성시킨 논문들과 다양한 노트 형태로 쓰여진 수많은 짧은 문서들을 출간하는 데 기여했다. 제3부에서 우리는 『구속의 역사』(History of the Work of Redemption)에 관한 기념비적인 30개의 설교 시리즈물로 시작함으로써 에드워즈의 논문과 짧은 글들을 살펴볼 것이다. 그가 이 글의 출판을 위해 상당한 시간을 들여 준비했지만, 그것은 그가 죽은 뒤에 출판되었다. 끝으로 하나님의 주권에 관한 칼빈주의적인 이해와 인간의 책임에 관한 변증을 담고 있는 『의지의 자유』(Freedom of Will, 인디언 선교를 하던 당시인 스톡브리지에 있을 동안에 쓰여짐)를 다룰 것이다.

그 과정에서 우리는 자연 속에 나타난 하나님의 계시와 관련한 짧은 문서들 속에서 에드워즈의 과학적인 탐구를 어느 정도 살펴볼 것이다. 이런 문서들은 하나님과 만물 가운데서 하나님의 방식, 심지어 거미에 대해서조차 연구했던 에드워즈의 능력과 더불어 그의 사상의 넓이를 알게 해준다.

제7장 하나님의 장엄한 계획: 『구속의 역사』

나의 의는 영원히 있겠고 나의 구원은 세세에 미치리라
−사 51:8

알미니안주의의 여러 갈래들에 대한 에드워즈 목사의 논박을 알기 원하지만,
인간의 구속의 역사에 관한 하나님의 역사를 더욱더 알기를 원한다.
그러한 주제에 관한 글들로부터 우리는
대단히 가치 있는 것들을 기대할 수 있을 것이다.
−1755년 3월 24일, 조셉 벨라미(Joseph Bellamy)에게 존 에르스킨(John Erskine)

프린스턴대학의 이사들이 에드워즈에게 총장으로 와달라고 청원했을 때, 그는 주저했다. 자신의 행정이 서툴고, 품성이 대학의 관리자가 되기에 부적합하다고 생각했기 때문이다. 또한 매사추세츠에서 뉴저지까지 이동하는 것이 너무 먼 거리라고 여겼고, 다소간의 문제들이 해결되어야 한다고 생각하였던 것 같다. 하지만 이사들의 청원에 대한 응답에서 그가 즉각 허락을 주지 못한 이유 가운데 가장 중요한 것은 "일생의 주된 기쁨"으로 일컬었던 연구를 하는 일에 방해를 받을 것이기 때문이었다.

학창시절을 시작하기 전부터, 연구하는 삶이 그의 자유시간을 점했고, 많은 다른 추구들을 열외로 놓게 하였다. 따라서 프린스턴의 이사들의 편지가 에드워즈에게 도달했을 때, 그는 이런 자신의 사상들이 문서로 출판되기를 바라고 있었다. 사실상 염두에 두고 있던 많은 출판 기획을 그는 언

급한다. 특별히 한 프로젝트가 한동안 그의 마음을 사로잡았는데, 그는 그 작품을 『구속의 역사』라 불렀다.

에드워즈는 이 작품을 "역사의 형태로 쓰여진, 전적으로 새로운 방식"으로의 신학이라고 묘사하고 있으며, 그는 "전반적으로 기독교 신학의 역사는 예수 그리스도의 구속의 위대한 역사에 관한 언급 속에 서 있다"고 생각한다. 그는 구속에 관한 이 작품을 "하나님의 계획에 관한 장엄한 디자인이며, 하나님의 모든 섭리와 선포의 극치다"라고 생각하며, 특히 역사적 순서 속에서 이 장엄한 계획의 모든 부분들을 살펴본다. 하지만 이 작품을 출판하는 꿈을 자신이 살아 있는 동안에 이루지는 못했다.

에드워즈는 이 프로젝트에 상당한 에너지와 사상을 쏟아 부었다. 그는 먼저 1739년 3월과 8월 사이에 구속의 위대한 주제에 관한 설교를 시리즈로 했다. 이 설교들은 『잡록』에서 많은 공책 형태로 들어 있었던 내용들이었다. 그는 스톡브리지에 있는 동안에 이 공책(노트북)과 설교들로 돌아간 것이다. 그리고 상당한 노력이 들어감에도 불구하고 그는 이 자료를 출판을 위해 개정하는 일을 택했다. 물론 앞에서 언급한 것처럼, 그는 자신의 생애에 이 자료들을 출판하지는 못했다.

거의 20년 뒤에 아들 조나단 에드워즈 2세와 그의 오랜 펜팔 친구인 스코틀랜드의 사역자 존 에르스킨(John Erskine)의 노력으로 말미암아, 『구속의 역사』(History of the Work of Redemption)라는 책이 에딘버르그에서 1774년에 발행되었다. 이 에딘버르그판은 수많은 개정판으로 이어졌고, 1790년대에 처음으로 에드워즈의 뉴잉글랜드에서 출판을 하게 되었다. 아라비아어로 번역된 것을 포함하여 수많은 판들이 19세기에 쏟아졌다. 결과적으로 이 작품은 에드워즈의 문서 가운데 가장 영향력 있고 인정받는 책으로 우뚝 서게 되었다.

1. 중심을 찾는 것

우리는 성경을 탐구할 때에 쉽게 길을 잃을 수 있다. 모든 다양한 66권의 책은 도전을 주며, 특히 새로운 크리스천들에게 더욱더 그렇다. 하나님이 이 세상에서 하고 계신 일에 관한 다소 웅장한 질문을 생각해 보자. 또한 이런 식으로 그 문제를 제기할 수 있다. 하나님은 역사를 통해서 무엇을 이루고 계신가? 성경의 전반적인 이해와 역사철학이라는 이 두 이슈는 실제로 함께 다가온다. 그것들은 세상에 대한 하나님이 목적의 "중심"이며 인생의 의미에 관한 난해한 질문의 중심이다. 이 질문들에 대한 해답을 찾는 것이 삶과 우리 주변의 세상의 의미를 찾는 것에 상응한다.

『구속의 역사』에서 에드워즈는 이 문제들을 다루며, 그리스도 안에서 성경과 역사의 중심을 찾는다. 이 원리가 에드워즈의 사상을 이해하는 장도(a long way)를 제공해준다. 우리는 그것을 그리스도중심주의(Christocentrism)라 일컬을 수 있는데, 그리스도가 모든 것의 중심임을 의미하는 다소 임의적인 단어이다. 에드워즈는 성경을 이 원리에 근거해서 해석하고, 자신의 신학체계를 조직한다. 그리고 그것에 비추어 역사를 해석하고 이해한다.

에드워즈는 성경 자체에서 그리스도중심주의 원리를 터득했다. 바울은 그리스도를 통한 구속에 있어서 하나님의 풍부하고 다양한 목적과 계획을 탐구할 때, 이 개념을 에베소서의 서언에서 전면에 내세운다. 바울은 3-10절의 장문을 끝맺으면서 하나님이 이렇게 말씀하시는 것을 주목한다.

> 그 뜻의 비밀을 우리에게 알리셨으니 곧 그 기쁘심을 따라 그리스도 안에서 때가 찬 경륜을 위하여 예정하신 것이니 하늘에 있는 것이나 땅에 있는 것이 다 그리스도 안에서 통일되게 하려 하심이라(엡 1:9-10).

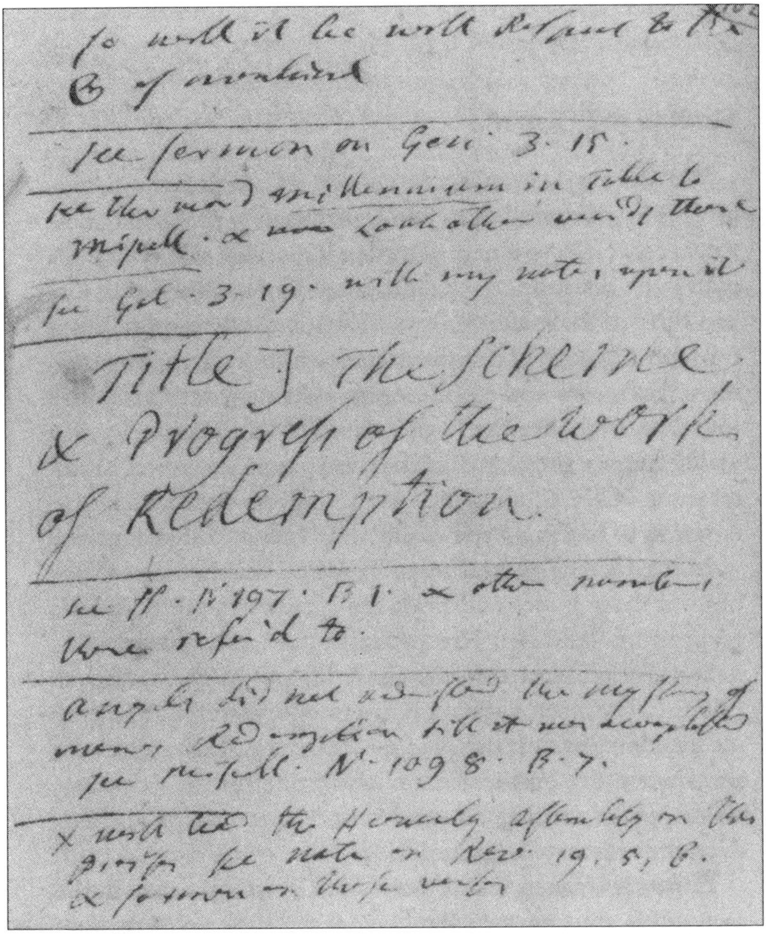

See Sermon on Gen. 3. 15.

See Gal. 3. 19. with my note upon it

Title] The Scheme & Progress of the Work of Redemption.

See pp. B 197. B. 1. & other numbers there refer'd to.

See Miscell. No 1098. B. 7.

See note on Rev. 19. 5, 6.

그림 7.1 『구속의 역사』의 초고

에드워즈는 1739년에 처음으로 구속의 역사에 관하여 시리즈로 설교했다. 그는, 직접 손으로 쓴 타이틀 페이지에서 보여지는 것처럼, 1750년대에 출판을 위해 그 시리즈물을 개정하는 일에 착수했다. 하지만 그 작품을 완성하지는 못했다(예일대학의 베인에크 희귀본소장 도서관의 허락에 의한 것임).

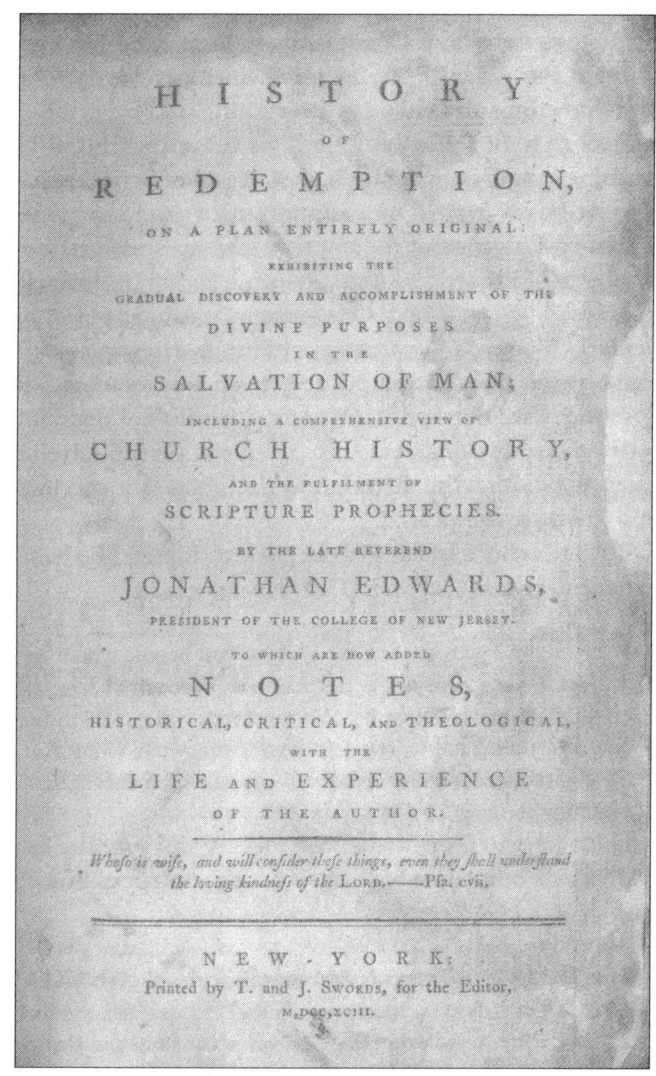

그림 7.2 『구속의 역사』의 타이틀 페이지(1793)

구속의 역사에 관한 에드워즈의 설교 시리즈는 먼저 1739년에 설교되었고, 그가 죽은 다음에 출간되었다. 그의 아들인 조나단 에드워즈 2세에 의해 편집된 그 시리즈물은 1744년에 에딘버르그에서 처음으로 출간되었다. 지금 이 표지는 1793년에 출간된 첫 번째 미국판의 타이틀 페이지이다.

그때에 바울은 그리스도께서 모든 방식으로 모든 것을 채우시는 충만이시다라는 것을 주목한다(엡 2:22-23). 다시 말해서 그리스도는 모든 것에 의미와 형태를 주시고, 모든 것이 그에게 복종한다. 모든 것이 그리스도 안에서 그 중심을 찾는다. 이 가르침은 바울에게만 제한된 것이 아니다. 성경 전체를 망라한다. 웅장한 구조물에 지주가 되는 커다란 대들보처럼 그리스도와 그의 구속의 계획이 전 구조물을 받쳐주고 지탱해준다. 에드워즈는 이 원리를 본문을 계속 읽어감으로써 발견한다. 그러나 이사야의 한 구절은 특별히 그의 관심을 붙잡기에 충분했다. 그는 이 한 본문에 사로잡혀 그것에 관하여 30가지 정도의 시리즈물을 발전시켰다. 물론 그는 이 한 구절에 자신의 설교를 제한하지는 않는다. 그는 그 본문을 마치 성경의 다양하고 풍부한 주제에 대한 방향을 가리키는 통로로 사용한다.

에드워즈는 본문으로 이사야 51장 8절을 선택했다. 7절도 역시 고려하는 것이 도움이 된다. 그 구절은 다음과 같다.

> 의를 아는 자들아, 마음에 내 율법이 있는 백성들아, 너희는 나를 듣고 사람의 훼방을 두려워 말라 사람의 비방에 놀라지 말라 그들은 옷같이 좀에게 먹힐 것이며 그들은 양털같이 벌레에게 먹힐 것이로되 나의 의는 영원히 있겠고 나의 구원은 세세에 미치리라.

에드워즈는 즉시 이 본문의 배경을 지적한다.

이 장의 기획은 고통과 대적의 박해 아래 있는 교회를 위로하는 것이고, 그 위로는 교회에 대한 하나님의 자비의 영원성과 일관성과 신실성을 논증해준다. 그것은 그 모든 대적자들의 공격에도 보호해주며, 이 세상의 모든 변화에도 안전하게 이끄시며, 종국에 승리와 구원으로 관을 씌우시며, 교회에 항상 구원으로 역사하시는 것을 나타내는 것이다.

에드워즈가 이사야로부터 본문을 사용한 것은 적절하다. 이스라엘의 유배 직전에 쓰고 있는 선지자는 다가올 심판과 구원을 예기한다. 그러나 그 유배 동안에 구원의 약속은 꽤 멀어 보인다. 이스라엘, 거룩한 도성 그리고 성전의 파괴는 그 유배가 하나님과 그 백성에 관한 하나님의 계획에 관해 의문하고 질문할 만한 이유를 제공해준다. 나타난 모습은 다소 황량하고 위로가 없는 듯 보여진다.

에드워즈는 이 역동성을 온 시대에 걸친 교회와 회중에 적용시킨다. 그것을 우리 시대까지 확대 적용시켜도 무방하다. 우리는 하나님이 통치하시고 그의 목적을 이루시기 위해 역사하고 계신다는 것을 안다. 물론 그 모습이 정반대로 보일 때도 있다. 그러나 하나님의 구원과 구속에 관한 장엄한 기획은 실제이다. 그리고 에드워즈는 지적하는 것처럼, 이것이 "교회를 위로한다."

이 위로는 하나님의 구원과 변치 않는 구속의 영원한 계획에 중심을 두고 있다. 그리고 이 구원은 하나님의 의로부터 발원한다. 에드워즈는 이 관계를 다음과 같은 방식으로 설명하며, 은혜의 언약을 논증에 도입시킨다.

> 하나님의 의 또는 언약의 자비는 그 뿌리에 해당하며 그의 구원은 열매에 해당한다. 그 둘은 은혜의 언약과 관련이 있다. 전자는 하나님의 언약의 자비 또는 신실성이며, 후자는 하나님의 역사를 의도하며, 그것에 의해서 언약적 자비가 열매로서 실현된다. 왜냐하면 구원은 하나님의 모든 역사의 핵심이며, 하나님의 언약에 의한 은총이 이 구원으로 수여되고 부여된다.

에드워즈는 은혜의 언약, 또는 성경 전체를 지배하고, 창세기 3장 15절에서 구속의 약속으로 표현된 신학적 구조에 관해 언급한다. "여자의 씨"에 관한 약속은 그리스도 안에서 충만을 발견한다. 다시 한번 바울은 "때가 차매 하나님이 그 아들을 보내사 여자에게서 나게 하시고 율법 아래 나게 하신 것은 율법 아래 있는 자들을 속량하시고 우리로 아들의 명분을 얻게 하려 하심이라"(갈 4:4-5)고 가르친다. 은혜의 언약은 성경을 통합하도록 돕는다. 에드워즈는 이렇게 지적한다.

> 이 우주에서 사는 동안에 하나님의 다양한 섭리는 동일한 역사와 동일한 기획에 속하며, 한 가지 이슈를 갖는다. 그러므로 그것은 한 가지 위대한 사건에 결론으로 귀결되는 기계의 여러 연속적인 동작으로 추론할 수 있다.

에드워즈는 은혜언약의 교리를 설교시리즈 전체를 통해 사용한다. 그는 그것의 보다 분명한 요약을 그 설교를 위한 교리에서 제공해준다. "구속의 역사는 하나님이 인간의 타락에서부터 세상의 종말에 이르기까지 수행하시는 역사이다."

2. 설교 시리즈

그것이 아주 긴 설교시리즈일지라도, 에드워즈는 여전히 전형적인 청교도 설교 형태를 따르고 있는데, 즉 본문, 교리 그리고 적용 또는 "발전"의 형태를 띠고 있다. 그러나 각각의 설교에 이런 구조를 적용하는 대신에 그는 그 구조를 전체 시리즈에 적용시키고 있다. 결과적으로 첫 번째 설교는 '구속'이라는 용어를 정의하고 그 다음에 "기획" 또는 구속의 목적을 발전시킨다. 그리고 그 다음 설교를 선택해서, 에드워즈는 하나님의 장엄한 구속의 계획이 세 가지 주요 기간을 가졌다는 개념을 서술한다. (1) 타락으로부터 성육신까지 (2) 성육신부터 부활까지 (3) 부활부터 세상의 종말까지.

그림 7.3
구속의 역사: 모든 하나님의 사역의 핵심

기간 1	기간 2	기간 3
인간의 타락으로 시작한다.	그리스도의 성육신으로 시작한다.	그리스도의 부활로 시작한다.
그리스도의 성육신으로 끝난다.	그리스도의 부활로 끝난다.	세상의 종말로 끝난다.

　에드워즈의 그리스도중심주의는 세 가지 기간의 구속적 역사를 구분하는 데서 아주 분명해진다. 첫 번째 기간은 그리스도를 고대하면서 그리스도의 첫 번째 오심으로 인도하는 사건과 관련이 있다. 두 번째 기간은 오직 30여 년간의 기간을 담고 있으므로 언뜻 보아 이전의 다른 두 기간이 망라하고 있는 수세기와 수천 년과는 균형이 맞지 않아 보인다. 하지만 그리스도의 생애와 구속의 성취는 구별된 조치를 취할 만큼 하나님의 계획의 전개에 있어서 의미심장한 기간이다. 마지막 기간은 그리스도의 첫 번째 오심과 그가 이루신 성취로 되돌아간다. 그것은 이미 구속을 가져온 그리스도의 사역에 관한 현재의 적용을 역시 살핀다. 마지막으로 그리스도의 두 번째 오심과 그의 나라의 완성을 고대한다. 다시 말해서 에드워즈의 역사 철학은 성경과 신학의 이해에서와 마찬가지로, 근본적으로 그리스도 중심적이다.
　또한 이 세 가지 기간 또는 교리의 "명제"가 설교의 중심을 형성한다. 두 번째 설교부터 스물네 번째 설교를 통해 에드워즈는 세상에 대한 하나님의 계획이 전개될 때에 하나님의 백성과 대적자들에 대한 하나님의 다루심을 설명한다. 에드워즈는 하나님께서 자신의 계획에 열매를 맺으시는 방법에 관심을 기울이면서, 성경의 역사로부터 지난 2천년의 이야기로 옮

직일 때 온갖 노력을 다한다.

그는 이 모든 자료의 수많은 적용을 만들기 위해서 지난 다섯 가지 설교를 사용한다. 그는 구속에 관한 하나님의 계획은 "기독교 진리의 위대한 증거"를 제공해주며 또한 하나님의 계획은 고난과 역경에도 교회가 인내할 것과 하나님이 약속을 지키심을 가르쳐준다는 것에 주목한다. 마침내 마지막 설교에 도달했을 때, 그는 세상에 대한 하나님의 계획에 비추어 하나님의 특징을 주로 묵상하게 하는 일련의 상세한 적용을 제공해준다.

첫 번째와 마지막 설교를 좀더 자세히 살펴보자. 첫 번째 설교에서 우리들은 에드워즈가 '구속' 이라는 용어를 정의하고 하나님이 구속에 대한 자신의 계획을 이루어 가시는 주요 사건들을 살펴보게 된다. 마지막 설교에서 에드워즈는 관점의 문제로서 언급되는 것을 다룬다. 즉 그는 만사의 결과를 보지 못하는 것에서 오는 두려움과 근심을 대면한다. 그는 이것을 섭리의 놀라운 교리에 관한 논증을 통해 다룬다. 우리는 시리즈의 중간 또는 두 번째 설교서부터 스물아홉 번째 설교까지는 살피지 못할 것이다. 그러나 이 설교들에서 에드워즈는 다른 위대한 기독교 사상가들과 작품들을 다루는데, 그 가운데 역사철학을 언급함에 있어서 어거스틴의 기념비적인 작품인 『하나님의 도성』(*City of God*)도 들어 있다. 그는 성경적이든 성경 외적이든지 간에 모든 조각들을 퍼즐에서 어떻게 맞추어나갈 것인지를 보게 만든다.

3. 큰 그림

에드워즈가 청중들과 독자들에게 구속에 관한 하나님의 계획의 역사를 통한 여행을 시작하기 전에 그는 자신의 용어를 설명하고, 하나님이 이루시고자 하는 위대한 역사를 기획하셨다는 것을 보여주기를 원한다. 그는 우리로 하여금 자신이 무엇을 말하고 있는지를 알고, 상세한 검토를 할 때 큰 그림을 놓치지 않을 것을 확실히 하기를 원했다.

에드워즈는 특히 '구속'이라는 용어를 정의하는 데에 관심이 있다. 그는 그 용어가 제한된 의미로 사용되어짐을 주목한다. 즉 죄와 사망으로부터 우리의 구원을 샀던 그리스도의 십자가의 치욕을 언급하는 것으로 사용되었음을 주목한다. "하지만", 그는 "때로 구속이라는 용어는 더 포괄적으로 취할 수 있는데, 즉 하나님이 이 목적을 이루시기 위해 의도하신 모든 것을 포함하는 것이다"라고 언급한다. 이는 구속을 준비하시는 하나님의 역사와 그 구속의 성취 그리고 그 구속의 적용을 포함한다. 그리고 에드워즈는 "그것은 중보자 그리스도가 이루신 것을 포함할 뿐만 아니라, 죄인된 인간들을 구속하시는 기획에 연합하고 부합하는 것으로서의 성부와 성령이 이루신 것도 포함된다"고 부연한다. 에드워즈는 이런 논지 속에서 보다 큰 의미를 의도하며, 이런 모든 요소들을 영원을 연결하는 한 위대한 사역을 형성하는 데 기여하는 것으로 본다.

'구속'이라는 용어를 이해하기 위해서 에드워즈는 우리로 하여금 하나님께서 이루시기를 원하시고 계신 큰 그림을 생각할 것을 원한다. 에드워즈는 커다란 궁정을 짓는 비유를 사용함으로써 그러한 큰 그림의 필요를 서술한다.

많은 손을 가진 건축가가 커다란 궁전을 짓는 것을 생각해보라. 그러한 일에 문외한이 옆에 서서 어떤 사람이 땅을 파며, 또 다른 어떤 사람은 목재를 가져오고 또 다른 사람은 돌을 다듬는 등의 일들을 지켜보고 있다고 가정해보자. 이 문외한은 분명히 어떤 큰 역사가 진행되고 있다는 것을 알 것이다. 하지만 만약 그가 그 기획을 알고 있지 않다면, 그 모든 것은 그에게 혼돈으로 보일 것이다. 그러므로 당신 앞에 성취를 이루도록 기획되어진 '주된 일들'을 간단하게나마 이해할 수 있다면, 구속의 위대한 일에 속하는 하나님의 위대한 역사와 배분이 당신에게 혼돈처럼 보이지 않을 것이다.

에드워즈는 다섯 가지 주된 일들을 목록에 담는다. 첫 번째 기획은 하나님의 대적자들과 그의 목적을 반대하여 서 있는 사람들과 관련되어 있다. 창세기 3장 15절의 그리스도와 그리스도의 구속의 첫 번째 약속으로 돌아가서 볼 때, 우리들은 하나님과 그의 대적자들 사이의 갈등을 보게 된다. 여자의 씨와 뱀의 씨 사이에 반목과 분쟁이 있을 것이고, 그리스도는 "뱀의 머리를 부술" 것이지만, 뱀은 "여자의 씨의 발꿈치를 물을 것이다." 결과적으로 에드워즈는 구속의 첫 번째 기획은 "모든 하나님의 대적자들을 그의 발아래 두게 할 것이고, 그의 선하심은 종국에 모든 악의 승리로 나타날" 것임을 논증한다. 은혜는 죄책에 대한 승리로 나타나고, 그리스도의 의는 인간의 죄에 대한 승리로 나타날 것을 하나님은 기획하셨다.

하나님은 대적자들을 눌러 이기는 것만이 아니라, "타락으로 인한 모든 파괴들을 회복시키신다." 여기서 우리는 죄에 관해서 그리고 구속에서의 그것의 영향력과 성취를 포괄적으로 생각할 필요가 있다. 우리들은 새로운 피조물이 되었을 뿐만 아니라, 베드로후서 3장 13절에 따르면 새 하늘과 새 땅을 바라보게 된다. 에드워즈는 이 역사는 타락 후에 즉시 시작되었으며, 그 어느 날 미래에 완성될 것임을 제기한다.

에드워즈는 하나님께서 역시 "그리스도 안에서 만물을 하나로 모으실 것"을 의도하신다고 지적한다. 하나님은 "하늘과 땅의 모든 선택된 피조물들을 한 머리 아래 있는 한 몸으로 불러 모으시고 하나님 아버지의 한 지체로 연합하게 하신다." 이 주제는 다른 설교에서도 에드워즈에게서 매우 중요한데, 고린도전서 13장은 사랑의 윤리 또는 그리스도인의 정결과 관련하여 다룬다. 제12장에서 우리는 이 주제가 에드워즈의 하늘에 관한 주제에 어떻게 주입되었고, 그가 어떻게 우리의 미래를 이생에서 우리의 윤리에 대한 동기부여로 사용하고 있는가를 알게 될 것이다.

구속에 관한 하나님의 계획에 대한 네 번째 기획은 성도의 성숙과 완전성과 관련이 있다. 하나님은 "선택된 자들을 하나님의 거룩한 형상 속에서 완전함과 아름다움으로 부르시기를 의도하셨고, 그것이 영적인 존재의 적합한 미(美)이다. 그리고 하나님은 성도들이 영광스러운 존귀를 발전시키고, 기쁨과 감사의 형언할 수 있는 극치로 올라서기를 의도하셨다"고 에드워즈는 주목한다. 말하자면 하나님은 우리를 천국에 적합하게 하신다. 에드워즈는 이 주제를 전체 강론을 활용하여 고통과 분명한 실패에 관한 적절한 관점을 가질 것을 상기시킨다. 그러한 사건들은 하나님의 계획에 방해가 되기는커녕 하나님의 목적을 이루는 일에 사용된다.

마지막으로 에드워즈는 구속에 관한 "하나님의 목적이 매우 탁월하게 삼위일체 하나님을 영화롭게 하는 것으로" 논증한다. 에드워즈는 구속을 하나님 자신을 영화롭게 하는 목적을 이루기 위한 선택된 수단으로 본다.

> 하나님은 영원부터 자기 자신을 영화롭게 하기 위한 기획을 가지셨다. 신성의 각 위격을 영화롭게 하기 위해서 말이다. 그 '목적'은 본성의 순서상 먼저 고려되어야 하고, 그 다음에 수단이다. 그리고 자신의 목적을 말씀하신 하나님이 선택하신 주된 수단은 구속의 위대한 역사였다는 것을 인식해야 한다.

에드워즈는 요한복음 13장에 기록된 그리스도의 말씀을 이에 대한 증거로 발견한다. "예수께서 가라사대 지금 인자가 영광을 얻었고 하나님도 인자를 인하여 영광을 얻으셨도다 만일 하나님이 저로 인하여 영광을 얻으셨으면 하나님도 자기로 인하여 저에게 영광을 주시리니 곧 주시리라"(요 13:31-32).

에드워즈는 구속의 역사가 위에서 언급한 대로 세 가지 기간으로 나뉜다는 것을 첫 번째 설교에 대한 결론으로 주목한다. 시리즈 전반을 통해 에드워즈는 청중들에게 전개하고 있는 교리를 적용하는 일을 멈춘다. 그러나 그는 그 시리즈의 마지막 몇 편의 설교에서 대부분의 적용을 발전시킨다. 특히 마지막 설교는 이 자료의 적용으로 충만한데, 이제 그 설교로 나아가 보자.

4. 크고 긴 강

에드워즈는 이 마지막 설교에서 구체적인 적용의 장을 만든다. 그들 중에 대다수는 하나님의 특징과 관련되어 있다. 그는 구속에 관한 하나님의 계획이 그의 선하심과 자비와 신실함과 지혜 그리고 무엇보다도 그의 영광을 드러낸다는 것을 주목한다. 그는 하나님의 특징이 크리스천의 삶을 하나님에 대한 순종과 의존으로 살아가게 한다는 심오한 의미를 보여준다. 그는 역시 만물에 대한 그리스도의 탁월함에 관한 의미를 논증한다. 그리스도는 "무한하신 능력과 장엄한 영광으로 통치하시고", 모든 것이 그 발 아래 엎드린다. 바로 이 목적을 아는 것이 큰 도움이 된다. 이것이 아마도 에드워즈가 시도하는 적용의 주제일 것이다. 이것이 특히 섭리의 교리와 관련한 적용의 요지이다.

에드워즈는 "섭리에 관한 하나님의 역사의 아름다움과 일관성과 질서를 보여주기 위해서" 하나님이 구속에 관한 계획을 의도하셨다는 것을 지적함으로써 이 요지를 시작한다. 그는 "만약 우리가 이와는 다른 관점에서 사건을 바라본다면, 모든 것이 혼돈처럼 보일 것이고, 혼란스러운 변혁이 계속되는 것으로 보일 것이며, 어떤 규칙이나 확실한 목적이 없이 맹목적으로 움직이는 것처럼 보일 것이다"라고 언급한다. 그러나 섭리의 렌즈를 통해 보면 역사의 사건들과 우리의 삶의 사건들이 질서 있는 시리즈, 즉 "모든 것이 한 가지 목적을 향해 나아가는 탁월한 조화와 일관성을 갖고 움직이는 매우 현명한 것"으로 보일 것이다. "섭리에 관한 하나님의 모든 역사는 수많은 선들이 한 중심에서 만나는 것처럼 만나게 될 것이다"라고 에드워즈는 계속해서 언급한다.

구속에 관한 하나님의 역사의 다양한 측면들이 통합되는 것처럼 하나님의 섭리도 역시 한 가지 역사이다. 아주 생생하고 기억될 만한 예증 속에서 에드워즈는 섭리를 궁극적으로 기획된 경로로 나아가는 크고 긴 강에 유추시킨다.

> 하나님의 섭리는 매우 크고 긴 강에 적절히 비유될 수 있을 것이다. 즉 수많은 지류들을 갖고 있고, 여러 다른 지역에서 발원되며, 이 지류들은 서로 멀리 떨어져 있지만, 이 모든 지류들은 한가지 공통된 곳으로 포괄된다. 아무리 다양하고 서로 반대되는 경로로 나아가는 것 같지만, 이 모든 지류들은 하나로 통합되고, 공통된 목표 아래 모여 동일한 대양의 입구에 물을 쏟게 된다.

그러나 에드워즈는 우리가 제한된 시각을 갖고 있으며 항상 그 목적을 분명하게 보지는 못한다는 것을 인식한다. 강둑의 한곳에서 구경하며 서 있는 사람은 사실상 이 장엄한 계획을 보통 놓치게 된다. 그는 계속해서 말한다.

> 이 강의 또 다른 흐름들은 우리에게 단지 혼란처럼 보일지 모른다. 우리가 볼 수 있는 것이 한계가 있기 때문이다. 우리들은 한 번에 전체를 볼 수가 없다. 한 번에 한 줄기나 두 줄기만을 보는 사람들은 그 경로가 무엇인지를 말할 수가 없다. 그 경로가 매우 굽어보이고, 또 다른 흐름들은 전혀 다른 반대방향으

로 나아가고 있는 것처럼 보인다. 그리고 만약 우리가 멀리서 사물을 바라보노라면, 길을 가로막는 수많은 장애물들이 있는 것처럼 보인다. 바위나 산 등 등의 것들 말이다. 이런 것들이 그 흐름들이 대양으로 나아가서 연합하는 것을 방해하는 것으로 보인다. 하지만 우리가 그 흐름들을 추적하노라면, 그 모든 것들이 마지막에는 하나로 합해지고, 모든 것이 동일한 곳에 있게 되고, 동일한 대양에 자기 자신을 토해내게 되어 있다. 모든 흐름들은 하나도 실패됨이 없다.

따라서 그는 오직 혼란과 장애만을 보는 우리의 시각과 경향에 대한 한계를 상기시킨다. 에드워즈 자신의 생애도 하나의 샘플이 될 수 있다. 1758년 초기에 천연두 접종이 그의 생명을 앗아갔는데, 이것은 단순히 실수처럼 보일 수 있고, 그의 생애에 대한 하나님의 계획을 가로막는 것처럼 보일지 모른다. 즉 에드워즈는 지금 이 설교들을 개정하는 일을 포함하여 뒤에 아주 많은 일을 남겨놓고 있었고, 그의 생은 비극적으로 짧게 끝나고 말았다. 하지만 하나님의 섭리로 볼 때, 이것은 정확히 에드워즈의 생애를 위한 하나님의 계획이었다. 섭리에 대한 에드워즈의 해설은 우리로 하여금 하나님의 주권과 만사를 지배하시는 하나님의 실제에 대한 위로를 제공해준다.

확실히 에드워즈는 『구속의 역사』(History of the Work of Redemption)에서 역사철학을 제공해준다. 하지만 그는 보다 큰 일을 하고 있다. 그는 성경의 모든 단편들을 함께 끼워 맞출 수 있는 격쇠를 제공해주고, 그것을 통해 우리는 일관성 있는 신학을 구축할 수 있다. 구속에 관한 하나님의 계획의 큰 그림을 이해하는 것은 모든 세부적인 것들을 이해할 수 있게 만들어준다. 에드워즈는 인생과 세상에 의미와 형태를 주는 중심이 있고, 이 중심은 그리스도라는 것을 상기시켜준다.

마지막으로 이 문서를 통해 에드워즈는 만물의 종말에 관한 비전을 제공해준다. 우리는 하나님이 자신의 목적에 따라 만물을 역사하고 계시다는 것을 안다. 하나님의 계획은 우리의 선을 위해 있다는 것도 안다. 결과적으로 하나님의 목적은 반드시 이루어질 것을 우리는 확신할 수 있다. 에드워즈가 상기한 것처럼, "모든 흐름들은 하나도 실패됨이 없다."

5. 자료에 관한 노트

『구속의 역사』(History of the Work of Redemption)의 첫 번째 에딘버르그판(Erskine판으로 알려진)은 힉만(Edwards Hickman)의 『조나단 에드워즈의 작품들』(The Works of Jonathan Edwards, 1834/1974) 1:532-619에 나타난다. 원(original) 설교책자 사본에 근거한 판은 『조나단 에드워즈의 작품들』(The Works of Jonathan Edwards)의 예일판 9권인 윌슨(John F. Wilson)의 『구속의 역사』(A History of the Work of Redemption)에 나타난다. 윌슨은 긴 서론과 본문과 사본 문제와 관련한 수많은 각주들 그리고 설교에 대한 유익한 요약들을 제공해준다. A Jonathan Edwards Reader(1995)는 History에 근거한 시리즈의 첫 번째 설교를 담고 있다(pp. 124-136).

제8장 거미와 무지개: '보이는 세계에 보이지 않으시는 하나님'

>하늘이 하나님의 영광을 선포하고
>궁창이 그 손으로 하신 일을 나타내는도다
>날은 날에게 말하고 밤은 밤에게 지식을 전하니
>―시 19:1-2

에드워즈와 그의 청교도 조상들은 책의 사람들이었다. 성경은 인생의 동료이자 최고의 문서이며, 생명과 선을 위해 모든 것을 충족시키는 근원이었다. 식민지 뉴잉글랜드 시대의 가장 유명한 두 책은 『뉴잉글랜드입문』(The New England Primer)과 『시편의 기도』(Bay Psalm Book)인데, 이것은 청교도들의 삶과 예배에서 성경의 탁월함을 잘 증거해 준다. 하지만 실제로 그들은 두 책, 즉 성경과 자연의 책의 사람들이었다. 성경은 하나님의 특별한 계시와 쓰여진 말씀을 담고 있고, 자연의 책은 하나님의 일반계시를 담고 있다. 시편기자가 말한 것처럼 말이 없는 언어이다. 청교도는 참으로 성경을 탐독했고, 자연의 책을 호기심을 갖고 몰두했다.

1. 자연의 책을 읽는 것

물론 청교도는 자연의 책을 성경에 종속되는 것으로 간주하여, 두 책 간의 관계에 적절한 시각을 갖고 있었다. 존 칼빈의 본을 따라서, 그들은 성경의 유리를 통해서만 자연을 정확하게 읽을 수 있다고 주장했다. 성경이 없다면 그리고 구속자이시자 창조주이신 하나님에 대한 지식이 없다면, 인간은 이 세상에 있는 하나님의 계시를 왜곡시킬 수밖에 없다. 바울은 로마서 1장의 서언구절에서 이런 왜곡을 분명히 묘사하고 있다. 모든 시대의 악한 거래 가운데는 진리가 거짓으로 바뀌었고, 인간은 하나님이 피조물 위에 은혜롭게 남겨두신 증거를 왜곡하는 일을 계속했다.

하지만 하나님의 중생의 사역을 통해 그 비전이 회복되면 자연이 하나님을 증거하는 것으로, 즉 하나님의 영광을 선포하고, 그의 특징을 드러내며, 선하심을 증거하는 것으로 볼 수 있게 된다. "개인독백"(*Personal Narrative*)에 나와 있는 에드워즈의 회심은 이것을 증거해 준다. 에드워즈가 자신의 회심을 만물의 변화 곧 세상의 새로운 비전으로 묘사한 앞부분을 당신을 기억할 것이다. 그는 이렇게 쓰고 있다.

> 모든 모습이 바뀌었다. 조용함과 향긋함이 있고, 거룩한 영광의 출현이 있다. 거의 모든 것에서 말이다. 하나님의 탁월하심과 지혜와 정결과 사랑이 만물에 나타나 보인다. 해와 달, 별, 구름, 파란 하늘, 잔디, 꽃, 나무, 물 등 모든 자연에 나타난다. 그 모든 것들이 내 마음을 안정시켜주었다.

에드워즈는 자신이 얼마나 천둥을 두려워했는지를 설명하면서, 하지만 이제는 "위대하시고 영화로우신 하나님을 포근히 묵상하도록 이끄시는 하나님의 천둥의 장엄하고 놀라우신 음성"을 듣는다고 말한다. 중생하시는 성령의 역사를 통해 에드워즈는 일반계시를 볼 수 있었고 자연의 책을 정확히 읽을 수 있게 되었다. 그것도 열렬히 읽는 사람이 되었다.

목사와 신학자와 철학자로서의 에드워즈와 더불어, 우리는 그의 사상과 문서에 또 다른 차원 곧 과학자의 차원이 있음을 보게 된다. 이런 차원이 그가 가진 소명과 갈등케 하고 경쟁케 했다는 것을 암시하지 않는다. 오히려 에드워즈는 이런 모든 관심사들을 하나님을 기쁘시게 하고 영화롭게 하기 위한 일생의 탐구에 도움이 되도록 연합시킨다. 과학에 대한 그의 관심을 우리는 그의 수많은 사본과 에세이들에서 발견할 수 있다. 결과적으로 현재의 이 장은 다른 장과는 다르다. 그것들은 주로 단일한 텍스트에 기여하고 있었다. 하지만 이 장에서 우리는 에드워즈가 거미에서부터 다양한 우주에 대해 연구한 수많은 짧은 문서들을 살필 것이다. 이 문서들을 통해서 에드워즈는 보이는 세계에 보이지 않는 하나님의 실재를 드러낸다.

2. 과학자로서의 에드워즈

내려오는 전승은 에드워즈가 12살의 나이에 영국의 과학단체에 글을 기고한 것으로 되어 있다. 이것은 드와이트(Sereno E. Dwight)의 추측에 대체로 근거한 것이다. 드와이트는 한 "편지"의 초고를 발견했는데, 그것은 에드워즈의 아버지의 친구이자 런던 소사이어티(Royal Society of London)의 연구원인 폴 두드리(Paul Dudley) 판사에게 보내는 에세이였다. 날짜가 명시되지 않은 이 사본은 단지 초고였다. 그것의 최종 사본은 존재하는 것으로 추정될지라도 발견되지 않았다. 그러다가 에드워즈의 편지와 개인문서 수집가인 조지 클라그혼(George S. Claghorn)이 1723년 10월 31일이라고 명시된, 두드리 판사에게 보내진 최종 사본을 발견하였다. 에드워즈가 이 글을 썼을 때 여전히 젊은 19살의 나이였다. 하지만 드와이트가 만들어낸 12살의 신동은 아니었다.

에드워즈의 19살의 나이는 인생의 방향을 위한 선택을 탐구하는 일을 계속하던 때였다. 그는 예일대학으로부터 이전 달에 석사학위(M. A.)를 받았고, 현재는 코네티컷의 볼톤에서 설교를 하고 있었다. 그 다음 해에 그는 노드햄톤에서 사역을 시작하기 전에 교사로서 2년간 예일대학으로 돌아왔다. 그러나 1723년 가을에 이 모든 것들이 아주 분명하지 않았으며, 그는 아마도 자신의 분야로 과학을 고려한 것으로 보인다.

티모디 에드워즈는 아들에게 친구인 폴 두드리에게 에세이를 쓸 것으로 격려하였다. 두드리는 뉴잉글랜드에 "식물의 본성과 능력에 관한 놀라운 예증"과 관련한 자신의 에세이에 호박덩굴에 관한 티모디의 글을 기록하고 있다. 그 이야기는 런던의 로얄 소사이어티의 '철학 회보' 속에 출판되었다. 아래는 그 기사에 대한 내용이다.

> 1669년 한동안 가축에게 사료를 공급해 주었던 목장에 하나의 호박씨가 우연히 떨어졌다. 그리고 이 씨는 뿌리를 내렸고, 아무런 보호나 경작을 받지 않았을지라도, 이 넝쿨은 여러 담을 넘어 땅의 여러 곳으로 멀리까지 뻗어나갔고, 서리가 내려 죽게 될 때까지 성장을 거듭했다. 이 씨는 한줄기에 지나지 않았지만 매우 컸고, 둘레가 8인치에 해당했다. 이 단일한 호박덩굴로부터 260개의 호박을 거두어들였고, 반 펙(1펙은 약 8.8리터-역자주)이 될 만큼 큰 호박이 있는가 하면 셀 수 없을 만큼의 작고 설익은 호박 덩어리들이 있어서 큰 비료운반차를 채우고도 남았다.

아버지의 부탁을 받은 티모디의 아들 조나단 에드워즈는 자신의 관찰을 기록했다. 그러나 젊은 에드워즈는 호박덩굴 대신에 나는 거미(flying spider)의 활동을 관찰하고 기록할 것을 결심했다. 그는 폴 두드리에게 보

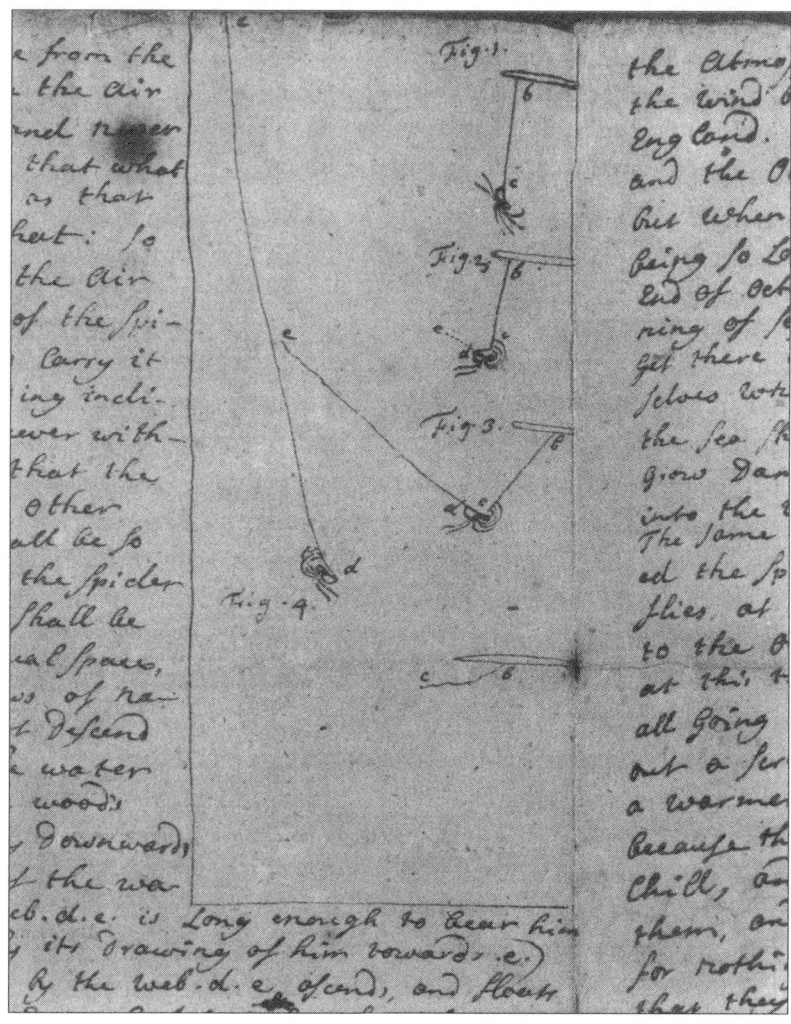

그림 8.1 거미의 움직임을 설명한 편지

폴 두드리 판사에게 보내는 편지에서 에드워즈는 나는 거미와 그 움직임을 서술하였다(뉴욕시의 뉴욕협회의 허락에 의한 것임).

나는 에세이에 그것에 대한 관찰을 썼다. 그 편지에 대한 서언에서 에드워즈는 이렇게 기록하고 있다.

> 저의 아버지에 대한 편지의 후기에서 당신은 저의 아버지가 자연에 대해 관찰한 것을 언급할 만한 가치가 있다고 표명하셨습니다. 아래의 내용은 그와 같은 주제의 것들입니다. 아버지께서는 저로 하여금 그 같은 기사를 쓰라고 말씀하시어, 저는 보다 충분한 관찰을 할 수 있는 기회를 얻을 수 있었습니다. 만약 당신이 생각하기에 언급할 만한 가치가 없는 것이라면, 기꺼이 그냥 지나치셔도 됩니다. 이것은 제가 거미에 관하여 기쁘게 연구한 것들입니다. 이 곤충에 대해 담고 있는 모든 것이 감탄할 만한 것들이지만, 그 곤충들과 관련한 어떤 현상들은 더욱더 특별하고 놀랍습니다.

날아다니는 거미에 관한 모든 것이 "감탄할" 만하다는 에드워즈의 평가에 전적으로는 동의하지 않을 수 있지만, 그의 열정과 탐구 정신과 눈을 분명히 엿볼 수 있다. 우리는 거미가 왜 그렇게 행동하는가를 이해하고 또 하나님의 창조물–비록 곤충일지라도–의 지혜와 아름다움을 인식하기 위해서 에드워즈가 이 거미를 아주 "기쁘게" 관찰했다는 것을 쉽게 연상할 수 있다. 이런 관찰에서 에드워즈가 발견하기를 추구했던 신비는 이 특별한 거미의 "나는 것"과 연관되어 있다. 그는 "시골에 살았던 사람들은 공기 중의 거미가 이 나무에서 저 나무로 움직이는 것을 알고 있으며, 그것이 날개가 없을지라도 심지어 어떤 때는 30야드를 난다"고 쓰고 있다. 그리고 그는 이런 거미들이 "매우 특이한 방법으로" 공기 중에서 이리저리 돌아다닌다고 덧붙였다. 그러므로 그는 그것을 설명하는 일을 착수한다.

에드워즈는 여러 번 날아다니는 거미를 보았다. 한때는 나무 사이를 걷고 있는 중에 거미를 발견하고 이렇게 썼다.

나는 수풀에서 거미를 보았다. 그래서 나는 다가가서 수풀을 흔들어댔다. 귀찮게 하여 그 거미가 날아가게 하기 위해서였다. 하지만 거미는 달리 움직이지 않았다. 그래서 계속해서 흔들어댔다. 마침내 그 거미는 수풀을 떠나 다른 곳으로 날아갔다. 하지만 그것이 어떤 방식으로 일어났는지를 나는 알지 못했다. 그래서 다음번에는 좀더 가까이에서 관찰하기로 결심했다.

또 다른 기회가 그에게 왔다. 에드워즈는 이 거미가 어떻게 "나는지"를 정확히 이해하기로 하였다. 좀더 관찰과 실험을 한 후에 그는 해답을 발견했다. 거미는 거미줄에 매달려서 "자신의 꼬리로 다른 거미줄을 내어 이동할 곳을 공기 중에 만들어 놓는다." 그는 계속해서 관찰하여 바람이 거미집을 쳐서 이 거미가 한 나뭇가지에서 다른 나무 가지로 붙도록 한다는 것을 알았다. 이런 방식으로 거미는 실제로 거미집에서 거미집으로 상당히 멀리 이동하므로 그것이 나는 것처럼 보인다. 나아가서 그는 어떻게 거미가 본래의 거미집에서 나와 방금 풀어놓은 새로운 거미집을 사용하는가를 설명한다. 그는 이렇게 말한다.

인간이 물 속에 가라앉았을 때, 만약 그가 큰 나무토막을 붙들고 있다면, 그 나무의 성향이 위로 올라오는 것이므로, 아무리 사람의 성향이 아래로 내려가는 것일지라도 그는 나무와 함께 물의 표면으로 올라올 것이다. 따라서 거미가 자신이 (새로운) 거미집으로 올라갔을 때 충분히 지탱될 수 있다고 느끼면, 그 거미는 (옛) 거미집을 버리고 (새로운 거미집)으로 올라가서 떠 있게 되는 것이다.

일단 당신이 어떻게 거미가 움직이는가를 알면, 에드워즈가 어떻게 그것들을 쉽게 볼 수 있는가를 주목할 수 있게 된다. "만약 맑고 조용한 날에 어두운 문이나 배경이 검은 곳에서 그들을 볼 수 있다면 매우 분명하게 알 수 있다." 우리는 코네티컷 리버 벨리의 평원에서 나무나 옷감 쪼가리를 들고서 거미들이 공중에서 집을 따라 날아다니는 것을 보면서 시간을 보내는 에드워즈를 상상할 수 있을 것이다. 그는 이런 관찰들을 수반하는 도형을 역시 그렸다.

　이런 발견으로부터 에드워즈는 두 가지 결론을 이끌어내었다. 첫째로 거미에게 거미집을 지어 이런 방식으로 움직일 수 있도록 수단을 제공하신 창조주 하나님의 지혜를 보았다. 또한 모든 필요한 것들을 제공하시며, 심지어 곤충들을 포함하여 모든 종류의 피조물들의 감사와 재창조를 제공하신 창조주의 풍성하신 선하심을 보았다. 하지만 에드워즈는 이런 과정이 날아다니는 거미에게 재창조를 줄 뿐 아니라 파괴로 이끈다는 것을 역시 관찰했다. 여름 끝 무렵에 뉴잉글랜드의 바람이 바다를 향해서 동쪽으로 전환되면, 이 거미들이 바다에 빠지게 된다는 것이다. 하지만 여기서 역시 에드워즈는 그 거미들이 너무 많아지지 않도록 하나님께서 매년 이 거미들을 대양으로 끌고 가 묻으시는 놀라운 일을 이 작은 것들 속에서도 행하신다는 것을 확신하게 되었다.

　나아가서 하나님의 지혜와 돌보심은 이 거미들이 생명을 끝내기 전에 알을 낳게 하시는 것을 볼 수 있다. 결과적으로 하나님은 파괴와 증식으로 조정하신다. 그 거미들이 줄지도 늘지도 않게 하시어 항상 동일한 수로 있게 하신다. 에드워즈는 거미들이 "동물 중에 가장 경멸적으로 자주 여겨질지라도, 그 번쩍이는 거미집으로부터 창조주의 지혜가 매우 빛난다"고 결론을 내린다.

3. 하늘은 선포하고…

에드워즈는 보이는 세계에서 하나님의 손길을 보기 위해서 자신의 관심을 곤충에서 방대한 하늘로 나아간다. 무지개, 광선, 심지어 인간의 눈과 더불어 하늘에 대한 에드워즈의 호기심은 아이삭 뉴톤의 사상과 글에 상당 부분 빚을 졌다. 이신론자들은 뉴톤의 작품을 보고서, 기계적인 세계의 관념을 발전시켰다. 세계는 하나님이 태엽을 감으시고 이제는 완벽하게 정확히 움직이는 정교한 시계에 해당한다. 이런 관념은 몇 가지 매우 중요한 교리들을 상쇄시키는데, 첫째로 그것은 이 세상에서 하나님이 간섭하시는 것을 막고, 기적을 허락하지 않는다. 둘째로 그것은 섭리의 교리를 손상시켜, 하나님이 자신의 세계를 역동적으로 지탱하고 계시는 것을 부정한다.

이신론자들은 이 두 가지 교리를 인정할 수 없다. 왜냐하면 이 두 가지는 그들이 생각하기에 완벽한 세상에 못 미치고, 이는 끊임없이 조정될 필요가 있는 불완전한 시계처럼 하나님께서 간섭하시어 이 세상을 정확히 운영하시도록 요청하는 것이기 때문이다. 그들은 하나님이 이 세상에 간섭하시는 것을 제한함으로써 하나님을 높이려고 생각했다. 이렇게 함으로써 사실상 그들은 이 세상에 하나님의 존재를 제한하며 하나님을 손상시켰다.

에드워즈는 뉴톤을 연구하고 이신론자들과는 완전히 다른 결론에 도달했다. 그는 뉴톤 그 자신처럼, 하나님이 이 세상을 지금도 세심하고 질서 있게 움직이신다고 보았다. 보이는 세계의 경이로움은 창조자요 보존자이신 하나님의 손길을 증거한다. 이런 사실이 거미와 같은 매우 작은 피조물에서부터-심지어 매우 경멸스러운 것들조차도-별이나 우주와 같은 장엄한 것들에 이르기까지 잘 나타나 있다. 그는 뉴톤을 단순히 읽기보다는 뉴톤의 물리학을 자신이 관찰한 것에 적용하여 자연적인 현상을 탐구하는 일을 착수했다. 특별히 두 가지 사물이 에드워즈의 관심을 끌었다. 무지개와 광선. 이들에 대한 연구는 예일대학에서 석사과정을 하는 가운데 있었다.

에드워즈는 하늘을 살피기 전에 먼저 '눈'에 관심을 가졌다. 그는 "눈을 만드신 하나님의 지혜 중에 가장 분명한 한 가지는 눈에 망막을 제외하고는 몸의 어느 부분도 감지할 수 없을 만큼 약해진 빛의 광선을 그 눈이 아주 쉽고 완벽하고 분명하게 인식한다는 것이다"라고 언급한다. "만약 우리가 눈의 망막이 얼마나 작은가를 생각한다면", 그 눈이 너무도 경이롭다는 것을 깨닫게 될 것이다. 눈의 구조와 시각에 관한 신비가 에드워즈를 사로잡았다. 오늘날 우리는 눈의 구조를 더 잘 설명할 수 있고, 그 눈을 더 잘 다루지만, 우리는 여전히 하나님이 만드신 것들에 놀라는 에드워즈에게 합세할 수 있다.

또한 에드워즈는 자신의 눈이 감지하는 광선과 무지개에 관심이 있었다. 그는 빛의 반사와 굴절에 관한 뉴톤의 이해에 호소함으로써 무지개의 현상을 설명하려 했다. 결과적으로 무지개는 대기 중에 비나 안개의 세미한 물방울이 떨어지면서 햇빛에 굴절되어 칼라의 스펙트럼으로 보이는 것이라고 에드워즈는 결론지었다. 그는 역시 일반적으로 광선을 더 잘 이해하기 위해서 뉴톤의 사상을 적용시켰다. 그는 광선이 지나는 거리와 시간 그리고 그 광선이 최종적으로 눈에 도달할 때 얼마나 미미해지는지에 관한 다양한 수학적 계산을 제공한다.

사실상 에드워즈는 광선이 우주를 따라 수백만 마일을 여행할 때, "어느 인간도 그 형체를 알아볼 수 있을 만큼의 참을 만한 빛의 광선을 만들어낸다"라고 강조했다. 결과적으로 광선의 본성은 "조물주의 손이 얼마나 무한히 작은 것들도 형성시켰는지"를 증거해 준다고 결론짓는다. 그리고 다시금 그는 이 광선을 감지할 수 있는 방식으로 눈을 창조하신 하나님의 신기를 묵상한다.

거미에 관한 관찰해서 그러했던 것처럼, 에드워즈는 컴퍼스를 사용한 도형을 통해 관찰한 바를 서술하는데, 이 컴퍼스는 1장에서 언급한 편지에서 학창시절에 아버지에게 요청했던 것이다. 그는 1719년 7월 24일의 편지에서 자신이 공부하고 있는 것을 아버지에게 보고하며 다음과 같은 것들을 요청한다.

> 커틀러 교수에게 다음해에 우리가 무슨 책을 가질 필요가 있는지를 물었습니다. 그는 당시 알스테드의 기하학과 가센디의 천문학에 대응할 수 있는 것들을 얻으면 된다고 대답했습니다. 저는 아버지에게 분할컴퍼스와 수학제도용 양각기 그리고 저울을 얻어주실 것을 부탁드립니다. 그것은 수학을 배우기 위해서는 절대적으로 필요한 것들입니다.

에드워즈가 과학을 연구하는 데 자신의 생애를 바치지는 않았으나, 그럼에도 불구하고 그런 노력의 가치를 깨닫고 있었다. 그는 일생을 통해서 관찰과 묵상을 계속했다. 에드워즈가 건강을 위해 행한 두 가지 주요 활동은 나무를 베는 것과 말을 타는 것이었다. 그는 코네티컷 밸리를 말을 타고 가다가 아마도 다음 주에 해야할 설교와 쓰고 있던 작품의 다음 페이지를 묵상했을 것이다. 그리고 더욱더 그럴 법한 것은, 그동안 여러 번 관찰했던, 공기 중에 날아다니는 거미에 관한 생각을 했을 것이다.

에드워즈는 사실상 "나의 하나님 아버지의 세상"이라는 찬송작가의 말에 동의를 했다. 그는 거미의 행동과 광선의 본성 그리고 눈의 구조에 관해 연구할 때 신학과 성경을 연구할 때에 가졌던 것과 동일한 강렬함을 가졌다. 그리하여 그는 이 세상에서 하나님과 그가 이루신 것들을 더 잘 이해할 수 있었다.

4. 아름다움에 놀람

아름다움은 그 어떤 것보다 쉽게 정의할 수 있을 것이다. 그렇지만 에드워즈는 플라톤이 제시한 조화와 탁월함의 개념으로 돌아가 미(美)를 정의하려고 시도했다. 에드워즈는 미 자체와 그 미를 만드신 자와 이 세상과의 상호적인 일치를 언급함으로써 이 개념을 설명한다. 물질적인 세상의 아름다움은 인간이 만들어놓은 예술 작품을 능가한다. 하지만 이 물질적인 아름다움은 보이지 않는 영적 아름다움의 그림자일 뿐이다.

에드워즈는 세상의 아름다움이 우리를 사로잡는 방법에 관한 신비적인 역동성과 본질을 기꺼이 인정한다. 또한 아름다움을 정의하는 조화와 탁월함을 설명하는 데 어려움이 있음을 인정한다. "그러므로 우리는 보라색을 보면서 기쁨을 발견할 수 있으나 그 어떤 비밀스런 균형과 조화가 우리의 마음 속에 그런 기쁨을 창출하는지는 알지 못한다"고 언급한다. 그럼에도 불구하고 그는 하나님이 창조하신 아름다움의 경외스러움에 사로잡혀 있다.

에드워즈는 세상에서의 이 아름다움은 고통과 비참에 직면해서도 인생의 의미를 갖게 해주고 열심을 파생시킨다는 사실을 발견한다. 세상의 아름다움에 관한 짧은 에세이에서, 그는 세상의 조화와 아름다움을 다음과 같이 결론짓는다.

거의 모든 사람들 그리고 매우 비참해 보이는 사람들도 인생을 사랑한다. 그 이유는 그들이 아름답고 사랑스러운 세상을 보는 것을 놓치지 않고 있기 때문이다. 우리가 살고 있는 모든 순간에 분명하지는 않지만 기쁨을 가져다주는 아름다움을 갖는다. 시련이 닥칠 때 고통과 비참 속에서도 기쁨을 갖게 된다.

이 세계는 피조물을 돌보시는 하나님의 증거라고 에드워즈는 생각한다. 특히 그는 하나님을 "보존자, 수혜자, 행복의 근원자"로 본다. 하나님은 이 세상을 창조하셨을 뿐 아니라 이 세상을 적극적으로 보전하시고 지키신다. 게다가 하나님은 창조하신 피조물에게 자비를 베푸신다. 에드워즈는 원 창조기사로 돌아간다. 창세기에 따르면, 하나님이 세상을 창조하실 때 그가 만드신 모든 것을 보고 심히 기뻐하셨다(창 1:31).

창조에 있어서 하나님의 역사는 그가 "모든 행복의 근원"이시라는 것이다. 창조기사에 있어서 자주 간과되는 짧은 구절이 있다. 나무를 창조하신 것과 관련해서 창세기 2장은 이 대상이 두 가지 목적을 갖고 있다는 것을 암시한다. "보기에 아름답고 먹기에 좋은 나무"가 나게 하셨다. 땅은 우리에게 자양분을 제공하는 효용성의 목적을 갖고 있다. 그러나 창조는 "보기에 아름다운" 심미적인 목적이 있다. 하나님의 창조는 인간 피조물을 위한 기쁨과 재창조와 행복의 근원이다. 하지만 이 장의 초반부에서 언급했던 것처럼, 로마서 1장은 모든 사람들이 이런 식으로 세상을 보는 것이 아님을 상기시킨다.

사실상 세상을 바라보는 세 가지 방식이 근본적으로 존재한다. 첫째로 세상을 혼돈과 혼란으로 간주할 수 있다. 이것은 불행한 결과를 예상하는 다소 황량한 주장이다. 둘째로 세상을 질서가 있다고 여기나 그 질서를 상당히 기계적으로 간주하고 단순히 자연주의적 용어로 설명하는 것이다. 칼 사강의 금언을 생각해보자. "우주는 이제껏 있었고, 지금도 있으며, 앞으로도 있을 것이다." 황량한 첫 번째 제안과는 다를지라도, 이 견해는 기원과 이 세상의 목적에 대해 여전히 많은 질문을 남긴다. 다시 말해서 궁극적인 질문(왜?)에 대해서는 대답하지 못한다. 마지막으로 이 세상을 질서가 있고 목적이 있으며, 의미가 있는 것으로 보는 것이다. 그리고 창조주를 바라봄으로써 이것을 설명한다. 이 세상은 '존재하며' 하나님이 자신의 목적과 영광을 위해 이 세상을 창조했기 때문에 그것이 의미가 있다.

에드워즈는 세상을 바라보는 오직 유일한 일관된 방법이 바로 이것이라는 것을 상기시킨다. 그리고 점차적으로 기술화되어가고 있는 오늘날의 시대에서도 주변을 묵상할 시간을 갖고 자연의 신비를 탐구하며 온 땅 위에 창조주의 지혜와 아름다움과 선하심의 모습을 볼 것을 에드워즈는 상기시킨다. 이 문서를 통해 에드워즈는 보이는 세상에서 보이지 않는 하나님을 보도록 돕는다.

5. 자료에 관한 노트

이 장에서 언급된 에세이와 짧은 문서들은 예일판 6권인 『조나단 에드워즈의 작품들』(The Works of Jonathan Edwards)의 월라브 앤더슨(Wallave E. Anderson)의 Scientific and Philosophical Writings(1980)에 나온다. 거기에는 다음과 같은 에세이들이 들어 있다. Of Insects(pp. 154-162), "거미에 관한 편지"(The Spider Letter, pp. 163-169), Of the Rainbow(pp. 298-301), Of Light Rays(pp. 302-304), Beauty of the World(pp. 305-306), "이 세상을 고안하신 하나님의 지혜"(The Wisdom of God in the Contrivance of the World, pp. 307-310). 앤더슨의 서론(pp. 1-143)은 에드워즈의 과학적 철학적 사상의 발전을 상세하게 제공하고 있다. The Spider Letter와 The Beauty of the World는 A Jonathan Edwards Reader(1955), pp. 1-8과 14-15에도 나온다.

제9장 의지 이해하기: 『의지의 자유』

> 이 책은 그 저자를 가장 위대한 철학자 - 신학자로서 세우며
> 미국을 은혜의 장으로 만들기에 충분하다.
> ─폴 람지(Paul Ramsey)
>
> 하나님의 거룩한 주권은 위대하고 영광스러우시다.
> 그의 의지는 그 자신의 무한하고 모든 것에 충족적인 지혜에 의해 결정된다.
> ─조나단 에드워즈, 『의지의 자유』

오늘날 가장 혼란스럽고 경쟁적이며 뜨거운 이슈 중 하나는 인간의 자유와 책임 그리고 하나님의 주권과 선포에 관한 것이다. 만약 당신이 어떤 사람과 긴 논쟁을 하기를 원한다면, 단지 이 문제를 나누면 된다. 그러나 이것이 새로운 문제가 아니라는 사실이다. 교회는 처음 시작될 때부터 이 난제를 풀기 위해서 노력했다. 이 문제에 대한 도전을 다룬 위대한 사상가들과 그들의 작품을 조사해보면, 그 가운데 어거스틴의 『하나님의 도성』(City of God)과 '자유의지'(Freedom of the Will), 마틴 루터의 대작 『의지의 속박』(Bondage of the Will, 루터가 종교개혁 신학의 핵심으로 간주했던 작품), 존 칼빈의 『기독교 강요』 2권 등이 있다. 그리고 분명히 조나단 에드워즈의 『의지의 자유』도 역시 그들 가운데 서 있다.

이 작품은 에드워즈의 가장 위대한 문학적 성취에 해당하며, 많은 사람들에 따르면, 이 작품이 그를 미국의 가장 위대한 신학자요 철학자로 일컫

게 만든다고 한다. 그 작품이 1754년에 처음 발행되었을 때, 이 책은 양 대륙의 사람들을 사로잡았고, 당대의 독자들을 만족시켰다.

에드워즈는 벌써 1746년에 이 책에 대한 리서치를 하고 숙고하기를 시작했다. 그 해 1월에 조셉 벨라미에 대한 편지에서 그는 "나는 위트비의 작품을 읽었는데, 그것은 나를 철저히 미국에서 논쟁되고 있는 문제에 관해 연구하도록 이끌었고, 나는 개인적인 노트에 그것에 관해서 생각하며 글을 쓰곤 했다"고 언급한다. 2년 뒤에 그는 자신이 여전히 "알미니안 논쟁에 관해 연구하고 있고 그것에 대해 무언가 글을 써보려고 준비하고 있다"고 벨라미에게 알린다. 1752년에 그의 리서치가 거의 끝나갈 무렵에 존 에르스킨에게 보내는 편지에서 그는 곧 발간하려고 하는 자신의 책을 요약하여 설명한다. 그 다음에 우리는 1753년과 1754년에 에드워즈가 그 책을 언급하는 것을 발견할 수 있는데, 그는 친구에게 그 책을 곧 얻을 수 있게 될 것이라고 말한다. 그는 1754년 봄에 토마스 폭스 크로프트에게 보내는 편지에서 이 책의 출간을 기다리면서 조급한 자신의 마음을 표현한다.

출판과 관련하여 공평하게 말하면, 책을 출판하는 일이 지체된 것은 에드워즈가 이 책의 요지를 끊임없이 교정했기 때문이다. 하지만 1754년에 에드워즈 책의 보스턴 출판업자인 사무엘 닐란드는 원고를 얻는 데 성공하여, "알미니안 논쟁"에 관한 에드워즈의 사상을 고대하고 있던 사람들의 손에 이 책이 들어갈 수 있게 했다.

1. 알미니안 논쟁

1731년에 보스턴 강연에서 "구속의 역사 속에서 영화롭게 되신 하나님"(*God Glorified in the Work of Redemption*)을 설교했던 때부터, 에드워즈는 의지에 관한 어거스틴주의와 칼빈주의의 이해를 열렬히 지지하는 사람이었다. 바로 이 견해가 영국과 미국에서의 청교도 사상과 글과 설교를 지배하고 있었다. 그러나 18세기 초에 청교도들 중에서 이 교리에 관한 단결에 금이 가고, 잠재적인 분열의 조짐을 보이기 시작했다.

'알미니안주의'라는 용어는 제이콥 알미니우스(Jacobus Arminius, 1560-1609)로부터 나온 말인데, 그는 처음에 칼빈주의를 따랐으나 예정론과 속죄에 관한 칼빈주의자들의 견해에 의문을 갖기 시작한 화란 신학자이다. 그의 추종자들은 '항의'(Remonstrance, 1610)를 표명했는데, 그것은 구원에 있어서 인간의 책임과 자유의지를 강조한다. '항의'는 다섯 가지 요지로 구성되어 있고, 그것은 돌트대회(Synod of Dort, 1618)에서 반박되었다. 돌트에서 칼빈주의 신학자들의 그룹은 '항의'의 다섯 가지 요지를 각기 반박했는데, 그것은 칼빈주의자들의 가르침의 요약으로서 대중적인 두음문자인 TULIP로 요약된다.

보스턴의 찰스 촌시와 하버드대학의 총장인 존 레베르트와 같은 저명한 목회자들은 알미니안의 원리를 주창하며 뉴잉글랜드의 회중교회에게 영향을 미쳤다. 각기 다른 양 대륙에서 세 저자들(처브〈Thomas Chubb〉, 위트비〈Daniel Whitby〉, 찬송작가 와트〈Issac Watts〉)은 특별히 알미니안 논쟁을 더 자세히 다루었다.

다시 언급하지만, 와츠는 에드워즈의 『신실한 이야기』(Faithful Narrative)가 출판되는 데 중요한 역할을 하였다. 하지만 이 문제에 있어서 와츠는 칼빈주의의 보다 온건한 형태를 제기함으로써 에드워즈로부터 비판을 받았다. 그가 처브(Chubb)와 위트비(Whitby)보다는 에드워즈와 칼빈주의적 입장에 가까웠을지라도 말이다. 사실상 에드워즈는 와츠를 마지못해 비판했다. 심지어 그의 이름조차도 거명하지 않았고, 깊은 존경심을 표현하며 비판했다.

처브와 위트비는 알미니안의 입장을 상세히 대변하는 책을 출간했는데, 특히 위트비의 작품은 에드워즈의 의지의 자유의 전 페이지에 되풀이하여 나타난다. 처브와 위트비가 쓴 작품은 청교도주의자들이 깊이 간직하고 있던 깊은 신앙에 대한 강력한 도전을 담고 있는데, 그들은 그 문제에 대한 대답을 요구했다. 에드워즈는 그 도전을 채택하여 다룬다.

우리가 수많은 사례에서 보는 것처럼, 에드워즈는 자신의 사역을 통해 논쟁에 적극적으로 참여하였다. 다시금 그의 태도는 여기서 갈등을 다루는 건강한 접근방식을 모델로 삼는다. 에드워즈는 그 작품의 서언에서 이 책을 쓰게 된 동기과 방법에 대해 설명한다. 그는 "비난조로 어떤 종류의 사람들을 오명 씌우려는 것"을 원치 않기 때문에 "알미니안"이라는 딱지를 사용하는 것을 주저했다는 것을 밝힌다. 그러나 그는 "이 사람들"이 잘못되었다는 것을 가리키는 대안적인 지칭을 찾는 데 어려움이 있음을 밝힌다. 또한 그는 자신이 "칼빈주의자"라는 칭호를 사용할지라도, 칼빈이 그것을 주장하고 가르쳤기 때문에 칼빈주의 교의를 주장하는 것은 아니라고 지적한다. 그는 아마도 이 논쟁을 피하기를 원했을 것이나, 이 문제가 매우 중요하다고 생각했다. 그는 서언을 이 문제의 긴급함을 알리면서 끝맺는다.

이 주제는 관심을 끌 만큼 매우 중요하며, 고려할 만하다. 우리가 얻을 수 있는 모든 지식 중에서 하나님에 관한 지식과 우리 자신에 관한 지식이 가장 중요하다… 우리 자신에 관한 지식은 우리의 본성의 두 가지 능력, 즉 명철(understanding)과 의지(will)와 관련한 올바른 이해에 주로 달려 있다. 이 두 가지 본성이 모두 매우 중요하지만, 의지에 관한 학문이 가장 중요하다고 고백할 수 있을 것이다. 모든 덕성과 신앙이 그들의 좌소를 의지에 더욱 두고 있기 때문이다… 그리고 『의지의 자유』에 관한 중요한 질문은 의지의 학문에 속한 주된 요지이다. 그러므로 이 주제의 중요함이 그리스도인들의 관심을 불러 일으킨다.

다시 말해서 에드워즈의 추론의 고리를 따라가보면, 의지의 자유에 관한 이슈는 본성과 인간의지의 실행과 관련한 중요한 문제가 된다. 그리고 이 의지는 인간, 하나님 그리고 종교 또는 인간의 하나님에 대한 관계를 적절히 아는 데 핵심이 된다. 결과적으로 그는 칼빈주의를 옹호하기 위해서 알미니안 논쟁에 필연적으로 참여하는 것이 아니라 그가 생각하기에 이 문제가 우리를 창조하신 위대한 사역, 즉 우리가 하나님과 갖는 관계성과 신앙의 문제에 핵심이 되기 때문이다.

서언을 전개한 다음에 에드워즈는 이 작품을 네 부분으로 나누고 맨 뒤에 결론을 전개한다. 제1부에서 그는 용어를 정의하고 관련된 이슈들을 설명한다. 그의 관심은 주로 '필연성(necessity), 능력(ability) 그리고 작용(agency)'에 초점을 맞춘다. 이 용어들은 의지의 핵심이며, 그것들에 관한 적절한 이해가 에드워즈가 설명하고 있는 마지막 용어인 '자유'를 이해할 수 있게 해준다. 제2부에서는 알미니안의 입장, 그리고 자유에 관한 알미니안의 견해에 대해 생각해본다. 나아가서 알미니안적 견해가 일관성이 없음을 지적하고, 하나님의 예지와 섭리가 자유에 관한 알미니안의 개념에 대해 제시할 수 있는 도전을 상고한다.

제3부는 칼빈주의적 견해, 즉 의지의 속박에 비추어 책임과 심판의 문제에 대한 문제제기를 광범위하게 다룬다. 에드워즈는 심판에 있어서 책임과 정당성이 있기 위해서는 자유가 있어야 한다는 알미니안적 견해가 얼마나 문제가 있는가를 먼저 보인다. 마지막으로 제4부에서 에드워즈는 일련의 문제제기를 한다. 또한 이 문제제기에 대해 대답하고, 칼빈주의적 입장이 성경적이고 합리적이고 일관성이 있음을 보여준다. 그리고 나서 의지에 관한 입장이 함축하고 있는 의미를 간단하게 요약하면서 이 논문을 결론짓는다. 여기서 그는 의지에 관한 좁은 견해를 넘어서서 그 유명한 '칼빈주의의 다섯 가지 논쟁점'(TULIP)과 관련한 문제들을 다룬다.

우리가 살펴본 다른 작품들과 마찬가지로, '의지의 자유' (*A Careful and Strict Enquiry into the Modern Prevailing Notions of that Freedom of Will which Is Supposed To Be Essential to Moral Agency, Virtue and Vice, Reward and Punishment, Praise and Blame*)에 관한 본질이 하이라이트를 이룬다. 아래에서 우리는 에드워즈의 주된 요지와 주장들을 탐구할 것이고, 이 문헌으로부터 얻을 수 있는 다른 중요한 교훈들을 살펴볼 것이다. 이 짧은 장에서 이 작품을 충분히 살피는 것은 불가능하지만, 이 중요한 주제에 관한 기술적인 측면들을 다룰 수 있는 연구의 맛을 볼 수 있게 되기를 희망한다.

2. 도덕적 무능

에드워즈의 책의 보다 간단한 제목인 『의지의 자유』는 약간 오류가 있는 듯 보여진다. 이 주제에 관한 루터의 작품의 제목은 『의지의 속박』인데, 그것이 이 입장을 대변하는 데 더 정확한 말처럼 보인다. 확실히 에드워즈는 루터와 동일한 측면을 제시한다. 하지만 에드워즈는 보다 흥미롭고 자극적인 방식으로 자유와 의지라는 본질을 다룸으로써 이 문제를 제기한다. 먼저 의지에 대해 살펴보자.

처음에 의지에 관한 정의에서 에드워즈는 어떤 것이 뜻을 움직이며 선택을 하게 만드는지를 논증한다. 그는 그 의지가 결정되었기 때문이라고 결론짓는다. 물론 이는 무엇이 그것을 결정하는가에 관한 문제를 야기한다. 그는 "마음이라는 입장에서 볼 때 동기가 의지를 결정하는 가장 강력한 것이다"라고 언급함으로써 중요한 대답을 제공한다. 이 기초 동기가 의지에 깔려 있어 그것을 방향 짓는다. 아마도 이 동기를 우리의 본질 또는 성격의 진수로 이해할 수 있을 것이다. 에드워즈는 그것을 단순히 우리의 본성이라고 언급한다. 즉 존재가 우리를 만든다는 것이다. 나아가서 의지는 동기와 일치하여 행동한다는 것을 에드워즈는 추론한다. 이런 방식으로 이 문제를 제기할 수 있을 것이다. 의지는 그 의지가 원하는 것을 선택하고, 의지 또는 본성의 배후에 있는 동기는 그 의지가 원하는 바를 결정한다.

에드워즈의 다음 번 움직임은 자신이 "도덕적 무능력"으로 언급한 것과 이 사상의 흐름을 연관짓는 것이다. "도덕적 무능력은 성향의 결핍이나 이와 반대되는 것에 기인한다"고 썼을 때 그는 이 개념을 정의한다. 성향의 부족은 이와 반대되는 성향 때문이다. 죄의 문제에 이것을 적용시킬 때 에드워즈의 관점은 더욱더 분명해진다. 아담의 타락으로 인해 인간은 하나님의 은혜를 놓쳤고, 하나님을 기쁘시게 하거나 의를 이룰 수 있는 능력을 상실했다. 이로 인해 인간은 그리스도의 의 그리고 우리를 하나님과 화해시키시는 그리스도의 능력에 의존하게 되었다. 그리스도가 없다면 인간은 도덕적 무능력의 상태에 있을 수밖에 없다.

도덕적 무능력 또는 바울이 죄의 본성으로 언급한 것이 인간의 의지를 좌우한다. 이런 의미에서 의지는 죄 된 본성의 결정에 따라 행동한다. 의지는 그 기저를 이루고 있는 본성에 따라 선택하고 행동한다. 이 점에서 그 의지는 자유한다. 하지만 그 의지는 본성에 따라 행동할 뿐이다. 에드워즈는 우리가 많은 것들을 의도하고 행할 수 있는 본성적인 능력을 갖고 있다는 것을 동의한다. 하지만 죄로 인해 우리는 도덕적 무능력을 갖고 있고, 이 도덕적 무능력이 그 의지를 지배한다. 그 다음에 그는 자유를 규정짓는 문제를 다룬다.

3. 자유를 이해하기

의지에 관한 에드워즈의 이해에 관해 좀더 자세히 생각해보면, 에드워즈가 의지에 관한 고결성을 보존하고 있다는 것을 알 수 있다. 또한 어떻게 사람들이 자유에 관해서 언급할 수 있고, 자신의 행동이 자유하다고 생각할 수 있는지를 알 수 있다. 하지만 다시금 이 자유는 본성의 일치로 확대된다. 이것이 에드워즈로 하여금 해방 또는 자유에 관한 본질을 논의할 수 있도록 이끌어준다. 자유에 관한 알미니안적 견해는 스스로 결정하는 능력과 우연성과 관련이 있다는 것을 에드워즈는 주목한다. 그리고 이 두 가지는 설명을 필요로 함으로, 그는 상당히 많은 시간을 들여 제2부에서 그것을 발전시킨다. 우리는 이 두 개념을 간단하게 요약할 수 있다.

"스스로 결정하는 능력"으로 에드워즈는 "그 의지가 스스로 잘못을 결정하고, 결정시에 그 자신 이외에 어느 것에도 의존하지 않으며, 행동보다 위에 있는 주권"을 의미한다. "우연성"으로 그는 "모든 필연적인 것과 반대되고, 이전의 어떤 근거나 존재의 이유에 고정된 연관성을 갖지 않음"을 의도한다. 알미니안에 따르면 이 두 가지가 "자유의 본질"을 제공하고, 이것이 없는 인간은 "진정한 자유를 갖지 못한다." 자유에 관한 이런 이해가 도덕적 작용과 책임에 관한 알미니안의 견해에 기저를 이룬다. 참되고 절대적으로 자유한 도덕적 작용인(agents)만이 행동에 책임을 질 수 있다고 그 논증은 전개한다.

에드워즈는 아무리 인간의 책임이 중요함을 인식한다할지라도, 이런 입장은 죄의 영향에 너무 적은 신임을 주고 자유의 진정한 의미를 놓치는 것이라고 생각했다. 게다가 자유가 구애받지 않는 선택의 임의성을 의미한다면, 이런 견해는 하나님의 주권과 섭리의 교리와 조화하는 데 문제가 있음을 본다. 하지만 자유가 선택과 스스로 결정하는 능력과 다른 어떤 것이라면 그것은 무엇인가?

에드워즈는 이 질문에 또 다른 질문을 함으로써 대답한다. 인간은 언제 가장 자유로울 것인가? 영화롭게 된 상태인 천국에 있을 때라고 그는 대답한다. 또한 그는 어떤 존재가 가장 자유를 갖는가라는 질문을 또 다시 생각한다. 그것은 하나님이시라고 대답한다. 두 개념에서 그는 알미니안적 견해와 자유의 진정한 의미에 관한 해답을 찾는다. 이 두 경우에서 자유는 스스로 결정하는 능력과 우연성(임의성)과는 거리가 멀다. 오히려 자유는 그 사람의 본성에 따라 행동하는 것과 관련이 있다.

다시 한번 아담의 타락이 이 개념을 이해하는 데 도움을 준다. 인간은 하나님을 예배하고 섬기고 교제하도록 창조되었다. 하지만 이 모든 것이 인간의 타락으로 인해 훼방을 받았다. 결과적으로 바울은 죄에 묶여 있는 인간에 관해 언급한다. 바울은 구원 이전에 우리들을 죄에 대한 노예로 말하고, 구속으로서의 우리의 회심에 대해 또는 죄의 노예된 상태에서 값 주고 사신 것에 대해 언급한다. 다시 말해서 구원은 우리의 원래 의도된 역할을 회복시키고, 우리가 본래 창조되었던 본래의 모습이 되게 한다. 천국의 영화로운 상태에서, 전적으로 죄된 본성이 없는 상태에서, 우리들은 본래 우리가 의도되었던 사람으로 완전하게 될 것이다. 죄를 선택하든 죄가 아닌 것을 선택하든 그 어느 것도 가능할 것이다. 따라서 에드워즈는 자유는 스스로 결정하는 능력이란 의미에서 선택과 우연성과는 관계가 없다는 것을 논증한다.

만약 이것을 하나님의 차원에서 생각해본다면, 얼마나 최고로 하나님이 자유로우신지를 알 수 있다. 그는 절대적으로 자유로우시다. 완전하시기 때문에 선택을 하실 필요도 없다. 에드워즈는 그것을 이렇게 설명한다. "영화롭게 된 성도는 어느 면에서도 전혀 축소되지 않는 자유를 갖는다… 그리고 그 용어의 참되고 적절한 의미에 따르면, 하나님은 스스로 가장 높으신 자유를 가지신다."

에드워즈는 도덕적 작용이라는 문제를 계속해서 다룬다. 만약 자유가 스스로 결정하는 능력과 임의성과 관련이 없다면, 도덕적 작용이 이것들을 역시 요구하지 않는다는 것을 주장한다. 그 대신에, 에드워즈에 따르면, 도덕적 작용인이 되기 위해서는 "도덕적 자질을 갖고 있고, 도덕적 감각에 있어서 선악을 적절히 결정할 수 있는 행동을 할 수 있는 존재"를 요구한다. 그리고 "도덕적 선과 악 또는 가치 있는 것과 가치 없는 것, 칭찬과 비난, 보상과 벌 같은 것들에 대한 감각을 갖는 존재"를 요구한다.

또한 에드워즈는 하나님을 도덕적 작용인으로 간주함으로써 이것을 설명한다. 에드워즈는 하나님을 가장 자유로우신 분이라고 고려한 후에 도덕적 작용인의 극치의 실례가 바로 하나님이라고 생각한다. 그 과정에서 그는 우연성(임의성)과 필연성을 대조시킨다. 우연성은 선택과 관련이 있고, 필연성은 그렇지 않다. 결과적으로 도덕적 작용인은 우연성에 근거해 있지 않다. 그는 이렇게 쓴다.

> 하나님은 가장 높으신 측면에서 작용인이시며, 무한하신 거룩 속에서 행하신다. 그는 필연적으로 가장 고결하시고, 그의 행위는 지극하고 절대적으로 완전하시며 찬양받기에 합당하시다. 하나님은 그런 것들을 가장 완벽하게 필요로 하신다.

하나님은 절대적으로 거룩하시고, 그의 의지는 선하신 대로 결정하신다. 이런 의미에서 하나님이 없는 것이 우연이며 선택이다. 우리는 덕을 하나님께로 돌리는 것을 명령받았고 그는 전적으로 찬양받기에 합당하신 방식대로 행하신다.

에드워즈는 이 작품에서 '진정한 책임은 선택으로 규정된 자유를 요청한다'는 문제제기를 계속해서 다룬다. 어떤 지점에서 그는 다소 직접적으로 이 문제제기를 언급하면서 다니엘 위트비를 인용한다. 위트비는 이렇게 진술한다. "모든 인간의 행동이 필연적이라면, 덕과 악은 텅 빈 이름뿐일 것이다. 우리는 비난받거나 칭찬을 받을 만한 그 어떤 것도 할 수 있는 능력이 없다. 누가 어쩔 수 없이 행한 사람을 비난하거나 피할 수 없었던 것을 한 일에 대해 칭찬을 받을 만하다고 판단할 수 있겠는가?" 다시 말해서 어떻게 죄지은 것에 대해 죄인을 비난할 수 있겠는가?

이 문제제기는 예정론 교리와 하나님의 주권에 관한 중요한 관점에 대한 오랜 동안의 걸림돌일 것이다. 이는 바울이 로마서 9장에서 토기장이와 토기에 관한 비유에서 언급한 하나님의 주권적 선택에 대한 도전에 해당한다. 바울은 수사적으로 질문한다. "이 사람아 네가 뉘기에 감히 하나님을 힐문하느뇨 지음을 받은 물건이 지은 자에게 어찌 나를 이 같이 만들었느냐 말하겠느뇨"(롬 9:20). 바울은 토기에 대한 토기장이의 특별한 권리를 언급함으로써 답변을 준다.

에드워즈는 제3부 전체를 이 질문에 대한 대답으로 구성한다. 그는 하나님의 필연적인 도덕적 탁월함에 비추어 하나님의 덕성과 관련한 요지를 재진술함으로 시작한다. 그는 성육신을 살피고, 그리스도가 이 땅에 계실 동안에 행하신 모습 속에서 덕성을 바라본다. 나아가서 에드워즈는 하나님이 죄악된 인간을 타락한 마음에 내버려 두셨다는 로마서 1장 28절과 같은 성경의 구체적인 기사와 유다에 관한 기사로 돌아간다. 따라서 사실상 이 문제제기는 성경에 반하는 문제제기가 된다.

4. 하나님의 의지를 따르는 것

제4부에서 에드워즈는 하나님의 의지가 모든 것을 결정짓는다는 것을

강조함으로써 자유의지에 관한 알미니안적 개념에 대해 최종적인 대답을 준다. 에드워즈가 선언하는 것처럼, "하나님의 주권은 기쁘신 뜻에 따라 행하시는 하나님의 능력이자 권위이다." 에드워즈는 하나님의 주권과 관련한 다른 요소들을 살펴봄으로써 그것에 관한 풍성한 윤곽을 탐구한다. 그는 주권이 다음과 같이 시행된다고 본다.

> 지고하시고 우주적이며 무한하신 '능력'은 그가 기뻐하시는 바대로 행하실 수 있으시다. 이 능력은 아무런 제재나 권한의 제한이 없으시며, 자그만 어느 것도 다른 능력에 구애되거나 방해를 받지 않으신다. 그는 불가능이 없으시며, 뜻을 이루는 데 어려움을 겪지 않으신다.

또한 하나님은 최고의 권위와 "뜻하신 바를 행하시기 위한 절대적이고 가장 완벽한 권리"를 가지신다. 그는 "모든 지도자의 머리이시며 모든 권위의 근원"이시기 때문이다. 하나님은 다른 사람들의 의지에 종속되지 않으시며, 다른 모든 사람들이 "그의 뜻에 완전히 종속된다." 마지막으로 에드워즈는 하나님의 지혜에 의해 총괄되는 하나님의 주권적 의지를 살핀다. 에드워즈는 이사야 40장 14절을 인용한다. "그가 누구로 더불어 의논하셨으며 누가 그를 교훈하였으며 그에게 공평의 도로 가르쳤으며 지식을 가르쳤으며 통달의 도를 보여주었느뇨?" 따라서 하나님의 지혜는 "지고하시고, 완전하시며, 자충족적이시며, 종속되지 않으신다"고 그는 쓰고 있다. 하나님의 주권에 대한 이런 윤곽들을 탐구한 그는 이렇게 결론을 내린다.

> 이와 다른 하나님의 주권이란 없다. 이것은 '절대적인 주권'이다. 그 어느 것도 이와 비교될 수 없으며, 이와 같은 영광과 존귀를 얻을 수 없다. 그 어느 것도 이와 같은 주권을 생각할 수 없다. 하나님의 주권은 위대하시고 영광스러우시다. 그의 뜻은 무한하고 모든 것에 충족하시는 지혜에 의해 결정된다.

에드워즈는 하나님의 의지가 모든 피조물들에 "가장 합당하고 좋은 것"을 가져오신다고 덧붙인다. 하나님의 의지가 하나님의 지혜에 의해 총괄된다면, 결정된 모든 것은 "가장 현명하시다." 그리고 만약 하나님이 그의 뜻을 완벽하게 이루실 수 있다면, 우리는 그의 뜻이 이루어질 것을 확신할 수 있고 그가 만사를 선하게 역사하신다는 것을 알 수 있다. 주목할 만한 구절에서 에드워즈는 "하나님은 우연하게 무의식적으로 행하거나 명하시지 않는다"는 것을 주목한다. 하나님은 이와 달리 장엄한 오케스트라 지휘자처럼 지휘하시고, 만사를 그의 뜻에 따라 이루신다.

5. 모든 영광을 하나님과 그리스도에게

에드워즈는 『의지의 자유』를 완성한 뒤에 알미니안 논쟁을 완전히 끝낸 것이 아니다. 그의 이름은 다른 사람들의 문서에 오르내렸고, 그는 이 문제를 계속해서 상고했다. 그는 스톡브리지로 떠나기 전 1757년 8월 3일에 친구인 존 에르스킨에게 보내는 편지에서 의지의 자유에 관한 문제에 대하여 가장 분명하고 간결한 사상을 제공했다. 이 편지에서 그는 『의지의 자유』에 관한 많은 중요한 개념들을 재진술하고, 목회사역과 하나님과의 관계에 대한 문제가 갖는 의미를 탐구한다.

에드워즈는 "인간의 성향과 행동의 도덕성에 필요한 것으로서의 의지의 자의적 결정을 형성하는 자유 개념은 상상할 수 없을 정도로 유해하다"라는 설명으로 시작한다. 필연성과 관련되어 이해되는 자유에 관한 반대 개념은 이와는 대조적으로, "이제껏 논의되고 알 필요가 있었던 도덕 철학의 가장 중요한 진리 중 하나이다." 이 가장 중요한 진리가 그리스도의 참된 필요를 볼 수 있게 한다는 것을 에드워즈는 발견한다. "인간의 마음의 나쁜 의지와 성향"이 죄의 본질이며 사악함의 핵심이다.

악한 의지는 구원과 하나님의 은혜를 받을 수 있는 우리의 무능력을 보게 하는 열쇠다. 이것을 무시하고 하나님을 선택하는 인간의 능력을 강조하는 것은 "자기 자신을 의존하게 만든다." 사실상 "이런 종류의 것들은 이 땅에서 벌어지고 있는 각성의 시대에 참된 겸손과 회심에 주요한 방해요소이다."

죄인이 그리스도를 선택한다는 시나리오는 "인간이 하나님에게 의존하지 않고 이 일에 있어서 하나님이 인간에게 의존하기 때문에 참된 믿음을 손상시킨다." "하나님은 우리가 결정하고 행할 것을 아시는 것에 의존하므로 그는 오직 필연적으로 행하신다." 그때에 에드워즈는 이것을 믿음과 대조시킨다. "참된 믿음의 본질은 우리의 구원의 모든 영광을 하나님과 그리스도에게 돌리는 성향을 의미한다." 『의지의 자유』에서 그는 이 진리를 이런 방식으로 설명한다. "죄인의 회심은 인간의 자기 결정 때문이 아니요 하나님의 결정과 영원한 선택 때문이다. 그것은 인간의 자유로운 의지에 달린 것이 아니라 절대적이며 주권적인 하나님의 의지에 달려 있다." 따라서 에드워즈는 의지, 자유, 구원이 하나님의 모든 영광을 보존하고 있다는 견해를 피력한다.

이것이 이 중요한 주제에 대한 에드워즈의 기여를 담고 있다. 그는 우리가 만드는 선택에 기여하는 어떤 것이 있다는 것을 상기시키며, 나아가서 그것이 우리의 삶을 형성하는 사상과 행동을 유발시킨다고 말한다. 우리의 의지 뒤에는 참된 본성이 있다. 우리는 죄에 대한 문제를 간과할 수 없으며, 의지에 대한 죄의 영향을 무시해서도 안 된다. 또한 우리가 의지의 자유에 관해 언급할 때, 에드워즈는 의지와 자유에 관한 개념을 분명히 할 필요가 있다는 것을 상기시킨다. 너무도 자주 우리는 자유를 '선택하는 것'으로 생각하고 있다. 대신에 그는 자유란 '우리의 본성과 일치되어 행동하는 것'으로 더 잘 간주될 수 있다고 상기한다.

우리가 그리스도 바깥에서 자유할 수 있으나, 불행하게도 이런 자유는 죄를 향해 있고 죄에 속박되어 있다. 우리는 하나님으로부터 멀어져서 거짓되게 자기 자신에 만족한다. 또한 우리는 그리스도 안에서 자유한다. 이것이 우리가 누리는 진정한 자유이다. 하나님이 우리로 하게 하신 것을 할 수 있는 자유가 있고, 우리로 되게 하신 것이 될 수 있는 자유가 있다.

6. 자료에 관한 노트

'의지의 자유'(*Freedom of the Will*)는 *The Works of Jonathan Edwards*(1834/1974), 1:1-93과 『조나단 에드워즈의 작품들』(*The Works of Jonathan Edwards*)의 예일판 1권인 폴 람지(Paul Ramsey)의 『의지의 자유』(*The Freedom of the Will*, 1957)에 나와 있다. 이 책에 선별된 것들은 *A Jonathan Edwards Reader*(1995), pp. 192-222를 포함하여, 에드워즈 명문집에 나타난다. 이 장에서 언급된 편지들은 『조나단 에드워즈의 작품들』(*The Works of Jonathan Edwards*)의 예일판 16권인 클라그혼(George S. Claghorn)의 *Letters and Personal Writings*(1998)에서 모두 찾아볼 수 있다.

제4부
설교

에드워즈는 무엇보다도 설교자이고, 그의 주된 장르는 설교이다. 그는 거의 1,400여 편에 해당하는 설교를 남겼고, 어떤 것은 매우 잘 알려져 있고, 어떤 것은 거의 연구가 되고 있지 않다. 제4부에서 우리는 단 세 편의 설교를 살필 것이다. 첫 번째 설교("진노하신 하나님의 손 안에 있는 죄인들")는 아마도 모든 미국의 설교 가운데 가장 유명할 것이다. 그 다음 설교("기도를 들으시는 지고하신 하나님")는 약간만 알려져 있으나 기도에 관한 도전과 통찰이 들어 있다. 마지막으로 이 단락은 전형적으로 청교도적인 것과는 다소 다른 이미지로 끝을 맺는다. 마지막 설교에서(『사랑과 열매』에서의 "천국은 사랑의 세계다") 에드워즈는 천국의 영광을 탐구한다.

제10장 자비의 문: "진노하신 하나님의 손 안에 있는 죄인들"

> 나는 노를 천천히 발하는(진노의 하나님은 은혜로 충만하시다),
> 나와 같은 하나님을 보이라고 세상에게 도전한다.
> 창조된 모든 미물이라도 죄악을 미워하라.
> 하지만 하나님은 회개할 때 모두 용서하신다.
> 웃는 얼굴로 침묵하신다.
> —에드워즈 테일러(Edward Taylor), '하나님의 결정'(God's Determination)

> 그리스도는 자비의 문을 활짝 열어 제쳐놓으시고
> 문에서 기다리시며 커다란 소리로 가련한 죄인들을 부르시며 외치신다.
> —조나단 에드워즈, "진노하신 하나님의 손 안에 있는 죄인들"

코네티컷의 엔필드는 노드햄톤의 코네티컷 강을 따라 뻗어 있는 말타기에 좋은 곳이다. 에드워즈는 이 길을 따라 여러 번 여행을 했다. 그는 강을 따라 말을 타고 지날 때, 이 코네티컷 리버 벨리 마을을 따라 펼쳐져 있는 하나님의 놀라운 역사를 볼 수 있었다. 1741년 3월에 에드워즈는 한 친구에게 다음과 같이 말했다. "이 겨울은 천국의 가장 놀라운 축복이 나의 가족에게 임하는 때입니다." 계속해서 그는 하나님이 노드햄톤 교회와 디어필드와 그리고 수필드와 같은 마을에 역사하고 계시다는 것을 주목한다. 사실상 몇 달 뒤 다른 편지에서 에드워즈는 "세상과 지옥이 이 지역에서 일어나고 있는 이 역사를 방해할 수 없습니다… 내가 알기로 하나님의 역사는 지금 이곳에 그 어느 때보다도 크게 역사하고 계십니다"라고 쓰고 있다. 하지만 강을 따라 그리고 뉴잉글랜드로 퍼지고 있는 부흥은 아직 엔필드에는 이르지 못하고 있었다.

에드워즈는 친구인 엘리저 휠록과 함께 엔필드에 갔다. 휠록은 원주민들을 위한 자선학교와 다트마우스대학교를 세우기 위해서였다. 그때 그는 부흥사이자 에드워즈의 친구였다. 휠록은 이보다 몇 주 전에 노드햄톤의 에드워즈를 방문한 적이 있었다. 아마도 그는 에드워즈에게 엔필드에 와서 설교를 해줄 것을 촉구했을 것이다. 그런데 전해 내려오는 이야기에 따르면 에드워즈가 당시에 엔필드에서 설교를 하게 될 것으로 처음부터 생각하지 못하고 예기치 않게 강단에 서게 되었다고 한다. 그는 노드햄톤에서 최근에 설교했던 신명기 32장 35절을 본문으로 사용한 설교 원고를 갖고 있었다고 한다. 1741년 7월 8일에 그는 재빨리 그 설교원고를 수정하여 미국 역사상 가장 유명한 설교인 "하나님의 손 안에 있는 죄인들"을 선포했다.

에드워즈의 사촌이자 동료 사역자인 매사추세츠 롱메도우의 스테펜 윌리암스는 우연히 그 날 엔필드의 청중 가운데 있었다. 그는 그 날의 놀라운 역사를 일기에 이렇게 기록했다.

> 엔필드에 갔을 때 우리는 존경하는 에드워즈 목사님을 만났다. 그는 신명기 32장 35절로부터 매우 각성을 일으키는 설교를 했다. 설교가 끝마치기도 전에 그곳에 커다란 탄식이 있었고, 온 집(교회)에 부르짖음이 있었다. "내가 구원받기 위해서 무엇을 하리요?", "오, 나는 지옥에 갈 것이다", "내가 그리스도를 위해 무엇을 하리요" 등등. 목사님은 사람들의 외침과 부르짖음이 있었기 때문에 더 이상 설교를 할 수 없을 정도였다. 청중들이 조용해지기를 기다린 후에 휠록 목사님이 기도를 하였다. 그 후 우리는 강대상에서 내려와 사람들과 교제를 하였는데, 여기저기에서 하나님의 놀라우신 능력이 그곳에 임하

고 있었다. 그 밤에 어떤 이들에게는 큰 역사가 일어났고, 위로를 받은 이들은 그들의 환경에 감사하고 찬양했다-하나님은 그들을 강건하게 하셨고 위로를 주셨다. 우리는 찬양을 부르고 기도하며 공회를 마쳤다.

『신앙과 정서』에서 에드워즈가 그러한 외적인 증거를 하나님의 진정한 회심의 역사에 불확실한 표지라고 여겼던 것을 기억할 것이다. 그 사건에 관한 또 다른 기사는 에드워즈가 청중들이 너무 흥분하지 않도록 액션을 취하지 않았다는 것을 지적한다. 그는 자신의 목소리를 일정하게 유지했고, 설교원고로부터 눈을 뗄 때도 눈을 한곳에만 응시했다. 게다가 그는 설교를 하다가 멈추고는 청중들이 진정할 때까지 기다렸다. 만약 그 능력이 설교방식에 있지 않다면, 그것은 분명히 설교 속에 있었던 말씀이었다. 에드워즈가 하나님의 진노와 죄인들의 곤경을 아주 조심스럽고 생생하게 그렸기 때문에 설교말씀을 듣던 사람들은 자신들의 진정한 상태를 깨달았다. 부흥이 엔필드에 임했다.

1. 매달린 거미와 열린 문

이 설교는 그 날 청중들에게 영향을 끼쳤을 뿐 아니라 하나의 이정표를 남기어 많은 청중들을 갖게 했다. 아마도 미국 역사상 그 어느 설교도 에드워즈의 "진노하신 하나님의 손 안에 있는 죄인들"보다 더 영향을 끼치지 못했을 것이다. 이 설교를 포함시키지 않은 미국문학명문집을 찾기가 어려울 정도이다. 그러나 전형적으로 이 설교는 청교도들을 우울하고 숙명적인 지옥 편향적인 예언자로 묘사하기를 원하는 사람들에게 손쉬운 목표물이 되기도 한다.

에드워즈는 임박한 상황을 나타내기 위해서 불꽃 위에 매달려 있는 거미의 형상을 사용한다. 이전에 나는 거미(flying spider)에 관한 관찰을 다시금 사용한다. 에드워즈는 영원한 형벌을 향한 인간의 타락을 끝없는 바다 속을 향해 가라앉고 있는 무거운 납덩어리로 비유한다. 댐에 담겨 있던 엄청난 물을 사용하여 하나님의 심판의 임박했음을 설명한다. 마지막으로 에드워즈는 하나님이 진노의 화살을 당기셨으며, 불의한 자들을 향해 정의의 화살을 조준하고 계시다는 것을 발견한다. 확실히 에드워즈는 절망의 모습을 그리고 있고 불의한 자를 기다리고 있는 보응과 상태를 호도하지 않는다. 그리고 이것이 대부분의 사람들이 기억하고 있는 "죄인들" 속에 있는 이미지이다.

하지만 에드워즈의 설교를 단순히 구덩이에 매달려 있는 거미로 남겨두는 것은, 완성하지 않은 채로 그림을 두거나 책을 절반만 읽고 남겨둔 것과 다름이 없다. 그의 설교 가운데는 더 많은 스토리가 있다. 자주 간과되는 또 다른 이미지가 있다. 그는 길을 잘못 들어선 사람들에게 말한다. "이제 여러분들은 특별한 기회를 갖고 있습니다. 그리스도가 자비의 문을 활짝 여시고 큰 소리로 가련한 죄인들을 부르시며 외치고 계십니다."

만약 우리 자신을 1740년대에 코네티컷 리버 벨리에 둔다면, 우리가 그 전선에 서 있다는 것을 몸소 깨달을 것이다. 우리의 위험을 깨닫고 보호받을 확실한 자리, 요새를 바라보게 될 것이다. 우리는 요새에 의해 제공되는 안전과 안보로 이끌어주는 큰 문을 상상할 수 있을 것이다. 아마도 이것이 에드워즈가 독자들로 하여금 자신의 설교로부터 취하기를 원했던 이미지, 곧 자비의 커다란 문의 이미지였을 것이다. 그리고 당신이 곤란과 곤경에 처했을지라도, 이 문을 통해서 아주 많은 사람들이 축제를 누리고 있음을 볼 수 있다고 에드워즈는 선언한다. 하지만 에드워즈는 참된 필요는 우리의 진정한 상태를 통해서 알 수 있다는 것을 인식하고 있었다. 그래서 그

문을 통해 올 것으로 요청하기 전에 모든 냉엄한 현실 속에서 죄의 모습을 그리고 있다.

2. 설교의 방법

한 학자는 이 설교가 에드워즈의 주된 문학적 장르라고 말한다. 에드워즈의 모든 사상은 설교 속에서 공적으로 표현된 것에서 먼저 찾을 수 있을 것이다. 이것은 물론 전혀 놀랍지가 않다. 그의 주된 소명은 목회였기 때문이다. 에드워즈는 아버지와 솔로몬 스토다드로부터 설교를 배웠다. 또한 청교도들에게 모범이 되었던 '설교교본'을 통해 배웠다. 이 설교에 대한 주된 교본은 윌리암 퍼킨스의 『대언의 기술』(The Art of Prophesying, 1592)이었다. 이 책은 청교도 설교의 정석적인 구조를 보여준다. 본문, 교리, 적용. "평이한 형태"라고 명명된 이 구조는 에드워즈의 설교 속에서도 그대로 나타났다. "진노하신 하나님의 손 안에 있는 죄인들"이란 설교도 마찬가지다.

에드워즈는 설교가 전인격, 즉 마음과 정신에 관여해야 한다는 청교도 스타일로부터 배웠다. 에드워즈는 감정을 자극하는 기교나 조작과 같은 수사학적인 장식에 의존하지 않았다. 하지만 그는 설교를 설교자와 청중들을 위한 순전히 지적인 연출로 간주하지도 않았다. 에드워즈가 영적인 진리의 합리적인 특징을 설명하는 데 많은 요지들을 발전시킨 것처럼, 설교는 지적으로 왕성하고 도전적이어야 한다. 그러면서도 청중들을 만족시켜 감동이 있게 해야 한다. 설교는 전인격으로부터 응답을 불러올 수 있어야 한다.

이것이 설교에 있어서 에드워즈의 소망이다. 먼저 에드워즈는 감정주의와 열광을 피하려고 했다. 당대의 많은 부흥사들과 설교자들이 이와 같은 특징을 이루었다. 한편으로 그는 혼자만의 썰렁한 설교를 피하려고 애썼다. 그는 진리를 강력하게 설파함을 통해 이 일을 이루어내었다. 그리고 "진노하신 하나님의 손 안에 있는 죄인들"은 이런 방식을 일구어내기 위한 가장 정제된 시도로 우뚝 서 있다.

위에서 언급한 것처럼 이 설교는 본문, 교리, 적용의 형태를 따르고 있다. 에드워즈는 신명기 32장 35절을 선택하였다. 실제로는 이 본문의 한 부분에 중점을 두고 있다. "그 일이 속히 임하리로다." 그는 이 구절을 배경에 두고서 임박한 운명과 관련한 네 가지 요지를 이끌어낸다. 본문의 주제는 불의한 이스라엘 사람들이 "예기치 않게 급작스러운 파멸에 항상 노출되어 있다"는 것이다. 그들이 아직 멸망하지 않는 유일한 이유는 "하나님이 정하신 때가 아직 오직 않았다"는 것이다. 이것은 자연스럽게 교리로 이끌어주고, 에드워즈는 역시 청교도적인 형태로, 그 사실을 하나의 선언적인 문장으로 설명한다. "사악한 사람은 어느 순간에도 지옥으로 떨어질 수 있다는 것입니다. 오로지 하나님의 기쁘신 뜻에 따라서 말입니다."

3. 한 순간도 안전함이 없다

에드워즈는 그 교리를 진술한 후에 설교의 다음 항목을 그것의 의미를 생각하는 데 바친다. 그는 끔찍하지만 필수적인 진리의 윤곽을 살피기 위해 열 가지 정도의 구체적인 요지를 이끌어낸다. 그의 첫 번째 요지는 하나님이 사악한 자를 지옥으로 내칠 수 있는 능력을 가지신 분이라는 것이다. 대적자와 반대자들을 이기려고 할 때 가끔 저항에 부딪히는 인간의 주권과 달리, 하나님은 능력이 부족하여 방해를 받지 않으신다. 이런 사상이 에드워즈를 붙잡아 심판하시는 하나님의 능력에 관해 필요한 관점을 청중들에게 상기시킨다. 그는 "우리는 꾸짖으실 때에 땅을 진동시키고 바위를 엎으시는 하나님 앞에 서 있다는 것을 생각해야 합니다"라고 말한다.

그때에 하나님의 정의는 사악한 자를 벌할 것을 요청하나 하나님이 이 심판을 늦추시는 것은 오로지 그의 자비 때문이라고 설명한다. 사실상 다음 번 몇 가지 요지에서 에드워즈는 사악한 사람들이 이미 정죄를 받았고, 하나님의 진노의 대상이 되었다는 것을 관찰한다. 오직 하나님의 자비만이 인간을 완전히 소멸에 이르게 하는 죄를 제어하신다. 에드워즈는 다음과 같이 죄의 끔찍함을 설명한다.

> 죄는 영혼을 파괴하며 비참하게 만듭니다. 본성상 그것은 파괴적입니다. 만약 하나님이 그것을 제어하시지 않는다면 영혼은 말할 수 없이 비참하게 되고 말 것입니다. 인간의 마음의 부패는 더 이상 조절할 수 없게 되며 분노는 한계가 없어집니다. 사악한 사람들이 여기에 사는 동안에 그것은 마치 하나님의 제어하심에 갇혀진 불과 같습니다. 반면에 그것이 풀어지게 된다면 그것은 본성의 길을 따라 불을 지필 것입니다. 그리고 마음이 지금 죄 아래로 침잠하게 될 때에 만약 죄가 제어함을 받지 않는다면 그것은 즉시로 영혼을 격노의 냄비나 천벌을 받는 용광로에 들어가게 할 것입니다.

에드워즈는 죄를 대단히 진지하게 다룬다. 그는 죄의 진정한 본질과 영향을 단호하게 다룬다. 어떤 이들은 이 말씀을 읽고서 에드워즈를 지독한 염세주의자와 부정주의자로 취급하는데, 사실상 에드워즈는 실제론자이다. 그는 그리스도로 말미암은 하나님의 자비를 설명하기 전에 우리 인간의 참된 필요를 보이고 있다. 에드워즈가 인간의 진정한 상태를 아주 생생하게 묘사하는 데 많은 시간을 들이고 있는 이유는 인간의 진정한 상태를 회피하고 무시하는 우리의 성향과 관계가 있다. 우리는 덮어두는 데 능숙

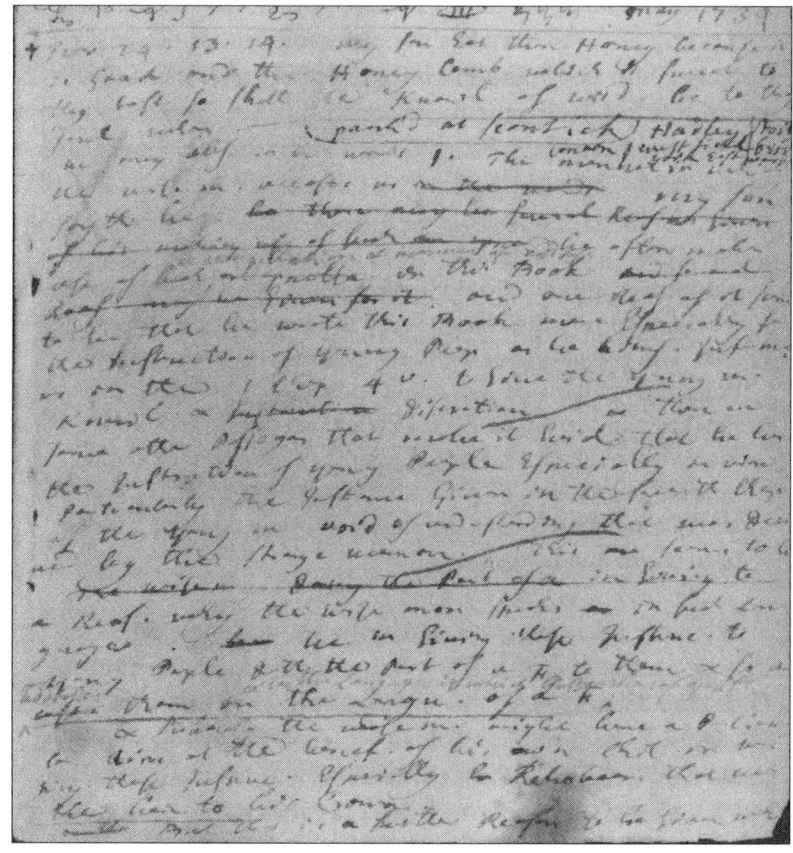

그림 10.1 에드워즈의 설교 초고

1723년에 에드워즈가 뉴욕에서 잠시 목회하고 있는 동안에 쓰여진 이 설교원고는 반복해서 교정을 했음을 보여준다. 그의 설교 원고 페이지는 전반적으로 가로 세로 4인치였다. 주어진 페이지에 그는 한 줄에 10-12단어를 포함하여 조밀하게 거의 28줄을 사용하였다. 그는 소책자를 만들기 위해서 이 페이지들을 수정하였을 것이다(예일대학의 베인에크 희귀본소장 도서관의 허락에 의한 것임).

하고, 자기기만의 기술에 익숙하다. 에드워즈는 마지막 몇 가지 요지에서 "거짓된 안전"이라는 교리를 발전시킴으로써 이것을 언급한다. 하지만 그는 "어느 한 순간도 사악한 인간들에게 안전함이 없다"는 것을 상기시킨다.

때로 이 거짓된 안전은 성취와 일과 놀이를 통해 온다. 때로 의학과 과학의 발전을 통해 온다. 그것이 불가피한 죽음으로부터 구원을 가져다줄 수 있는 것처럼 말이다. 그러므로 에드워즈는 그러한 노력의 무익성을 설명한다. "자연인들이 자신의 삶을 보존하려고 신중하고 세심하거나, 그들을 보존하려고 다른 사람들이 아무리 노력할지라도 그들은 어느 순간도 안전할 수가 없습니다."

어떤 다른 이들은 다가올 심판을 피할 수 있다고 생각한다. 에드워즈는 다시금 이렇게 언급한다.

> 그리스도를 거부하는 동안에 지옥을 피하기 위해서 사용하는, 그럼에도 불구하고 사악한 자들로 남아 있는, 모든 사악한 자들의 고행이나 고안들이 한 순간도 지옥으로부터 그들을 안전하게 지켜주지 못합니다. 지옥에 관해 듣는 거의 모든 자연인들은 스스로 그것을 피할 수 있다고 자만합니다. 즉 그들은 안전을 위해 자기 자신을 의존하며, 자신이 한 일과 지금 하고 있는 일, 또는 앞으로 하려는 일을 가지고 자만합니다.

그러나 에드워즈는 "어리석은 인간의 자녀들은 자신의 계획에 비참하게도 속습니다. 그들은 자신의 힘과 지혜를 확신합니다. 그리하여 그들은 그림자만 신뢰합니다"라고 반박한다. 에드워즈는 이렇게 결론을 내린다. "따라서 거듭나지 않은 사람은 하나님의 손에 붙들려 지옥 구덩이 위에 매달려 있는 것입니다. 그들은 불구덩이에 들어갈 만하며 이미 그 형벌을 선언 받았습니다." 다시 말해서 에드워즈는 "사악한 사람은 어느 순간에도 지옥으로 떨어질 수 있다는 것입니다. 오로지 하나님의 기쁘신 뜻에 따라서 말입니다"라고 말하면서 이 단락에서 처음에 시작한 지점으로 되돌아간다.

4. 전능하신 하나님의 진노

설교의 적용단락에 이르렀을 때, 에드워즈는 대단히 직접적이 된다. 그는 보다 정중한 2인칭 복수에서 직설적이고 강한 2인칭 단수로 전환한다. 그는 이와 같은 좋은 설교를 다른 사람들이 들었으면 하고 생각하지 못하게 만든다. 하지만 그는 직접적으로 그 목적을 가리킨다. "이 무서운 주제를 사용한 것은 회중들 가운데 회심치 않은 사람들을 일깨우기 위한 것이다."

여기서 에드워즈는 하나님의 진노의 긴급성을 가져다주는 강력한 이미지들을 풀어놓는다. 그는 외친다.

> 당신의 머리 위에는 하나님의 진노의 검은 구름이 있습니다. 끔찍한 폭풍이 있으며, 큰 천둥이 있습니다. 만약에 하나님의 제어하시는 손이 없다면 그것이 곧바로 당신 위에 임할 것입니다. 현재에 하나님의 주권적인 뜻이 거친 바람을 막고 있습니다. 그렇지 않았다면 진노가 임하고, 돌풍이 오는 것처럼 당신에게 파괴가 임할 것이며, 당신은 여름날에 타작마당의 겨처럼 날아갈 것입니다.

그 다음에 에드워즈는 구덩이 위에 매달려 있는 거미에 관한 예화를 사용한다. "사람이 거미를 쥐고 있는 것처럼, 또는 불 위에 미천한 벌레를 쥐고 있는 것처럼 지옥의 구덩이 위에서 당신을 붙잡고 계신 하나님은 당신을 보시고는 심히 꾸짖습니다. 당신을 향한 하나님의 진노는 불처럼 타오르고 있습니다." 하나님의 진노는 우리가 일반적으로 생각하는 하나님의 속성 가운데 하나는 아니다. 사실상 우리는 그 속성을 흔히 간과하곤 한다. 그러나 에드워즈는 하나님의 진노의 모습을 이해하는 것이 하나님의 은혜의 풍성하심과 사랑의 경이로움을 충분히 이해할 수 있는 열쇠라고 깨닫고 있다.

에드워즈는 하나님의 진노의 네 가지 특징으로 우리의 관심을 돌린다. 첫 번째로 그 진노가 하나님의 진노이기 때문에 무한하다. 이 사실은 우리로 다시 겸손하게 만들고 하나님의 경외와 두려움 앞에 서게 만든다.

두 번째로 하나님의 진노는 맹렬하시다. 성경은 하나님의 진노를 격노와 맹렬함으로 표현하고 있다. 그러나 여기서 에드워즈는 "이제 하나님은 당신을 가련하게 보신다"라고 말한다. 하나님은 대적자들에게 진노를 퍼부으실 것이지만, 그는 자비로 충만하셔서 가련한 죄인들을 동정하신다.

세 번째로 하나님의 진노는 사랑과 비례한다. 하나님의 사랑이 지극하시고 충만하신 것처럼 하나님 진노도 그러하시다. 우리는 하나님의 사랑을 생각하기를 더 좋아하지만, 하나님의 자기 계시의 충만함 속에서 하나님을 보아야 한다. 신성을 취사선택해서는 안 된다. 우리는 하나님을 그의 특징의 충만한 계시 속에서 바라보아야 한다. 하나님의 사랑이 중심인 것만큼 그의 진노 역시 그러하다.

네 번째로 하나님의 진노는, 그의 사랑처럼 영원하시다. 하나님과 영원히 분리되고, 그의 진노 아래 영원히 고통을 받는 것이다. 에드워즈는 "매일 매시 이 엄청난 진노와 무한한 비참의 위험 가운데 있는 사람의 상태는 얼마나 끔찍스러운가!"로 결론을 내린다.

5. 그리스도께 나오라

하지만 에드워즈의 설교는 여기서 멈추지 않는다. 그는 비참한 운명의 지옥 편향적인 예언자가 아니다. 이 모든 것들은 마치 마지막 주요 요지에 이르기 위한 서론과 같다. 에드워즈 테일러가 이 문제를 시적으로 표현한 것처럼 "하나님은 웃는 모습으로 찡그리신다." 에드워즈는 그리스도의 자비가 필요하고 경이롭다는 것을 강조하기 위해서 하나님의 진노와 사악한 사람들에 대한 불가피한 심판을 그리고 있다. 에드워즈가 설교를 통해 상기시키고자 하는 것이 아래에 나와 있다. 적용의 이 마지막 단락에서 에드워즈는 자비의 넓은 열린 문을 통해 그리스도께 나아올 필요가 있다는 것을 강조한다. 그는 엔필드의 청중들에게 하나님이 이웃하는 마을에서 행하신 역사를 상기시키며 수필드(Suffield)를 직접 거명한다. 그는 축복의 하나님의 때를 같이 나눌 것을 권면한다.

당신들은 지금 아주 특별한 기회를 갖고 있습니다. 그리스도께서 긍휼의 문을 활짝 열고 큰 소리로 불쌍한 죄인들을 부르시는 시대에 살고 있습니다. 수많은 사람들이 그리스도께 몰려와 하나님의 나라로 들어가는 시대에 살고 있습니다. 동서남북으로부터 수많은 사람들이 매일 하나님의 나라로 들어오고 있습니다. 그 중에는 당신처럼 아주 비참한 상태에 있다가 최근에 회심하여 행복해진 사람들도 많이 있습니다. 지금 그들의 가슴은 자기들을 사랑해주신 주님을 향한 사랑으로 가득 차 있습니다. 주님의 보혈로 죄 씻음받은 그들은 하나님의 영광의 소망 가운데서 즐거워하고 있습니다. 이런 가운데 홀로 뒤에 남아 있다니요, 얼마나 끔찍한 일입니까! 다른 많은 사람들이 잔치에 참여하고 있는데 초췌한 모습으로 멸망해가면서 그 광경을 바라보아야 하다니요! 다른 많은 이들이 기뻐하며 찬양하고 있는데 슬피 애통하는 가운데 그 모습을 바라보아야 하다니요! 이런 상황에 어떻게 그렇게 태평할 수 있겠습니까? 지금 수필드에서는 매일 많은 사람들이 그리스도께 몰려오고 있습니다. 당신의 영혼은 그들의 영혼만큼 소중하지 않습니까?

그 다음에 그는 교회의 다양한 그룹에게로 가서 그리스도에게로 올 것을 모든 사람들 – 젊었든 늙었든 – 에게 요청한다. 어린아이들에 대한 에드워즈의 도전은 다소 잔인하고 의도적으로 어린아이들에게 겁주는 것처럼 보일지 모르나, 에드워즈가 그리스도 바깥에서 죽는 사람들은 사실상 진노를 받을 것임을 진정으로 믿고 있다면 그것은 당연하다. 그는 미래의 심판을 생각함으로 기쁨을 갖지 못하는 것이 아니라, 어린아이들을 포함하여 모든 사람들이 "왕 중의 왕이신 분의 거룩하고 행복한 자녀"가 된다는 것을 의도하고 있다. 그러므로 계속해서 이렇게 말한다.

이 자리에는 연세가 많으심에도 불구하고 아직 중생하지 못한 분들이 있습니다. 또한 이스라엘의 이방인들처럼 그동안 살아오면서 저주의 날에 임할 진노를 쌓은 것 외에는 아무것도 한 일이 없는 사람들이 있습니다. 연세가 지긋하신 분이시여, 당신은 매우 위험합니다. 그동안 많은 죄를 범했으며, 그 마음이 역시 극도로 강퍅해져 있습니다. 하나님이 긍휼을 이처럼 놀랍게 베풀고 계신 시대에도 나이 드신 분들이 구원받지 못한 채 죽는 것을 여러분들은 직접 목격하지 않습니까? 이제 당신 자신에 대해서 생각해야 합니다. 잠에서 완전히 깨어 정신을 차려야 합니다. 당신은 무한하신 하나님의 맹렬한 진노를 견디지 못할 것입니다. 그리고 젊은이 여러분, 지금 다른 많은 젊은이들이 덧없고 허망한 모든 것을 거부하고 그리스도께 몰려오고 있습니다. 그런데 당신은 당신이 향유하고 있는 그 소중한 시기를 등한히 여길 것입니까? 젊은이들이야말로 정말 특별한 기회를 가지고 있습니다. 그런데 만약 그것을 등한히 여기면, 당신도 곧 다른 사람들처럼, 그 소중한 젊은 시절을 죄 가운데 탕진해버리고, 눈멀고 강퍅해진 마음으로 비참하게 죽어 가는 사람들처럼 되고 말 것입니다. 그리고 이곳에 있는 어린이 중 회심하지 않은 어린이 여러분, 지금 밤낮으로 당신에게 분노하고 계신 하나님의 무서운 진노를 향해 지옥으로 달려가고 있다는 사실을 모르시나요? 이 땅에 있는 다른 많은 어린이들은 지금 회심하여 왕의 왕 되신 하나님의 거룩하고 행복한 자녀들이 되고 있는데, 어찌 마귀의 자녀로 머무시겠습니까?
노인이든, 젊은이든, 어린이든 할 것 없이, 지금 그리스도 밖에 있어 지옥 구덩이 위에서 하나님 손에 붙들려 있다고 생각되는 사람들은 큰 소리로 부르시는 하나님의 말씀과 섭리에 귀기울이십시오.

그때에 이것이 곤란한 상황을 연출하고 있을지라도, 에드워즈는 곧바로 하나님이 놀라운 역사를 베풀고 계시다는 마지막 요지를 펼친다. 그것은 하나님의 자비와 은혜에 대한 놀라운 간증이며, 한편으로 초청하는 시간에 역으로 저항하는 마음이 발생할 수도 있다. 하지만 엔필드의 사람들과 우리들에게 에드워즈는 하나님의 은혜를 단순하게 가정하거나, 자비의 열린 문을 당연한 것으로 취급하지 않는다. 그는 청중들에게 하나님의 진노로부터 피할 것을 강력히 요청하며 결론을 맺는다.

지금은 주님이 받으실 만한 때입니다. 그러나 이때가 어떤 이들에게는 큰 은혜의 때가 될 수 있지만, 또 어떤 이들에게는 확실히 놀라운 복수의 날이 될 수도 있을 것입니다. 만일 우리가 우리 영혼을 등한히 여긴다면, 이런 은혜의 때에 마음이 더 강퍅해져 더욱더 죄를 짓게 될 것입니다. 하나님은 어떤 사람들을 그 마음의 완악한 대로 내버려 두사 깨닫지 못하게 하시기도 하는데, 이런 사람이 되는 것보다 더 위험한 일은 없을 것입니다. 하나님은 사방으로부터 지금 택한 자들을 불러모으시고 계십니다. 그리고 지금은 그 어느 때보다도 훨씬 사람들이 단기간에 구원을 받고 하나님 나라로 들어갈 것입니다. 사도 시대에 유대인들에게 성령이 크게 임하셨던 것처럼 이제는 그렇게 성령이 크게 임할 것입니다. 택함받은 자들은 성령을 받을 것이요 택함받지 못한 사람들은 눈이 멀어 그것을 보지 못할 것입니다. 만약 당신이 택함받지 못한 사람들 가운데 속한다면, 이 날을 영원히 저주할 것이요, 태어난 날을 저주할 것이며, 성령이 쏟아져 내리는 때를 보느니 차라리 그것을 보기 전에 죽어 지옥으로 가고 싶을 것입니다. 지금은 세례 요한의 때처럼 도끼가 특별하게 나무 뿌리에 놓여 있는 때입니다. 그래서 좋은 열매를 맺지 아니하는 나무마다 베임을 당하여 불에 던지어질 것입니다.
그러므로 아직 그리스도 바깥에 있는 사람들은 모두 깨어 장차 임할 진노로부터 도망하십시오, 지금 여기 있는 분들 가운데도 전능하신 하나님의 진노가 분명히 임할 것입니다. 우리 모두 소돔으로부터 도망하여 나옵시다. "그 사람들이 그들을 밖으로 이끌어 낸 후에 이르되 도망하여 생명을 보존하라 돌아보거나 들에 머무르거나 하지 말고 산으로 도망하여 멸망함을 면하라."

에드워즈는 하나님의 임박한 진노를 강조하면서 처음에 시작했던 곳으로 되돌아온다. 그는 한바퀴를 돌아, 하나님에 관한 충분한 견해를 묘사하려고 애쓴다. 하나님은 자비와 동정으로 충만하시고, 우리를 용서하시고, 동시에 진노와 맹렬하심으로 정죄하십니다. 에드워즈는 모든 청중들 특히 오늘날의 민감한 청중들이 이 말씀을 들을 준비가 되어 있지 않다는 언급하기 힘든 말을 한다. 그러나 죄와 그 결과에 대한 에드워즈의 이해는 그 그림의 절반만을 채우고 있다. 에드워즈에게서 죄의 끔찍함은 하나님의 은혜를 광대하게 하며, 사악한 자들의 상태는 그리스도의 자비에 대한 필요를 가리키고 있다.

6. 자료에 관한 노트

"진노하신 하나님의 손 안에 있는 죄인들"(Sinners in the Hands of an Angry God)은 에드워즈의 모든 명문선집에 나올 뿐만 아니라 미국문학과 역사자료들의 명문선집에도 나온다. 그것은 힉만(Hickman)판 『조나단 에드워즈의 작품들』(The Works of Jonathan Edwards, 1834/1974), 2:7-12에도 나온다. 또한 The Sermons of Jonathan Edwards: A Reader(1999), pp. 49-65에도 포함되어 있다. 이 설교는 존 제퍼리 파넬라(John Jeffery Fanella, 1996)에 의한 『진노의 하나님의 손 안에 있는 죄인들』(Sinners in the Hands of an Angry God: Made Easier to Read)이라는 소책자에도 현대어로 기재되어 있다.

제11장   높은 특권: "기도를 들으시는 지극히 높으신 하나님"

하나님이여 찬송이 시온에서 주를 기다리오며 사람이 서원을 주께 이행하리이다
기도를 들으시는 주여 모든 육체가 주께 나아오리이다
죄악이 나를 이기었사오니 우리의 죄과를 주께서 사하시리이다
주께서 택하시고 가까이 오게 하사 주의 뜰에 거하게 하신 사람은 복이 있나이다
우리가 주의 집 곧 주의 성전의 아름다움으로 만족하리이다
-시 65:1-4

지극히 높으신 하나님은 기도를 들으시는 분이시다.
-조나단 에드워즈, "기도를 들으시는 지극히 높으신 하나님"

1735년 말경에 북동부의 잔인한 겨울이 보스턴 식민지 마을을 습격하였고, 그로 인해 유행성전염병이 돌아 많은 사람들이 병들고 죽게 되었다. 노드햄톤 교회에도 직간접으로 이 전염병이 퍼져 에드워즈와 교인들은 친척과 친구들을 잃고 슬퍼했다. 금식일이 선포되고, 에드워즈는 기도에 관해 설교했다. 이미 많은 사람들은 기도를 하고 있었다. 하지만 자주 그런 것처럼 한동안 기도를 했지만 아무런 결과가 나타나지 않자, 어떤 사람들은 의문하며 의심했다.

에드워즈는 이것을 기도에 관한 주제를 가르치고, 하나님의 특징과 하나님의 뜻 그리고 이 세상에서의 하나님의 역사를 살피는 기회로 삼았다. 그는 교인들에게 우리의 기도를 실제 들으시는 하나님이심을 언급함으로써

그들의 질문에 훌륭한 답을 주었다. 다시 말해서 에드워즈는 훌륭한 신학 속에서 기도에 관한 사상을 뿌리내렸다.

아마도 에드워즈를 혼란케 했던 당시 교회의 한 가지 양상은 신학과 실천하는 기독교적 삶 사이에 있었던 예리한 구분이다. 『신앙과 정서』에서 자아에 관한 개념을 논증하고 머리와 가슴을 구분짓는 것을 비판함으로써 신학과 기독교적 삶의 필연적인 연관성을 논증했다. 이 설교가 아주 잘 보여주는 것처럼, 에드워즈는 기독교적 삶이 엄격한 신학에 의해 형성되어야 하고, 또 신학은 실천에 의해 생기를 부여받아야 한다고 믿었다. 신학과 크리스천의 삶은 배타적이지 않고 서로를 필요로 한다. 기도에 관한 주제에 있어서도 마찬가지이다. 에드워즈가 이 설교에서 신학과 실천적인 그리스도인의 삶을 기술적으로 잘 조화시키고 있기 때문에 여기서 이 주제에 관한 에드워즈의 취급은 매우 두드러진다.

따라서 이것은 에드워즈의 삶과 사상을 점검하는 데 포함시키기에 매우 적합한 설교이다. 여기서 필요한 사람들에게 하나님과 말씀에 관한 지식을 정확하게 적용시키는 목자로서의 에드워즈를 보게 되는데, 그는 적절히 매우 설득력 있는 방식으로 그렇게 한다. 그는 이 설교에서 기도에 관한 여러 단계들을 설명한다. 그 가운데 중요한 것은 기도가 하나님의 유일성을 드러내고 있는 방식이다. 우상은 기도를 보지 못하고, 듣지 못하고, 응답하지 못한다. 우상은 필요 또는 간구자의 욕구에 관한 개념이 없고, 이런 필요들을 충족시켜 줄 수 있는 능력이나 힘이 없다. 하지만 하나님은 우리가 소리를 내기도 전에 그 필요를 아신다.

에드워즈는 '왜 기도하는가?' 라는 분명한 질문을 한다. 이 질문은 매우 실제적인 질문이고, 하나님의 주권에 관한 에드워즈의 높은 견해 때문에 더욱더 그러하다. 『의지의 자유』에 관한 논의에서 언급한 것처럼, 만약 하나님이 무엇이 일어날 것인지를 미리 정하시고 일어나게 하신다면, 기도를 왜 하는가? 그것이 무슨 소용이 있는가? 간단한 대답은 기도가 하나님과 관계되어 있기보다는 우리들과 관계되어 있다는 것이다. 긴대답을 위해서는 에드워즈의 설교를 좀더 가까이 살필 필요가 있다.

1. 들으시는 하나님

에드워즈는 이 설교의 본문인 시편 65편 2절의 "기도를 들으시는 주여 모든 육체가 주께 나아오리이다"를 읽은 후에 간단한 해설을 제공한다. 그는 이 구절이 하나님께 감사하고 찬양하는 시편이라는 것을 언급한다. 나아가서 하나님 앞에 자신의 문제를 아뢰게 했던 심히 곤란한 환경들과 관련하여 다윗이 하나님께 간구한 장면에 뒤이어 나오고 있다고 추론한다. 분명히 하나님은 다윗의 기도를 응답하셨고, 이제 다윗은 찬양을 드린다.

이 본문으로부터 에드워즈는 "그러므로 우리는 지극히 높으신 하나님의 특징은 기도를 들으시는 하나님이시라는 교리를 얻을 수 있습니다"라고 말한다. 그 다음에 하나님이 기도를 들으신다는 사실이 무엇을 의미하는지를 살펴봄으로써 그는 이 교리를 발전시킨다. 첫째로 하나님은 우리의 기도를 "하나님께 드리는 제사"로 수납하신다는 것을 지적한다. 아울러 기도는 하나님을 기쁘시게 하는 제사다. 사실상 하나님은 "받으신 것에 따라 행하신다." 다시 말해서 우리의 간구를 열납하실 때에 기뻐하시고, 기쁨을 얻으신다. 그리고 기도할 때에 하나님은 그의 은혜와 주권과 충족으로 우리로 "그분 안에서 쉼을 주신다." 에드워즈는 사무엘상 1장에서 이에 관한 실례를 찾는다.

> 한나는 하나님 앞에 와서 자신의 영혼을 쏟아내었습니다. 그녀는 자신의 슬픔

과 괴로움을 온전히 내어놓았습니다. 그리고 나서 18절에 나오는 것처럼 가서 먹고 다시는 수색이 없었습니다. 그것은 하나님이 만들어주신 새로운 회복이었습니다. 그녀는 하나님께 조용히 순복하며, 자비를 의지하였습니다. 그리고 하나님은 그녀를 용납하셨음을 보여주셨습니다.

에드워즈는 하나님이 어떻게 기도에 기쁘게 응답하시는가를 계속 전개한다. 그는 하나님이 자비의 보좌로 신자들이 접근할 수 있도록 허락하신다는 것을 강조한다. "그는 은혜의 보좌에 앉으셔서, 보좌를 가리시지 않으시고 우리를 막지 않으신다"고 언급한다. 하나님은 우리가 그에게 다가갈 수 있게 허락하시고, "우리를 자주 초청하십니다. 그렇습니다. 하나님은 우리가 기도로 찾는 것을 기뻐하십니다." 나아가서 에드워즈는 하나님이 기도에 후히 응답하신다는 것을 주목한다. 그는 이 사실을 인색한 인간의 성향과 대조시킨다.

인간들은 주는 것에서 자주 물러나는 것을 볼 수 있습니다. 그들이 갖고 있지 못해서이기도 하고, 요청한 사람들을 좋아하지 않기 때문이기도 합니다. 그들은 어떤 이들에게 무언가를 줄 때 잘못된 마음을 갖습니다. 하지만 하나님은 이와는 반대로 후히 주시고, 자격이 없다고 비난하지 않으십니다. 하나님은 당신을 찾는 사람들과 교통하심에 있어서 매우 풍성하십니다.

하나님이 기도를 듣고 응답하시기 때문에 에드워즈는 "지고하신 하나님은 거짓 신과는 구별됩니다"라고 증거한다. 에드워즈가 우상들을 "단순한 막대기요 돌에 불과하다"고 말한 것처럼, 우상들은 귀는 있으나 듣지 못하며, 눈이 있으나 보지 못한다. 그와는 반대로 참된 하나님은 보고 들으신다. 사실상 에드워즈는 하나님이 세상 각처에서 기도하는 모든 사람들의 환경을 다 아신다고 지적한다. 그는 "세계의 여러 다른 부분에서 수백만

명이 하나님께 기도할지라도 지식에 있어서 무한하신 하나님은 모든 사람들의 기도를 듣는 데 어려움이 없으십니다"고 말함으로써 우리의 기도를 들으시는 하나님이 얼마나 놀라우신가를 상기하게 만든다. 하나님의 완벽한 지식은 "우리가 필요로 하는 것을 알기 위해서 우리들로부터 들을 필요도 없으시다. 그는 구하기 전에 우리가 필요로 하는가를 알고 계심"을 의미한다.

우상들은 "거짓과 허영만이 있다. 그들은 도움을 주지 못한다." 그러나 하나님은 옆에 서서 우리의 필요를 풍성히 채우신다. 하지만 이것은 우리가 하나님의 복을 누리기 위해서 왜 기도해야하는가에 관한 문제를 제기시킨다. 에드워즈는 이런 식으로 그 질문을 한다. "하나님은 자비를 부여하기 위해서 왜 기도를 요청하시는가?"

2. 왜 기도해야 하는가?

먼저 에드워즈는 우리의 필요를 하나님께 알리기 위해서 기도하는 것이 아님을 먼저 지적한다. "하나님은 전지하시고, 그의 지식은 불변하십니다. 하나님은 정보에 의해 지식을 얻으시는 분이 아니십니다." 사실상 하나님은 우리가 목소리를 담아 올리기도 전에 우리의 필요를 우리보다 더 잘 아신다.

또한 하나님의 마음을 바꾸기 위해서 기도하는 것이 아니다. 에드워즈는 "하나님이 마치 기도자에게 감동되어 설득을 당하시는 것처럼 때로 묘사되지만, 하나님은 기도자에 의해 적당히 움직이시거나 좌우된다고 생각해서는 안 된다"라고 인정한다. 에드워즈는 "하나님이 전지하시기 때문에 그 어떤 지식을 얻으신다고 하는 것이 불가능한 것처럼, 하나님 안에 새로운 성향과 의지가 생겨난다는 것은 불가능하다"고 추론한다.

그럼에도 불구하고 에드워즈는, "하나님은 기도가 자비의 부여에 선행하는 것으로 여겨지는 것을 기뻐하시고, 기도의 결과로 자비를 부여하시기를 기뻐하신다. 마치 하나님이 기도에 의해 영향을 받으신 것처럼 말이다"라고 관찰한다. 다시 말해서 하나님은 그 목적과 결과를 정하시고, 수단도 정하신다. 기도는 하나님의 뜻을 이루기 위해 하나님이 정하신 수단이다. 이것이 우리를 하찮게 만들지라도, 하나님은 당신의 뜻을 수행하심에 있어서 그의 백성들의 기도라는 수단을 정하셨다. 우리는 하나님의 마음을 바꾸기 위해서 기도하는 것이 아니라 하나님께 사용될 수 있기 위해서 기도한다.

나아가서 에드워즈는 기도가 우리를 변화시키는 방법에 집중함으로써 '왜 기도해야 하는가'라는 질문에 대답한다. 하나님은 우리로 하여금 하나님께 절대적으로 의존해야 한다는 것을 깨닫게 하기 위해서 기도를 통해 하나님께 요청하기를 원하신다. 에드워즈는 이런 식으로 그것을 설명한다.

> 우리가 하나님으로부터 자비를 받고자 할 때, 자비를 주시는 하나님께 겸손히 간구하는 것은 우리가 필요로 하는 것들을 주시는 하나님의 자비와 능력을 의지한다는 적절한 인식이며, 모든 선한 것들의 창조자이시자 원천자이신 하나님께 적절히 경의를 표하는 것입니다.

또한 기도는 하나님이 행하실 일과 주실 복을 위해 우리를 준비케 함으로써 우리를 변화시킨다. 에드워즈는 "기도는 그 마음이 하나님의 자비를 받을 만하게 준비시키고, 응답받을 때에 그 안에서 기뻐하고 감사하게 만든다"라고 말한다. 기도는 요청과 응답에 있어서 하나님께 온전히 의존하는 마음을 갖게 만든다. 그러므로 기도는 "우리가 요청하는 자비를 위해 간구함에 있어서 하나님께 대한 의존감을 불러일으키고, 하나님이 채우실 것에 대한 적절한 믿음을 발생시켜, 자비를 얻을 때 하나님의 이름을 영화롭게 하게 만든다."

마지막으로 기도는 하나님의 특징과 우리의 특징에 대해 가르쳐준다. 우리의 기도를 들으시고 응답하심은 하나님의 본성적 특징을 말해준다. 그것은 하나님의 은혜를 선포해주며, 그의 선하심을 알려준다. 또한 우리의 무가치함에 비추어 하나님의 자비로우심을 가리켜준다. 우리의 연약함에 비추어 하나님의 모든 충족성을 강조해준다. 지고하신 하나님은 "무한한 은혜와 자비의 하나님이심"을 기도는 상기시켜준다. 그리고 그 은혜에 대한 우리들의 필사적인 필요를 상기시켜준다. 그러나 에드워즈는 기도 속에서 우리가 오직 하나님 아버지만을 아는 것은 아니라는 사실을 주지시킨다.

3. 그리스도께서 값 주고 사심

이 설교에서 에드워즈의 그 다음 방식은 그의 문서와 사상에서 중심을 이룬 주제 중 하나이다. 그리스도의 탁월성과 최고권. 에드워즈는 대제사장으로서의 그리스도의 역할을 살핌으로써 이 놀라운 진리를 설명한다. 이 대제사장의 역할에서 그리스도는 속죄와 중보의 사역을 하는 중보자로서 기능한다. 에드워즈는 기도가 어떻게 그리스도의 중재적 역할을 통해 가능한지를 보이기 위해 그리스도의 이 두 가지 사역을 가져온다. 그는 먼저 "그리스도가 피흘리심으로 죄가 속하여졌고, 우리와 하나님을 분리시키는 담과 같은 죄책이 우리를 방해하지 않게 되었고, 또한 우리의 기도를 통과시키지 않는 구름이 없게 되었다"라고 언급함으로써 속죄에 관한 그리스도의 사역에 관심을 기울인다. 그리스도의 속죄로 말미암아 분리시키는 담이 무너졌고, 구름이 걷히어졌다.

그림 11.1 노드햄톤 교회(1874)

1734-1735년의 부흥은 노드햄톤 교회를 부흥케 했다. 새로운 교회가 1735-1737년에 세워졌다. 이것은 1874년에 윌리암 프랫(William Pratt)이 그린 그림이다(매사추세츠 노드햄톤의 포베스 도서관의 허락에 의한 것임).

만약 속죄하시는 그리스도의 사역이 없었다면 "우리의 죄책이 하나님께 접근하는 것을 막아버리는 놋담처럼 작용했을 것"이라고 에드워즈는 주장한다. 하지만 "그리스도의 순종이 그를 믿는 사람들의 기도가 들려질 수 있는 특권을 값 주고 사셨다." 십자가에서 그리스도께서 지불하신 보상은 죄로부터의 구속을 사신 것이며 기도의 특권을 사신 것이다.

그리스도의 중보 사역이 기도를 가능하게 했다. 사실상 에드워즈는 "그리스도가 하늘의 하나님 우편에서 중보하심으로 그의 백성들이 기도를 할 수 있게 했다… 그는 자신의 이름으로 하나님께 나아오는 모든 사람들을 위해 지금도 계속해서 중보하신다. 하나님의 백성들의 기도가 그리스도의 손을 통해 하나님 아버지께 상달된다"고 강조한다. 속죄와 중보라는 그리스도의 사역은 십자가 위에서 값 주고 사신 것이며 그것이 기도의 놀라운 특권을 가져왔다.

히브리서의 저자는 오늘도 계속해서 중보자가 되시는 그리스도의 사역을 서신서 전체에 걸쳐서 지적한다. 히브리서의 저자는 속죄에 대한 그리스도의 완성된 사역과 계속되는 중보의 사역을 실제로 동시에 가져온다.

> 그러므로 우리에게 큰 대제사장이 있으니 승천하신 자 곧 하나님 아들 예수시라 우리가 믿는 도리를 굳게 잡을지어다 우리에게 있는 대제사장은 우리 연약함을 체휼하지 아니하는 자가 아니요 모든 일에 우리와 한결같이 시험을 받은 자로되 죄는 없으시니라 그러므로 우리가 긍휼하심을 받고 때를 따라 돕는 은혜를 얻기 위하여 은혜의 보좌 앞에 담대히 나아갈 것이니라(히 4:14-16).

또한 히브리서의 저자는 그리스도가 "항상 살아서 우리를 위해 간구하신다"(히 7:25)라는 말씀을 덧붙인다. 에드워즈가 결론을 내리는 것처럼, "우리는 영광스러운 중보자를 갖고 있다. 그는 우리의 기도가 끊임없이 하나님의 정의와 위엄의 영광스러움에 상달되도록 그 길을 준비하신다."

4. 우리의 특권

설교의 적용부분에 도달했을 때, 에드워즈의 첫 번째 사상은 기도를 들으시는 하나님께 우리가 기도할 수 있는 높은 특권을 가졌다는 것을 강조한다. "많은 인간들이 이 특권을 갖지 못하고 있습니다"라고 에드워즈는 상기시킨다. "그들이 필요로 하는 것이 무엇이든, 고통과 슬픔이 무엇이든 그들은 기도를 들으시는 하나님을 갖지 못하고 있습니다." 하지만 우리는 "우리를 아시는 참된 하나님을 갖고 있습니다. 무한하신 은혜와 자비의 하나님을 갖고 있습니다. 불쌍한 자들에게 긍휼을 베푸시는 하나님을 갖고 있습니다. 우리 하나님은 고통과 슬픔 가운데 있는 우리에게 긍휼을 베푸십니다. 우리의 외침을 들으시고, 우리가 필요로 하는 안식을 주십니다." 어떤 곤란과 염려가 있을지라도, 우리는 하나님께 나아가 위로와 격려와 자비와 은혜를 얻을 수 있다.

그렇다면 왜 우리는 기도를 소홀히 하고 우리의 높은 특권에 무관심해하는가? 에드워즈는 기도가 항상 응답되는 것이 아니기 때문에 우리가 기도하는 일을 가끔씩 소홀히 한다는 것을 지적함으로 반응한다. 그는 이것을 변명으로 제시하고 있지 않다. 그럼에도 불구하고 그는 응답되지 않은 기도의 실제를 잘 인식하고 있다. 그는 이 주제를 다루기 위해서 적용에서 시간을 낸다.

에드워즈는 응답받지 못한 기도의 문제에 대해 세 가지로 답변한다. 첫째로 그는 분명한 이유를 주목한다. 하지만 우리들은 그것을 인정하는 데 그렇게 신속하지 못하다. 하나님이 어떤 기도에 응답하지 않으시는 이유는 우리가 "좋지 못한 목적"으로 어떤 것을 구했다는 것이다. 보통 이것이 에드워즈가 "허망한 것"으로 언급한 것과 관련이 있는 사례일 것이다. 하지만 보다 더 넓게 적용할 수 있다. 하나님은 그러한 기도에 응답하지 않으시는데, 그것이 오히려 "대적자로서 작용할 수 있기" 때문이다. 에드워즈는 야고보서 4장 3절을 인용한다. 그 구절은 이런 식으로 그 개념을 표현한다. "구하여도 받지 못함은 정욕으로 쓰려고 잘못 구함이니라."

그러한 기도에 하나님이 응답하시는 것은 우리의 삶을 스스로 파멸케 하고 하나님의 뜻에 반대되게 살게 할 것이다. 그러나 우리의 기도에 대해서 이것을 바로 인식하는 것은 항상 쉽지가 않다. 하지만 에드워즈의 말은 우리가 무엇을 요구하고 있는지를 생각할 필요가 있다는 것과 항상 우리의 동기를 감찰하고 마음을 살펴볼 필요가 있다는 것을 상기시킨다.

하나님이 기도에 응답하시지 않는 두 번째 이유는 우리의 믿음의 부족과 신실성과 관련된다. 에드워즈는 이런 기도의 형태를 "불신하는 기도"로 명명한다. 기도하지만, 하나님이 역사하실 것을 진심으로 기대하지 않는다. 전형적으로, 특별히 텔레비전 복음전도자 시대에 이것은 웅장한 빌딩을 짓거나 하늘로부터 재정적인 뜻밖의 횡재를 거두는 것에 적용될 수 있다. 에드워즈는 이 신실치 못함을 우리의 삶에서 죄의 압도적인 영역과 특히 연관짓고 있다.

> 때로 마음 속에 기대함이 없이 기도하는 경우가 있다. 죄에서 멀리 해달라고 기도하면서 실제 생활에서는 죄를 멀리할 의도를 보이지 않는다. 그들은 죄를 사랑하고 선택하며 그 죄를 전적으로 떠나지 못한다.

에드워즈는 그러한 불신앙적인 기도를 일깨운다. 모든 것을 보시는 하나님이 "참된 기도와 거짓된 기도를" 보실 수 있다는 것을 상기시킨다. 또한 그는 불신앙적인 기도에 관한 개념을 어떤 것을 이루기 위해서 자기 자신의 능력과 충족함을 순전히 믿고 기도하는 것에 적용한다. 그는 그러한 기도를 하는 사람들은 하나님에 대한 의존과 하나님께서 모든 것을 채워주신다는 믿음을 가식으로 갖고 있다고 지적한다. 사실상 그런 사람들은 "자기 자신을 믿으며 하나님에 대한 확신이 없다." 에드워즈는 하나님이 이런 가식을 어떻게 올바르게 보시는지 독설적인 실례를 제공하며 보여주고 있다. "그들은 말로는 거지인 것처럼 보이나 마음으로는 채권자이며 마치 하나님을 채무자처럼 보이게 합니다."

에드워즈는 믿음에 의한 기도의 중요성을 표현함으로써 이 부분에 관한 자신의 사상을 결론짓는다. "기도는 하나님에 대한 의존을 보이는 것입니다. 하나님의 충족성과 자비를 믿는 것입니다. 그러므로 믿음과 신뢰가 없다면, 그것은 하나님 보시기에 기도가 아닙니다."

응답되지 못한 기도의 문제에 관한 에드워즈의 세 번째이자 마지막 대답은 타이밍의 개념으로 요약된다. 에드워즈가 설명하고 있는 것처럼, "하나님은 기도를 들으시는 하나님이시다. 그는 기도를 응답하시는 시간과 방식에 있어서 지혜로 역사하신다." 때때로 기도할 때 우리는 하나님의 손에 그 타이밍을 맡겨드리지 못한다. "기도가 하나님을 지시할 수는 없다"는 것을 깨닫지 못한다. 하나님은 "무한히 현명하시기 때문에, 하나님은 우리보다도 우리에게 더 좋은 것을 잘 아시며, 어떤 시간과 방식이 가장 좋은 것인지를 아신다."

하나님께 기도응답의 타이밍이 달려 있을 뿐 아니라, 그 응답의 세부적인 사항도 하나님께 달려 있다. "우리가 요구하는 바로 그것을 주시지는 않을지라도, 하나님은 기도를 응답하신다"고 에드워즈는 상기시킨다. 그는 이렇게 계속해서 언급한다.

> 만약 기도의 목적이 우리의 선과 행복이라고 한다면, 아마도 하나님은 우리가 요구하는 바로 그것을 주시는 것보다 그밖에 다른 것을 주시는 것으로 그 기도에 응답하실 수 있습니다. 그리고 만약 우리가 기도시에 목적하고 있는 중

요한 선이 응답되어진다면, 설사 우리가 추구했던 개인적인 일들이 이루어지지 않았을지라도, 우리의 기도는 사실상 응답된 것입니다.

다시 말해서 하나님은 항상 기도에 응답하신다. 하지만 우리의 타이밍에 따라서가 아니다. 우리가 마땅히 해주셔야 한다고 생각하는 그런 방식이 아니다. 하나님은 기도를 듣고 응답하시는 데 실패가 없으시다. 다만 때로 우리가 그 응답되는 방식을 다르게 생각할 뿐이다.

따라서 응답되지 못한 기도가 기도하지 않음에 대한 변명이 될 수 없다. 에드워즈는 기도가 특권이라는 사실을 다시 확인함으로써 적용부분을 끝맺는다. 특권으로서의 기도는 값 주고 사신 대가와 직접적으로 비례한다. 기도의 특권은 오로지 십자가 위에서의 그리스도의 피의 대가로 오는 것이다.

또한 특권은 책임을 포함한다. 기도의 특권이 주어졌기 때문에 기도가 의무라는 사실을 에드워즈는 추론한다. 그는 이렇게 언급한다.

> 만약 우리가 기도를 들으시는 하나님을 갖고 있는 커다란 특권이 있다면, 그 특권을 사용하기를 게을리 하고 활용하지 않는다면, 그것은 얼마나 어리석은 일입니까? 우리가 기도로 하나님을 찾는 특권을 빼앗기는 것이 아닙니까? 은밀한 기도를 드릴 커다란 의미를 소홀히 하는 자는 책망을 받아 마땅합니다. 은밀한 기도는 그 어느 것보다 하나님의 말씀 속에 확실히 요구되었습니다.

에드워즈는 은밀한 기도를 언급한다. 그것은 개인 기도를 일컫는 방식이다. 에드워즈는 개인 기도 활동을 그리스도인의 삶을 사는 데 매우 중요한 요소로 간주한다. 그는 스톡브리지에 도착한 직후에, 매사추세츠의 유명한 정치가이자 군사지도자인 윌리암 페퍼렐(William Pepperell)에게 편지를 썼다. 그는 그 편지에서 스톡브리지의 모하크와 모히칸들을 위한 학교의 종교교육철학에 대한 것을 논하고 있다. 그는 안식일, 매일의 가정예배 그리고 교리강좌에 대해서 강조하고 있고 덧붙여서, "어린이들을 가르치고 지도하는 데에 '은밀한 기도'와 관련된 특별한 관심을 기울일 필요가 있습니다. 모든 이들에게 이 의무를 강조하고 확장시켜야 합니다. 모든 이들이 은밀한 기도를 적절히 행할 수 있도록 관심을 기울여야 합니다"라고 말한다.

에드워즈는 이런 활동이 필수적이라고 생각했다. 그리하여 추궁하는 듯한 질문을 한다. "의무를 소홀히 한 사람에게 무슨 상급이 있겠습니까?" 에드워즈는 이 질문에 대답할 필요를 갖지 않는다. 당연히 받을 상급이 없을 것이기 때문이다. 그 다음에 그는 우리가 기도를 들으시는 하나님을 갖고 있기 때문에 우리의 반응은 단순하다고 권고한다. 기도해야 한다. 그는 마지막 조언을 제공한다.

> 기도의 의무를 많이 감당해야 합니다. 우리는 모두 간구하고 기도해야 합니다. 기도의 삶을 살아야 합니다. 끊임없이 기도하고, 인내로 지켜보아야 합니다. 기도는 항상 신실하고, 강하고, 쉬지 않아야 합니다.

에드워즈는 항상 하나님의 탁월성과 아름다움과 조화로움에 사로잡혀 있었다. 이 개념이 그의 글과 설교에 가득 넘친다. 1735년과 1736년 동안에 하나님은 에드워즈의 설교와 사상을 사용하시어, 코네티컷 리버 벨리와 에드워즈의 노드햄톤 교회에 부흥을 가져오셨다. 그리고 기도에 관한 이 설교에서 에드워즈는 하나님의 탁월성을 강조한다. 에드워즈는 기도, 즉 그리스도인의 삶의 근본적인 활동을 구체화시킨다. 그는 하나님이 보이지 않으실지라도 항상 들으시고 응답하신다는 것을 상기시킨다. 더욱이 하나님은 우리에게 기도를 요청하시고 요구하심으로써 우리가 절대적으로 하나님과 그의 은혜와 자비에 의존하고 있다는 사실을 상기시키신다. 마지막으로 에드워즈는 하나님이 우리의 기도를 들으시는 것은 지극한 대가, 즉 그리스도의 속죄를 통해 값 주고 사신 것임을 상기시킨다.

하나님만이 기도를 들으시는 분이시다. 기도의 활동이 이를 증거해 준다. 그것은 하나님의 유일성과 무한하신 은혜와 자비 그리고 모든 것을 충족시키시는 능력을 가리켜준다. 기도는 그 어느 활동보다도 하나님의 탁월성을 전달해준다.

5. 자료에 관한 노트

에드워즈의 잘 알려진 다른 설교와는 달리 "*The Most High, a Prayer-Hearing God*"는 여러 판에서 발견되지는 않는다. 하지만 힉만(Hickman)판 『조나단 에드워즈의 작품들』(*The Works of Jonathan Edwards*, 1834/1974), 2:113-118에서는 찾아 볼 수 있다. 윌리암 페퍼렐(William Pepperell)에게 보낸 편지는 예일판 『조나단 에드워즈의 작품들』(*The Works of Jonathan Edwards*), 16권인 클라그혼(George S. Claghorn)의 *Letters and Personal Writings*(1998), pp. 406-414에 들어 있다.

제12장   영광스러운 축복: "천국은 사랑의 세계이다"

> 사랑은 언제까지든지 떨어지지 아니하나 예언도 폐하고 방언도 그치고
> 지식도 폐하리라 우리가 부분적으로 알고 부분적으로 예언하니
> 온전한 것이 올 때에는 부분적으로 하던 것이 폐하리라.
> ─고전 13:8-10

> 천국이 축복 받은 세계라면,
> 이것이 우리가 선택한 나라요, 추구할 기업이 되게 하라.
> ─조나단 에드워즈, 『사랑과 열매』(Charity and Its Fruits)

1738년에 에드워즈는 지고한 크리스천의 덕성에 관한 바울의 찬송시를 가지고 15편의 시리즈 설교를 했다. 사랑(love), 또는 다른 번역본(Authorized Version)에 따르면 자비(charity)가 에드워즈에게서 "모든 참된 신앙의 본질"을 나타내었는데, 그때 그는 『신앙과 정서』를 쓰고 있었다. 에드워즈에게서 사랑은 진정한 종교적 정서의 증거였는데, 『사랑과 열매』라는 설교 시리즈에서 그는 이 심오한 개념을 탐구하고 크리스천의 삶과 윤리에 대한 의미를 밝히는 일을 시작하였다.

1735년과 1736년의 부흥이 지나가고 대각성과 관련한 부흥이 멀리서 다가오고 있었다. 노드햄톤 교회에 대한 의무를 넘어서서 여행하며 설교해 달라는 에드워즈에 대한 요구가 잦아들었고, 교회가 다시금 에드워즈를 요청하기 전에 몇 년간의 시간이 있었다. 연속된 이런 부흥이 일어나던 시

기에 에드워즈는 두 가지 조직적이고 광범위한 설교 시리즈를 발전시켰다. 고린도전서 13장에 관한 이 설교와 『구속의 역사』(History of the Work of Redemption)라는 이사야 51장 8절에 대한 소망이 넘치는 30편의 설교 시리즈. 『구속의 역사』처럼 에드워즈는 어느 날 이 설교들을 책으로 출판할 것을 계획했을 것이다. 하지만 그 계획은 그가 생존했던 시대에는 실현되지 못했다.

에드워즈의 손자인 트리온 에드워즈(Tryon Edwards)가 출판을 준비할 때인 1851년까지 이 설교는 초고 형태로 남아 있었다. 트리온 에드워즈는 출간된 책의 서문에서, 이 강연들이 에드워즈에 의해 출판되지는 않았을지라도 『의지의 자유』, 『신앙과 정서』, 『구속의 역사』와 같은 작품들의 범주에 들어갈 수 있다는 것을 주목한다. 트리온 에드워즈는 이 강연들이 "강력하고 분명한 사상, 진리에 대한 폭넓은 포괄적인 견해, 인간 본성에 관한 정확한 지식, 에드워즈의 작품을 특징짓고 있는 성경에 대한 확실하고 익숙한 지식으로 특징지어져 있다"는 것을 언급한다.

또한 트리온 에드워즈는 이 설교의 주제가 "대단히 실제적이고 중요하다"는 것을 강조한다. 그는 자신의 조부가 이 설교들을 통해 보여준 사랑의 여러 측면들과 경이로움, 즉 "중생한 영혼의 하나님에 대한 첫 번째 출발", "구원하시는 은혜의 확실한 증거", "그리스도인의 성품의 온전과 완전", 나아가서 성도들이 "하늘에 계신 아버지와 같이 되고, 하나님의 존전에 합당한 사람이 되게 하는 것"이라고 사랑을 요약하여 언급한다. 에드워즈는 이 모든 개념들을 사랑에 관한 바울의 놀라운 작품에서 발전시킨다. 바울은 "그 중에 제일이 사랑"이라고 언급한다(고전 13:13).

1. 그 중에 제일

에드워즈는 『사랑과 열매』를 『신앙과 정서』에서 발견한 것과 동일한 강조를 가지고 시작한다. 『신앙과 정서』에서 사랑이 "모든 참된 신앙의 본질"인 것처럼, 여기서도 사랑은 "모든 덕성의 총체"가 된다. 사실상 이것이 첫 번째 설교의 교리가 되고 그것이 더욱더 확장된다. 참된 그리스도인을 다른 사람들과 구분짓는 모든 덕성은 그리스도인과 하나님의 거룩한 사랑으로 요약된다. 에드워즈는 "인간이 뜻하는 것을 갖기도 하고, 뜻하는 것을 행하기도 하지만, 만약 사랑이 없다면 그것은 아무것도 아니다"라고 강조한다.

이 기초가 되는 설교에서 그는 거룩한 사랑이 무엇을 의미하는지를 설명하고, 사랑의 근원이 어떻게 하나님의 특징 속에 깊이 뿌리내리고 있는지를 보여주기 위해서 공을 들인다. 이런 종류의 사랑의 형태는 하나님의 영을 필요로 한다. 중생치 못한 상태 또는 바울의 "자연적인 상태"는 그러한 사랑의 능력이 결핍되어 있다. 그렇다면 성령이 생산하는 이 사랑은 무엇인가?

에드워즈는 이 사랑이 "다른 사람들을 존중하는 성향과 정서"라고 말한다. 에드워즈가 사랑이라고 말할 때, 그것은 일반적인 감정과는 다르다는 것을 우리는 기억해야 한다. 그는 일반적인 감정보다 더 깊은 것을 언급하고 있다. 말하자면 그는 다른 사람들을 향해서 또는 위해서 살아가는 온전한 삶에 관해서 생각하고 있다. 궁극적으로 이 사랑은 하나님을 향해 있다. 하지만 이 사랑은 "우리의 동료 피조물들"을 향해서도 있다.

역시 에드워즈의 사랑에 대한 이해의 중심은 자기 자신에게 관심을 집중하지 않는다는 개념과 관련되어 있다. 에드워즈가 설명하고 있는 것처럼, "하나님을 옳게 사랑한다는 것은 그의 탁월하심과 본질적 아름다움과 거룩하심 때문이다." 이에 더하여 그는 "성도들을 사랑하는 것도 동일한 동기에서 나온다. 그들의 거룩함 때문에 그들을 사랑하는 것이다"라고 언급한다. 어느 인간도 자신의 개인적 동기가 중심이 되어서는 안 된다. 이기적인 관심을 넘어서야 한다. 사랑은 하나님을 위한 것이다. 그가 우리를 위해 무언가를 하실 것이기 때문에 우리가 그 사랑으로 무언가를 얻을 것이기 때문이 사랑하는 것이 아니라, 그의 거룩하심 때문에 그것이 마땅한 태도이기 때문에 하나님을 사랑하는 것이다. 그리고 에드워즈는 "이 하나님에 대한 사랑이 인간에 대한 자애로운 사랑의 기초가 된다"라고 언급한다.

이 시리즈의 일곱 번째 설교에서 에드워즈는 이 개념을 더욱더 확장시키는 기회를 갖는다. 사랑은 이기적인 정신과는 정반대임을 주목한다. 타락이 있기 전에 인간은 자기 자신을 넘어서서 창조주 속에서 창조주를 통해 의미와 성취를 찾을 수 있는 능력을 갖고 있었다. "하지만 타락하자마자 인간은 이 고귀한 원리를 즉시 잃어버렸고, 인간의 영혼이 가졌던 탁월한 측면을 상실하여, 그때 이래로 그 부분이 매우 축소되었다"라고 에드워즈는 언급한다. 인간은 "자기 자신 안에 갇혀 다른 사람들을 도외시하게 되었다." 하지만 이제 우리는 그리스도의 구속으로 말미암아 다시 한번 자기 자신을 확장시킬 수 있는 능력을 갖는다. 더 이상 자기 자아에 사로잡히는 사람이 아니다. 더 이상 자기 자신을 질식시킬 필요가 없다. 그리스도인의 사랑은 자기 자신의 관심을 넘어서서 다른 사람들에 대한 관심과 필요를 갖는다.

에드워즈는 그 시리즈의 첫 번째 설교에서 그리스도인의 삶의 모든 다른 덕성과 의미가 어떻게 사랑으로부터 나오는지를 보여준다. 참된 사랑은 순종과 신뢰와 존경을 낳는다. 다른 사람들과 기뻐하게 만든다. 모든 가식과 쇼와 기만을 제거하게 만든다. 바울의 말을 따라서 에드워즈는 사랑이 없이 다른 덕을 행하는 것은 위선과 불신앙에 해당한다는 요지를 만든다.

또한 에드워즈는 모든 덕성의 총체로서 사랑을 논증한다. 그것은 하나님의 말씀에서 요구된 전반적인 의무와 율법에 한계를 정해준다. 마태복음 22장에 나오는 그리스도의 말씀은 이런 각도에서 사랑을 찬양한다. 여기서 하나님과 이웃에 대한 사랑이 마음을 사로잡고 율법의 호흡을 감찰한다. 바울의 말을 생각나게 한다. 믿음, 소망, 사랑이라는 바울의 주요 덕목 중에 끝까지 남는 것이 사랑이고, 그 중에 제일은 사랑이다.

따라서 에드워즈는 모든 덕의 총체로 사랑을 확립함으로써 이 주제에 관한 설교의 근거를 놓는다. 그는 그리스도인의 여행의 마지막 지점에 이르는 궁극적인 사랑의 궁극적인 표현에 이르기까지, 바울이 쓴 장을 통해 그리스도인과 하나님의 사랑의 형태를 탐구하는 여행을 계속한다.

2. 온전한 것이 올 때

에드워즈는 사랑 시리즈의 마지막 요지를 위한 본문으로 고린도전서 13장 8-10절을 선택했다. 그 단락은 "사랑은 언제든지 떨어지지 아니하나"라는 말로 시작한다. 그는 그리스도인의 사랑의 영원한 본질을 강조하면서 이 구절의 의미를 이전 설교에서 다루었다. 여기서 그는 자신의 관심을 온전한 것과 부분적인 것 사이의 구분과 관련된 이 본문의 다른 부분으로 관심을 돌린다. 에드워즈는 이 두 용어에 관한 바울의 사용을 교회와 개별적인 신자들의 상태를 나타내는 것으로 해석한다. 따라서 에드워즈는 온전한 것을 개별적인 신자들의 삶의 종말과 영화를 나타낼 뿐만 아니라 세상의 끝으로서의 전투적인 교회의 종말을 의미하는 것으로 간주한다. 다시 말해서 "온전한 것이 올 때는"은 천국을 일컫는다.

에드워즈는 온전의 두 측면을 인식하고 있을지라도, 바울이 전투적인 교회의 종말에 초점을 맞추고 있다고 제기한다. 이것은 하나님의 계획의 궁극적인 성취를 만끽하며 마지막 목적지에서 누리는 "교회의 영화로운 상태이다." 그리고 천국에서도 사랑은 절대 폐하지 않는다. 사실상 이 설교에 대한 간결하고 압축적인 "교리"가 전달하고 있는 것처럼, "천국은 사랑의 세계이다." 에드워즈는 자신의 다른 설교의 형태를 따르면서 이 교리를 발전시키는데, 사랑의 세계를 더 잘 볼 수 있게 하기 위해서 천국과 관련된 많은 것들을 살핀다.

C. S. 루이스는 우리가 얼마나 천국을 실제화시키지 못하는가를 언급했다. 천국을 실제 장소로서 항상 생각하지 않기 때문이다. 천국을 생각할 때에 어려움이 발생하곤 한다. 때로 미묘한 추상적인 방향으로 나아가는 공상을 하기도 한다. 또 다른 때 우리는 물질화시키는 경향에 사로잡혀 현세상과 다르지 않은 세계를 구축한다. 이 설교에서 에드워즈는 잘 알려진 질문을 한다. 천국은 무엇과 같은가? 하지만 그는 이 질문에 일상적인 방식으로 대답하지 않는다. 그는 우리가 할 것과 될 것이라는 측면에서 묘사하지, 우리가 가질 것과 천국이 어떠한 모습일지에 관해서 언급하지 않는다.

그는 천국에 있는 분들을 생각함으로 시작한다. 그는 먼저 하나님에 대한 관심을 갖는다. 성부와 성자와 성령의 충만 속에서 하나님은 "사랑의 근원"이시다. 이 사랑은 차고 넘쳐 하늘의 다른 분들인 천사와 성도들에게 반영된다. 사랑이 이 땅의 모든 덕의 총체인 것처럼, 천국에서도 마찬가지이다. 따라서 에드워즈는 천국이 사랑의 실천을 제공하는 "뛰어난 현장"임을 묵상한다. 그는 이 장엄한 주제를 여섯 가지 요지를 사용하여 생각한다. 에드워즈가 천국이 어떠한지를 이해할 수 있도록 돕고 있기 때문에 우리는 아래에서 그 가운데 몇 가지를 살필 것이다.

3. 사랑의 원천

하나님은 어느 곳에든 편재하시고, 하늘과 땅을 채우고 계신 분이실지라도, "다른 곳과는 달리 더욱더 특별하게 임재하시는데", 천국이 바로 하나님이 특별히 거하시는 장소라고 에드워즈는 강조한다. 천국은 하나님의 "궁전이요 알현실(presence chamber)"이다. 그러나 하나님은 삼위일체적 존재로 충만하게 천국에 거하신다는 것을 에드워즈는 재빨리 상기시킨다.

> 그곳에는 자비의 아버지이신 하나님 아버지이자 사랑의 아버지가 거하십니다. 그는 독생하신 아들을 보내실 만큼 세상을 사랑하셨습니다. 그곳에는 중보자 예수 그리스도가 거하십니다. 그에 의해서 하나님의 사랑이 성도들에게 표현되고, 그에 의해서 사랑의 열매를 구입하셨습니다. 또한 그를 통해서 성도들은 교제하며, 사랑이 모든 교회의 심장에 분여됩니다… 그곳에는 거룩한 사랑의 영이신 성령이 계십니다. 그 안에 하나님의 본질이 들어 있고, 그 안에서 모든 것이 흘러나오며, 사랑 안에서 숨쉬게 됩니다. 그의 직접적인 영향에 의해 모든 거룩한 사랑이 모든 교회의 심장에 흘러넘칩니다.

삼위일체의 각 위들이 천국에서 거룩한 사랑의 근원과 본질에 기여하고 있는 것처럼, "삼위 하나님은 무한하시고 불가해한 사랑으로 연합된다." 그는 모든 사람이 마시고 수영하기에 충분한 사랑과 기쁨의 강으로 넘쳐흐르는 원천이시다. 그는 사랑의 홍수로 세상을 넘쳐흐르게 하실 수 있는 수원이시다. 에드워즈는 "천국을 사랑의 세계"라고 주장한다. "태양이 빛의 원천인 것처럼, 하나님이 사랑의 원천이 되시기 때문이다."

만약 사랑이 하나님의 존재로부터 나온다면, 그것이 그의 특징을 나타내는 것은 당연하다. 따라서 에드워즈는 하나님의 사랑은 무한하고, 모든 것을 충족시키며, 영원하다고 강조한다.

그러므로 그가 무한한 존재라는 사실을 안다는 것은 그가 무한한 사랑의 원천이시라는 것을 알게 해줍니다. 그가 모든 것을 충족시키시는 분이라는 사실을 안다는 것은 그가 모자람이 없이 충만하게 넘쳐흐르는 사랑의 원천이시라는 것을 알게 해줍니다. 그가 변함이 없으신 영원한 존재라는 사실을 안다는 것은 그가 변함이 없이 영원한 사랑의 존재라는 것을 알게 해줍니다. 하나님이 거하시는 천국에 이제껏 있었던 거룩한 사랑의 흐름과 방울은 모두 하나님으로부터 발현됩니다.

삼위일체 안에서 표현된 이 사랑이 천국의 다른 거주자들인 천사와 성도들에게 흘러넘친다. 에드워즈는 이렇게 외친다. "이 복받은 사회에 속한 모든 구성원들이 아름답습니다. 이 가정의 아버지(하나님)가 아름다우신 것처럼, 모든 자녀들(성도)도 그러합니다. 몸의 머리(그리스도)가 아름다우신 것처럼, 모든 지체들(성도)이 아름답습니다." 아버지와 아들과 성령을 잇는 사랑이 하나님과 자녀들을 잇는다. 사실상 이 상호적인 사랑이 세상의 창조에 기인하고, 인간 존재에 대한 이유가 된다. 말하자면, 삼위일체 안에 표현된 이 사랑이 넘쳐흘러, 다른 사람들과의 관계를 갖게 만든다. 에드워즈는 천국을 세상에 대한 하나님의 계획의 궁극적인 성취이자 하나님과 그의 백성들 간의 특별한 연합으로 그리고 있다.

4. 영광스러운 환경

더욱이 천국의 모든 지체들은 순전하고 거룩하다. "그 어떤 종류의 죄와 경망과 실패의 흔적이 없을 것이요." 고로 천국을 통치하는 사랑의 원리는 아무런 장애를 받지 않는다. 에드워즈는 이 설교의 교리 부분의 마지막 두 요지에서 이 사상을 발전시킨다.

에드워즈가 지적하는 것처럼, "이 세상에 있는 사랑의 대부분은 거룩하지 못한 본성을 갖고 있다." 우리의 부족과 죄가 하나님을 사랑하고 다른 사람들을 사랑하는 고귀한 시도를 손상시킨다. 하나님과 다른 사람들 그리고 자기 자신조차도 경멸스럽게 다루기 때문에 다툼과 분쟁과 반목이 그치지 않는다. 하지만 천국에서는 사랑이 "부패한 원리와 이기적인 동기 그리고 비열하고 추악한 목적으로 발생되지 않는다." 성도들은 하나님을 위해서 하나님과 다른 사람들을 사랑한다. 하나님과 맺고 있는 관계를 위해서 그리고 그들에게 임하고 있는 하나님의 형상을 위해서 하나님과 다른 사람들을 사랑한다. 앞에서 언급했던 꽉 막힌 자기 사랑에서 해방되어, 하나님과 다른 사람들을 사랑하는 것으로 확대된다.

에드워즈는 "이 세상에서 겨자씨 한 알처럼 마음속에 있었던 것이 커다란 나무처럼 될 것입니다"라고 말한다. 우리 자신을 넘어서서 하나님과 이 세상의 다른 사람들을 사랑할 때가 천국에서는 매우 확장된다. 에드워즈는 "시기나 악독, 보복과 경멸, 이기심이 없는 곳에 우리는 들어가게 될 것입니다"라고 계속 언급한다. 따라서 교리 부분에서 에드워즈의 마지막 요지는 "사랑이 천국에서 표현되고 향유될 영광스러운 환경"임을 강조하고 있다.

그는 이것을 열 가지 부요지를 가지고 열거한다. 첫째로 사랑은 항상 상호적임을 밝힌다. 천국에서 사랑의 행위는 항상 보답이 있다. 사랑을 실천하는 사람은 자신이 사랑하는 사람에 의해 무시를 당하여 슬픔을 당하는 일이 결코 없을 것이다. 천국에는 응답되지 않는 사랑이 없다.

둘째로 천국에서 행하는 사랑은 "질투로 전락하거나 방해를 받는 일이 없을" 것이다. 게다가 아첨과 가식이 없을 것이다. 따라서 에드워즈는 "성도들은 하나님이 그들을 사랑하는 것을 알고 그들은 그의 사랑의 위대함을 의심하지 않으며, 천국에 거주하는 동료들의 사랑을 의심하지 않을 것입니다"라고 주장한다. 천국에서는 의심과 의문이 없는 사랑이 있을 뿐이다.

셋째로 이 땅에서는 사랑이 상당히 방해를 받지만, 천국에서 성도들은 "사랑의 표현과 실천에 전혀 방해를 받지 않을 것이다." 지금 "육체와 혈육의 장애"가 우리를 감싸고 있으나, 온전한 것이 올 때 방해하는 죄는 모두 물러갈 것이다.

넷째로 우리가 신실하게 사랑을 행할지라도, 우리는 사랑을 실천하는 방식과 태도에서 가끔씩 지혜나 분별이 부족하다. 때로 좋지 않은 시간에 올바른 것을 말하거나 행한다. 때로 타이밍은 올바르나 방향이 잘못된다. 하지만 천국에서는 지혜와 분별이 사랑과 완벽하게 조화된다.

다섯째로 이 요지는 에드워즈가 결혼한 자녀들로부터 멀리 떨어져 있을 때에 영향을 받은 것인데, 우리들은 사랑을 방해받는 "거주의 거리" 문제를 갖지 않을 것이다. 천국에서 성도들은 "하늘의 아버지 집에서 한 가족처럼 함께 있을 것이기" 때문이다.

에드워즈의 그 다음 다섯 가지 요지는 한 가정과 한 사회의 연합으로서의 천국의 본질과 관련된다. 천국에서는 상호적인 존중과 격려와 관심-간단히 말해서 상호적인 사랑-만이 통치한다. 우리는 이 모든 것을 지금 실천하고 있으나, 에드워즈가 지적하는 것처럼 "천국에서는 완전하게 이 사랑을 실천할 수 있을 것이다."

마지막 요지에서 에드워즈는 천국에서의 사랑의 영원한 본질을 강조한다.

> 사랑의 파라다이스가 영원한 샘물처럼 계속될 것입니다. 그곳에는 가을이나 겨울이 없습니다. 모든 식물이 영원히 꽃을 피워 시들지 않는 아름다움과 향기를 제공할 것입니다. 항상 솟아나며, 항상 꽃을 피우며, 항상 열매를 맺을 것입니다.

천국은 이타적이고 진실하고 순수하며 영원한 사랑의 온전한 실천을 기할 수 있는 완전한 환경을 제공한다. 지금 우리가 하나님의 사랑을 누리고, 다른 사람들을 사랑함으로 기뻐하며, 할 수 있는 한 그 사랑을 모방하려고 하지만, 그것은 천국에서 표현될 사랑의 맛보기와 눈요기에 불과하다.

5. 천국으로 가는 도상

그러나 에드워즈의 기쁨이 넘치는 비전은 단순히 미래에 대한 희망의 메시지만은 아니다. 그것은 우리가 지금 살아가야 하는 방식에도 영향을 미친다. 만약 우리의 욕망이 천국과 미래의 영광스러운 환경에 대해 왕성하다면, 우리는 이미 그곳에 있는 것처럼 살아야 한다. 결과적으로 이 설교가 적용부분으로 전환될 때, 에드워즈는 천국을 향해 신실하게 추구해야한다는 개념을 강조한다. "천국은 사랑의 세상이다"라는 메시지는 역시 이 땅을 사는 동안 "고난을 당할 때에도" 위로를 가져다준다.

그러나 그는 이 적용을 아주 도전적으로 시작한다. 사랑은 기독교의 표지이기 때문에 "다툼이 천국에 대한 사람들의 증거를 어둡게 할 정도로 영향을 미치는 이유임을 알 수 있게 만든다." 이것은 두 가지 방식으로 작용한다. 첫째로 불화로 행하는 기독교인들 속에서 다툼은 의심의 수단이 되고 확신과 하나님과의 살아 있는 교제를 약화시킨다. 에드워즈는 "회심한 사람이 가족과 불화할 때 공통적인 결과는, 모두 그런 것은 아니지만 천상의 것에 대한 감각 없이 살아간다"는 것을 주목한다. 그는 이런 역동적인 논리를 설명한다. "천국은 사랑의 세계이기 때문에, 사랑을 적게 가질 때 천국을 적게 가지며, 마음으로부터 천국에서 멀어지게 되어 있다."

둘째로 천국의 증거를 어둡게 만드는 다툼 그리고 사랑의 반대되는 원리를 행하는 것은 회심치 않은 자들과 관련되어 있다. 다투는 기독교인들 그리고 불화하는 교회는 천국의 영광을 흐리게 만든다. 먹구름처럼, 그들은 하늘의 사랑의 빛을 어둡게 만든다. 하지만 이것은 그리스도 바깥에 있는 사람들을 위한 핑계를 제공하지 못한다. 에드워즈는 진지하게 중생치 못한 사람들에게 지적한다. 단호하지만 정직하게, 천국의 기쁨도 사랑도 경이로움도 "중생치 못한 분들에게는 해당되지 않습니다." 중생치 못한 사람들은 하나님과 반목하며 천국을 나타내는 모든 것과 불화한다. 따라서 "아무리 현명할지라도 그곳에 들어가지 못합니다." 천국이 사랑의 세계인 반면에 "지옥은 미움의 세계입니다." 변함 없는 하나님의 사랑이 천국을 지배하는 것처럼, 하나님은 지옥에 변질되지 않은 진노를 퍼부으신다.

"진노하신 하나님의 손 안에 든 죄인들"에서처럼, 에드워즈는 여기서 지옥의 생생한 모습을 그린다. 중생치 못한 사람들로 하여금 그 상태를 각성케 하기 위해서다. 그는 "이것은 명석하게 꾸며낸 우화가 아닙니다. 하나님의 말씀의 위대하고 놀라운 진리입니다." 그것은 불행하게도 사실로 밝혀지게 될 것이다. 그러므로 그는 간청한다. "천국에 관해 말씀드린 것을 곰곰이 생각하시어, 그것을 좇는 일을 진지하게 추구하십시오."

하지만 그는 천국이 사랑의 세계라는 진리가 무엇을 의미하는지를 언급함으로 적용부분에 그의 대부분의 시간을 바친다. 그는 우리가 천국을 추구해야 한다는 점과 우리의 애정은 "세상의 쾌락과는 거리가 멀어야 한다"는 점을 상기시킨다. 우리는 순례자, 즉 다른 나라의 시민처럼 살아야 한다. 하지만 이런 마음가짐은 손실로 생각해서는 안 된다. 참된 보화와 기쁨이 하늘에 있다.

또한 에드워즈는 천국으로 가는 여행은 쉽지 않은 일이라는 것을 깨닫고 있다. 그는 인내의 덕을 칭찬하고, 천국에 대한 이해가 그 길을 가는 데 매우 격려가 될 수 있음을 밝힌다.

천국으로 가는 길에 아무리 어려운 일이 있을지라도 감사하십시오. 빛과 사랑의 영광스러운 도시가 가장 높은 언덕, 즉 고지에 있습니다. 높은 곳을 향한 여행이 없이 그곳에 도달할 수는 없습니다. 그곳은 피곤할지라도 올라갈 만한 가치가 있는 곳이며, 마침내 영광스러운 도시에 이르게 될 것입니다. 그러므로 이 일을 위한 노력에 기꺼이 순응하십시오. 당신의 여행의 말미에 있는 편안한 쉼과 비교하여 생각해보세요.

마지막으로 오직 천국만이 사랑의 온전한 실천을 위한 뛰어난 환경을 제공할지라도, 우리는 이 땅에서 사는 동안 할 수 있는 한 그 표지에 가깝게 살아야만 한다. "이 세상에서 사랑으로 살아감으로써 성도들은 천국에 있는 사람들이 누리고 있는 내적인 평화와 온유 같은 것들을 나누게 됩니다." "이런 방식 속에서 여러분들은 천국의 기쁨과 감격을 맛보게 될 것입니다." 그 다음에 그는 이렇게 경고한다.

이와 반대되는 영, 즉 미움과 악의 영은 그와 같은 생각을 갖지 못하게 방해합니다. 마음을 어둡게 만들고 목표를 이루지 못하게 합니다. 앞을 제대로 보지 못하게 합니다. 하나님과 그리스도에 대한 거룩한 사랑의 구조와 사람들에 대한 사랑과 평화의 영은 천국에서 있는 영광과 온유의 감정에 딱 들어맞습니다. 그것은 천국에서 있을 것을 맛보게 합니다. 말하자면 천국의 빛이 영혼에 비출 수 있는 창문을 여는 것에 해당합니다.

그는 "천국이 사랑의 세계이므로 천국으로 가는 길은 사랑으로 가는 길입니다"라고 결론짓는다. 11장에서 언급한 것처럼, "진노하신 하나님의 손 안에 있는 죄인들" 속에 나오는 불구덩이 속에 매달려 있는 거미를 생각할 때, 대부분의 사람들은 에드워즈의 이런 모습을 잘 보지 못한다. 여기서 우리는 다시금 식민지 뉴잉글랜드 목사의 또 다른 모습을 생각할 수 있다. 이것은 에드워즈가 죄와 그 결과를 진지하게 취하지 않았다는 것을 암시하는 것이 아니다. 확실히 그렇다. 하지만 에드워즈의 사랑과 그 문제와 관련한 복음은 경건한 경고와 좋은 소식(복음)을 동시에 담고 있음을 암시한다. 『사랑과 열매』 시리즈의 마지막 설교에서 에드워즈는 천국을 벗겨내고, 하나님과 그의 백성들의 조화와 감사를 드러내어, 천국을 사랑의 세계로 보게 한다.

우리가 에드워즈에 대한 여행을 그의 설교로 결론을 내리는 것은 적절하다. 설교를 쓴 것이 그의 전반적인 경력을 이루고 있고, 또 설교가 그의 사상의 중추이다. 제4부에서 살펴본 세 가지 예증은 에드워즈가 뒤에 남긴 거의 1,400편에 이르는 설교의 표면만을 스쳤을 뿐이다. 상대적으로 아주 적은 수의 설교만이 책으로 나와 있다. 그 모든 설교들은 뉴욕, 노드햄톤, 스톡브리지와 많은 여행을 했던 곳들에서 하나님 그리고 그의 말씀과 세계에 관한 지식으로 교인들을 인도했을 때, 에드워즈가 바랐던 것을 증거해 준다.

에드워즈는 성경본문에 관한 정확한 이해와 문학적이고 수사적인 기술이 들어 있는 신학적, 철학적 묵상을 절묘하게 엮고 있다. 그는 자신이 연구하고 발전시켰던 청교도 조상들로부터 설교의 형태와 스타일을 전수받았다. 결국에 이 설교들은 독자와 청중들에게 에드워즈가 바랐던 것을 제공해준다. 탁월하신 하나님에 대한 분명한 모습과 사랑과 순종으로 마땅히 응답해야 할 우리의 분명한 모습을.

6. 자료에 관한 노트

『사랑과 열매』(Charity and Its Fruits)는 『조나단 에드워즈의 작품들』(The Works of Jonathan Edwards, 1834/1975)의 힉만판에는 들어있지

않다. 『사랑과 열매』가 1851년에 출간되었기 때문이다. 트리온 에드워즈(Tryon Edwards)가 이 책을 편집했는데, 1969년에 재판본이 나왔다. "천국은 사랑의 세계이다"(Heaven Is a World of Love)라는 마지막 설교는 pp. 323-368에 나온다. Andover-Newton Theological Seminary의 에드워즈 선집에 나오는 19세기 원고 복사본에 근거한 판은 『조나단 에드워즈의 작품들』(The Works of Jonathan Edwards)의 예일판 8권 pp. 125-397에서 발견된다. "천국은 사랑의 세계이다"는 pp. 366-397에 나온다. 마지막 이 설교는 역시 Sermons of Jonathan Edwards: A Reader(1999), pp. 242-272에 나온다.

여행을 계속하기 위해서 :
조나단 에드워즈가 집필하였거나 그에 관하여 쓰여진 책에 대한 짧은 지침

서론에서 언급했던 것처럼, 이 책은 단지 시작에 해당한다. 에드워즈의 잘 알려졌거나 어느 정도 알려진 책의 일부를 탐구함으로써 그의 삶과 사상을 소개하고 있을 뿐이다. 일부 작품들을 어쩔 수 없이 다루지 못했다. 이 가운데 *The Two Dissertations: Concerning the End for which God Created the World & The Nature of True Virtue*, *The Great Christian Doctrine of Original Sin Defended*와 '현재의 신앙부흥에 관한 몇 가지 사고'(*Some Thoughts on the Present Revival of Religion*)가 들어 있다. 잘 알려진 많은 그의 설교들도 다루지 못했다. 그 가운데 그리스도의 탁월성에 관한 많은 설교들을 담고 있는 "거룩하고 초자연적인 빛"(*A Divine and Supernatural Light*)과 단순히 "고별설교"(*A Farewell Sermon*)라는 제목이 달린 노드햄톤 교회에서의 마지막 설교가 들어 있다.

그의 많은 다른 작품들을 포함하여 이 모든 것들을 다루는 것은 불가능하지는 않을지라도 너무나 엄청난 도전이 될 것이다. 그러나 그의 작품을 읽는 것은 해볼 만한 가치가 있는 도전이다. 아래에 나오는 내용들은 에드워즈의 문서를 담고 있는 여러 책들에 대한 지침이다. 또한 에드워즈에 관해 다루고 있는 몇몇 가치 있는 책들도 포함시켰다. 지난 50년간 에드워즈의 삶과 사상에 관한 책과 자료와 논문들이 폭발적으로 출간되었다. 따라

서 이 지침목록은 미국의 목회자요, 신학자요, 철학자인 조나단 에드워즈를 접할 수 있는 방대한 문헌의 샘플에 해당할 뿐이다.

1. 에드워즈가 쓴 작품들

완성이 되지는 않았을지라도, 에드워즈의 작품에 대한 포괄적인 책은 1974년에 Banner of Truth 출판사에 의해 재판되었다. 에드워즈 힉만에 의해 편집된 두 권의 책, 『조나단 에드워즈의 작품들』(The Works of Jonathan Edwards)은 1834년에 처음 출간되었다. 이 판은 200페이지에 달하는 드와이트(Sereno E. Dwight)가 쓴 에드워즈의 철저한 생애를 포함하고 있다. 드와이트의 "회고"는 에드워즈의 편지와 다른 문서들에 있는 내용도 싣고 있다.

제1권은 에드워즈의 많은 주요한 논문들을 담고 있는데, 그 가운데 『의지의 자유』(Freedom of the Will), '두 논문'(The Two Dissertations), '원죄'(Original Sin), 『신앙과 정서』(Religious Affections), 부흥에 관한 문서들, 『구속의 역사』(History of the Work of Redemption)가 들어 있다. 제2권은 주로 설교를 담고 있지만, '성령의 역사에 관한 표지를 분별하는 법'(Distinguishing Marks of a Work of the Spirit of God), 『데이비드 브레이너드의 삶』(Life of David Brainerd), 그리고 에드워즈의 『잡록』(Miscellanies)과 짧은 신학 작품들도 들어 있다.

Banner of Truth 출판사는 에드워즈의 많은 작품들을 보다 작은 문고본들로 만들어내고 있다. 이 가운데 『조나단 에드워즈의 그리스도를 아는 지식』(Jonathan Edwards on Knowing Christ, 1990)이라는 제목의 설교선집, 『조나단 에드워즈의 부흥』(Jonathan Edwards on Revival,

1984)이라는 제목의 부흥문서, 트리온 에드워즈가 편집한 설교시리즈인 『사랑과 열매』(Charity and Its Fruits, 1969), 『신앙과 정서』(Religious Affections, 1986)가 들어 있다.

최근의 청교도 역사가이자 학자인 페리 밀러(Perry Miller)의 지도하에 조나단 에드워즈 작품(The Works of Jonathan Edwards) 위원회와 예일대학교출판부가, 아직 완간되지는 않았을지라도 에드워즈 문서의 포괄적이고 비평적인 작품을 생산하기를 시작했다. 그리하여 제1권이 1957년에 나왔다. 이 모든 책들은 상당히 긴 서론과 논쟁 그리고 원고와 관련한 문제들을 다루고 있다. 『조나단 에드워즈의 작품들』(The Works of Jonathan Edwards)은 이제 해리 스투어트(Harry S. Stout)와 케네디 민케마(Kenneth P. Minkema)의 지도하에 에드워즈의 주요 논문과 설교, 잡록, 노트, 편지, 개인문서, 간단한 문서 등을 포함하는 26권의 책을 출간하려 하고 있다. 지금 18권이 나와 있고 조만간에 나머지 책들이 출간될 것이다.

에드워즈 연구의 르네상스가 이루어지게 된 데는 예일대학이 그의 작품을 만들기 시작한 것이 일조했다. 그 작품 전체가 완간될 때, 에드워즈 연구는 더 왕성해질 것으로 보인다. 예일대학교출판부는 이 방대한 시리즈물의 샘플 북으로서 두 독본 A Jonathan Edwards Reader(1995)와 The Sermon of Jonathan Edwards(1999)을 만들어내었다.

『조나단 에드워즈의 작품들』(The Works of Jonathan Edwards)의 예일판 책은 다소 비싸다. 진지한 학자라면 그 모든 것들을 탐구해야하지만, 어떤 것들은 에드워즈의 사상을 관심 있게 추적하고자 하는 사람들을 위한 것으로 두드러진다. 그 가운데 존 스미스에 의해 편집된 2권의 『신앙과 정서』, 고웬에 의해 편집된 4권 『대각성』(The Great Awakening), 폴 람지에 의해 편집된 8권 『윤리적 문서』(Ethical Writings), 데이비드 홀에 의해 편집된 12권 『교회론 문서』(Ecclesiastical Writings), 조지 클라그혼에 의해 편집된 16권 『편지와 개인 문서들』(Letters and Personal Writings) 이 포함된다.

2. 에드워즈에 관한 책들

에드워즈에 관한 가치 있는 책들이 아주 많으므로 여기서 언급한 목록들은 필연적으로 매우 선별적이다. 이 모든 책들이 도움이 되고, 이 분야에서 발견할 수 있는 다양한 학문들을 가리켜준다.

첫째로 전기들이다. 페리 밀러(Perry Miller)의 『조나단 에드워즈』 (*Jonathan Edwards*, 1949/1981)는 에드워즈의 생애에 관한 소중한 분석을 가져다준다. 물론 모든 사람들이 그의 결론에 동의하지 않을 수는 있다. 이완 머레이(Iain H. Murray)의 『조나단 에드워즈: 새로운 전기』 (*Jonathan Edwards: A New Biography*, 1987)는 에드워즈의 삶을 상세하게 제공해주는 역작이다. 근본주의와 복음주의에 관한 작품으로 유명한 조지 마르스덴(George Marsden)은 언젠가부터 에드워즈의 전기에 관한 작품을 쓰는 일을 시작했다. 그의 작품은 조만간 모습을 드러낼 것이고, 상당한 환영을 받을 것이다.

에드워즈의 작품과 관련한 또 다른 작품은 그의 딸인 에스더의 일기이다. 캐롤 칼센과 로리 크럼패커에 의해 편집된 『에스더 에드워즈 버르의 일기』(*The Journal of Esther Edwards Burr*)가 바로 그것이다.

'조나단 에드워즈의 작품'(*The Works of Jonathan Edwards*) 위원회는 에드워즈의 작품을 만들어낸 것만이 아니라, 에드워즈에 관한 집회를 후원하고 학자들의 글을 담은 몇몇 선집들을 출판했다. 이 가운데 하나인 『조나단 에드워즈와 미국의 경험』(*Jonathan Edwards and the*

American Experience, 1988)은 에드워즈의 사상에 관한 에세이를 제공한다.

언급할 만한 가치가 있는 다른 작품들은 에드워즈의 신학과 관련한 것이다. 콘라드 체리는 『조나단 에드워즈의 신학과 평가』(The Theology of Jonathan Edwards: A Reappraisal)에서 에드워즈가 존 칼빈에게 빚지고 있는 것을 주목하면서, 페리 밀러가 언급한 것 가운데 잘못된 것들을 바로 잡으며 개관을 한다. 존 거스트너(John H. Gerstner)는 세 권으로 된 방대한 작품인 『조나단 에드워즈의 합리적인 성경신학』(The Rational Biblical Theology of Jonathan Edwards)을 만들어냈다.

다른 연구들은 에드워즈의 구체적인 작품들이나 구체적인 사상의 영역들을 다룬다. 그 가운데 제랄드 맥더모트(Gerald R. McDermott)의 『하나님을 보는 것: 참된 영성의 12가지 믿을 수 있는 표지들』(Seeing God: Twelve Reliable Signs of True Spirituality, 1995), 『신앙과 정서』에 관한 연구가 있다. 아키 패리쉬(Archie Parrish)와 스프럴(R. C. Sproul)의 『부흥의 영성』(The Spirit of Revival: Discovering the Wisdom of Jonathan Edwards, 2000)은 에드워즈의 부흥에 관한 문헌들을 탐구한다. 마지막으로 존 파이퍼의 책인 『하나님의 영광을 위한 하나님의 열심』(God's Passion for His Glory Living the End for which God Created the World, 1998)은 '하나님이 세상을 창조하신 목적'(Concerning the End for which God Created the World)에 초점을 맞추고 있다.

에드워즈의 사상에 관한 많은 학문적 연구 중에서 여기서 다음의 것들이 두드러진다. 놀만 피어링(Norman Fiering)의 『조나단 에드워즈의 도덕적 사상과 영국적 배경』(Jonathan Edwards's Moral Thought and Its British Context, 1981), 에드워즈의 윤리와 신학에 관한 통찰력 있는 분석을 담고 있는 제랄드 맥더모트(Gerald R. McDermott)의 『거룩하고 행복한 사회』(*One Holy and Happy Society: The Public Theology of Jonathan Edwards*, 1992), 에드워즈의 신학과 변증을 제대로 다루고 있는 미카엘 맥크리몬드(Michael J. McClymond)의 『하나님과의 만남』(*Encounters with God: An Approach to the Theology of Jonathan Edwards*, 1998)을 들 수 있다.

에드워즈에 관한 방대한 문서는 교회에 미치는 그의 영향과 연관을 증거해 준다. 머레이는 "새로운 세대는 에드워즈의 책을 취하여 읽을 긴급한 필요를 갖고 있다"고 말한다. 물론 그에 관해서 배우라는 것만이 아니다. 그를 대좌에 두기 위해서 책을 읽어서는 안 된다. 에드워즈가 자기 자신을 넘어 우리의 확실한 지침인 성경을 분명히 가리켰기 때문에 에드워즈만을 읽고 연구해서는 안 된다. 그는 창시자요 믿음의 완성자이신 그리스도에게 눈을 고정시킬 것을 우리에게 강력하고 열정적으로 상기시킨다. 에드워즈는 삶의 모범과 글의 능력을 통해 이생에서 그리고 내생에서 하나님을 느끼고, 누리고, 영화롭게 할 것을 도전한다.

참고문헌

Burr, Esther Edwards. *The Journal of Esther Edwards Burr*, 1754-1757. Edited by Carol F. Karlsen and Laurie Crumpacker. New Haven: Yale University, 1984.

Cherry, Conrad. *The Theology of Jonathan Edwards: A Reappraisal*. Garden City, N.Y.: Anchor, 1966. Reprint ed. Bloomington: Indiana University, 1990.

Dwight, Sereno E. *Memoirs of Jonathan Edwards, A.M*. In *The Works of Jonathan Edwards*. Edited by Edward Hickman. 2 vols. 1834. 1:xi-cxcvii.

Edwards, Jonathan. *Charity and Its Fruits: Christian Love as Manifested in the Heart and Life*. Edited by Tryon Edwards. 1851. Reprint ed. Edinburgh/Carlisle, Pa.: Banner of Truth, 1969.

_____, *Jonathan Edwards on Knowing Christ*. Edinburgh/ Carlisle, Pa.: Banner of Truth, 1990.

_____, *Jonathan Edwards on Revival*. Edinburgh/Carlisle, Pa.: Banner of Truth, 1984.

_____, *A Jonathan Edwards Reader*. Edited by John E. Smith, Harry S. Stout, and Kenneth P. Minkema. New Haven: Yale University, 1995.

_____, *Jonathan Edwards' Resolutions: And Advice to Young Converts*. Edited by Stephen J. Nichols. Phillipsburg, N.J.: P&R, 2001.

_____, *Religious Affections*. Edinburgh/Carlisle, Pa.: Banner of Truth, 1986.

_____, *The Sermons of Jonathan Edwards: A Reader*. Edited by Wilson H. Kimnach, Kenneth P. Minkema, and Douglas A. Sweeney. New Haven: Yale University, 1999.

_____, *Sinners in the Hands of an Angry God*. Phillipsburg, N.J.: P&R, 1992.

_____, *Sinners in the Hands of an Angry God*. Edited("made easier to read") by John Jeffery Fanella. Phillipsburg, N.J.: P&R, 1996.

_____, *The Works of Jonathan Edwards*. Edited by Edward Hickman. 2 vols. 1834. Reprint ed. Edinburgh/Carlisle: Banner of Truth, 1974.

_____, *The Works of Jonathan Edwards*. Edited by Perry Miller, John E. Smith, and Harry S. Stout. New Haven: Yale University, 1957-.

Vol. 1. *The Freedom of the Will*. Edited by Paul Ramsey. 1957.

Vol. 2. *Religious Affections*. Edited by John E. Smith. 1959.

Vol. 4. *The Great Awakening*. Edited by C.C. Goen. 1972.

Vol. 6. *Scientific and Philosophical Writings*. Edited by Wallace E. Anderson. 1980.

Vol. 8. *Ethical Writings*. Edited by Paul Ramsey. 1989.

Vol. 9. *A History of the Work of Redemption*. Edited by John F. Wilson. 1989.

Vol. 12. *Ecclesiastical Writings*. Edited by David D. Hall. 1994.

Vol. 16. *Letters and Personal Writings*. Edited by George S. Claghorn. 1998.

Fieringm, Norman, *Jonathan Edwards's Moral Thought and Its British Context*. Chapel Hill: University of North Carolina/Williamsburg, Va.: Institute of Early American History and Culture, 1981.

Gerstner, John H. *The Rational Biblical Theology of Jonathan Edwards*. 3 vols. Powhatan, Va./Orlando: Ligonier Ministries, 1991-93.

Hatch, Nathan O., and Harry S. Stout, eds. *Jonathan Edwards and the American Experience*. New York/Oxford: Oxford University, 1988.

McClymond, Michael J. *Encounters with God: An Approach to the Theology of Jonathan Edwards*. New York/Oxford: Oxford University, 1998.

McDermott, Gerald R. *One Holy and Happy Society: The Public Theology of Jonathan Edwards*. University Park: Pennsylvania State University, 1992.

_____, *Seeing God: Twelve Reliable Signs of True Spirituality*. Downer's Grove, I11.: InterVarsity, 1995.

Miller, Perry. *Jonathan Edwards*. New York: William Sloane, 1949. Reprint ed. Amherst: University of Massachusetts, 1981.

Murry, Iain H. *Jonathan Edwards: A New Biography*. Edinburgh/Carlisle, Pa.: Banner of Truth, 1987.

Parrish, Archie, and R. C. Sproul. *The Spirit of Revival: Discovering the Wisdom of Jonathan Edwards: With the Complite, Modernized Text of "The Distinguishing Marks of a Work of the Spirit of God."* Wheaton: Crossway, 2000.

Piper, John. *God's Passion for His Glory: Living the Vision of Jonathan edwards: With the Complete Text of "The End for Which God Created the World."* Wheaton: Crossway, 1998.

조나단 에드워즈의 생애와 사상
JONATHAN EDWARDS : A Guided Tour of His Life and Thought

2005년 6월 24일 초판 발행
2013년 7월 30일 초판 2쇄 발행

지은이 | 스테펜 J. 니콜라스
옮긴이 | 채천석

펴낸곳 | 개혁주의신학사
등록 | 제21-173호(1990. 7. 2)
주소 | 서울시 서초구 방배로 68
전화 | 02) 588-8546(본사)   031) 942-8761(영업부)
팩스 | 02) 597-1642(본사)   031) 942-8763(영업부)
홈페이지 | www.clcbook.com
이메일 | prpkor@gmail.com
온라인 | 기업은행 073-073466-01-010
           예금주: 개혁주의신학사

ISBN 978-89-7138-033-8 (03230)

* 낙장·파본은 교환해 드립니다.

총판 | 사) 기독교문서선교회 clckor@gmail.com